"《TEN》은 더 나은 방식으로 살고자 하는 사람들을 위한 책이다. 십계명을 표현한 열 개의 단어도 좋고, 십계명이라는 케케묵은 성경 말씀을 바라보는 이 새로운 시선도 좋다. 하지만 무엇보다도 내가 자꾸 잊게 되는 무언가를 일깨워 주는 숀 글래딩의 관점 자체가 마음에 든다. 회의실에서 AA 빅북 토론 모임을 하든 성경 모임에서 하나님을 찬미하든 간에 우리 인간들은 서로 다르기보다는 많이 닮아 있다. 서로가 서로를 잘 살아가도록 독려할 때 우리는 가장 아름답다. 이 책에 나는 10점 만점을 주겠다."

테레사 맥빈 전미 기독 회복 협회 상임 이사

"숀 글래딩은 성경의 거대한 서사가 평범한 사람들의 이야기를 통해 굴절되는 것을 보여 준다. 마치 깨진 유리 파편들에 반사되는 빛처럼, 세상을 향한 하나님의 평화롭고 관대하며 편안하고 신실한 비전의 순수함이 일상의 난관과 불안을 통해 묘사된다. 이런 식의 십계명 강의는 어디서도 들어 본 적이 없을 것이다."

마이클 프로스트 《새로운 교회가 온다》, 《위험한 교회》 저자

"《더 스토리》에 이어 숀 글래딩이 또 해냈다. 술술 읽히는 이 책에서 빛나는 것은 하나님의 선하심, 그리고 성경과 사회 문제들 간의 관련성이다. 숀 글래딩은 우리 주위에 있을 법한 인물들과 성경에 나오는 일화들에 신학적, 문화적 개념들을 반영하여 능숙하게 엮어 냄으로써 솔직한 대화의 장으로 우리를 불러들인다. 존 목사의 월요일 아침 커피숍 모임 멤버들의 이야기가 펼쳐질수록, 독자는 십계명이 진정 자유로운 삶으로의 초대라는 것을 깨닫게 된다. 나는 이 책이 교회 안팎에서 널리 읽히고 토론을 이끌어 내기를 바란다."

린지 올스버그 《The Bible Study Handbook》 저자

TEN

숀 글래딩 지음 | 임고은 옮김

죠이선교회는 예수님을 첫째로(Jesus First)
이웃을 둘째로(Others Second)
나 자신을 마지막으로(You Third) 둘 때
참 기쁨(JOY)이 있다는 죠이정신(JOY Spirit)을 토대로
하나님 나라의 확장을 위해 지역교회와 협력, 보완하는 선교단체로서
지상명령을 성취한다는 사명으로 일합니다.

죠이선교회출판부는 그리스도를 대신한 사신으로
문서를 통한 지상명령 성취와 하나님 나라 확장을 위해 노력합니다.

Originally published by InterVarsity Press as *Ten: Words of Life for an Addicted, Compulsive, Cynical, Divided and Worn-Out Culture* by Sean Gladding
ⓒ 2014 by Sean Gladding. Translated and printed by InterVarsity Press,
P.O. Box 1400, Downers Grove, IL 60515, USA. www.ivpress.com
License arranged through rMaeng2, Seoul, Republic of Korea.

All rights reserved.

This Korean Edition Copyright ⓒ 2015 by JOY Mission, Seoul, Republic of Korea

이 한국어판의 저작권은 알맹2 에이전시를 통하여 InterVarsity Press USA와 독점 계약한 죠이선교회에 있습니다. 신 저작권법에 의하여 한국 내에서 보호받는 저작물이므로 무단 전재와 무단 복제를 금합니다.

• 본서에 인용된 《메시지》 한국어판 저작권은 도서출판 복 있는 사람의 소유로 허락을 받고 사용하였습니다.

TEN

Words of Life
for an Addicted,
Compulsive,
Cynical, Divided
and Worn-out
Culture

Sean Gladding

신문과 뉴스를 보고 들으며
지금보다 더 제대로 살 수 있는 방법이 있을 거라고
생각하는 모든 이에게.
그리고 자신의 삶을 점검하고 성찰하며
그에 적절하게 반응하는 사람들에게.

차례

추천사
저자 서문 9

십계명 – 누가 신경이나 쓰나? 13
1 시기에서 만족으로 / 제10계명 41
2 기만에서 진실됨으로 / 제9계명 73
3 절도에서 관대함으로 / 제8계명 107
4 배신에서 신의로 / 제7계명 137
5 폭력에서 평화로 / 제6계명 171
6 순종에서 존중으로 / 제5계명 207
7 분투에서 휴식으로 / 제4계명 245
8 신성 모독에서 경외로 / 제3계명 279
9 우상 숭배에서 찬미로 / 제2계명 315
10 하나님 / 제1계명 355

토론을 위한 질문들 389
미주 391
참고 문헌 399

저자 서문

이 책은 내가 매트 러셀 및 다른 친구들과 함께 '머시 스트리트Mercy Street' 공동체(나는 텍사스 주 휴스턴에 있는 이 공동체에서 7년간 협동 목사로 일하는 영광을 누렸다)에서 했던 일련의 설교에 바탕을 두고 있다. 머시 스트리트에는 온갖 부류의 사람들이 있었는데, 교회나 교인들로부터 상처를 받은 경우도 많았고 교회 자체에 질려 버린 사람들도 상당수였다. 그중 대다수는 각종 중독에서 벗어나기 위해 재활 중이었다. 설교가 진행되면서 우리 공동체는 십계명에 점점 더 의지하게 되었는데, 그것은 이 열 가지 계명이 가진 힘을 깨닫게 되면서였다. 십계명은 우리를 속박에서 해방시키는 힘이 있고, 우리를 옥죄는 모든 것에 대처하게 해 준다. 십계명은 우리 각자에게, 또 우리 공동체에게 희망의 말씀이 되었다. 독자 여러분도 같은 경험을 하게 되기를 바란다.

다음 분들에게 감사를 표한다.

머시 스트리트 공동체의 수요일 밤 '혁명' 모임 멤버들은 설교 원고와 이 책을 쓰는 데 비옥한 토양을 제공해 주었다.

머시 스트리트 공동체 구성원들은 설교 시리즈 동안, 또 나와 함께한 7년 동안 용기 내어 자신의 이야기를 들려주었다.

다양한 대화의 장이 된 공동체를 가꾸고, 이 책을 구상한 첫 순간부터 꾸준히 격려해 준 매트 러셀에게도 감사한다.

"책을 쓰려고 끙끙대지 말고 그냥 이야기를 해요"라는 말로 모든 것을 바꾸어 준 레베카 글래딩에게 감사한다.

브래드 플라워스는 집필 초기 캐릭터를 잡고 등장인물들의 대화를 만들 때에 유용한 조언을 해 주었다.

레슬리 다우닝은 내게 절실했던 긍정적인 피드백을 주었다.

레슬리 레일랜드 필즈는 집필 후반부에 큰 도움을 주었다.

클레이 E.의 경험, 힘, 희망은 책 전체에 녹아들어 있다.

패트 게르하르트, 헨드릭 플로이드, 그레천 리 콜린스 덕분에 카페 '써드 스트릿 스터프Third Street Stuff'를 훌륭한 대화 장소와 집필 작업실로 활용할 수 있었다. 물론 커피도 감사히 마셨다.

캐럴린 마틴과 데일 마틴은 이 책을 쓰는 2년 동안 끊임없는 지원과 격려를 해 주었다.

IVP의 앤드루 브론슨과 아드리아나 라이트가 주었던 모든 지원과 가르침, 웃음에 감사한다.

참을성 있는 편집자이자 소중한 친구인 데이브 지머만에게도 감사한다.

마지막으로, 우리에게 자유를 선사하시고, 자유를 선택할 힘을 주시고, 우리가 실패할 때 은혜를 내리시는 하나님께 감사드린다.

이 책의 등장인물

존 목사. 20년 된 고물 할리데이비슨 오토바이를 타고 다님

스티브 지역에서 사업을 비교적 크게 함. 자동차를 좋아하나 자기 차는 고물. 욱하는 성격이며 반反기독교 성향이 있음

윌 존과 오랫동안 아는 사이. 은퇴한 법학 교수

샘 동네 터줏대감. 침례교회 집사

제니 불우한 환경의 청소년들과 함께하는 비영리단체 운영. 지역에서는 유명인사

세라 옷과 구두를 좋아하고 꾸미기를 좋아하는 중년 여성. 사교적이고 쾌활하며 다정한 성격

릭 다부진 체격의 중년 남성. 알코올 중독 경력이 있으며, 익명의 알코올 중독자 모임 AA에서 카를로스의 스폰서

카를로스 식당에서 서빙 일을 하는 청년. 알코올 중독 경력이 있으며, 음주 운전, 약물 남용 및 그와 관련된 범죄로 감옥도 늘락날락했던 과거가 있으나 이제 착실히 살고자 노력 중

엘리 다정하고 활발한 성격의 여고생. 학업보다는 외모에 관심이 많음. 부모님이 좋은 분들이지만 십 대다운 반항심이 있음

야스미나 조심스러운 성격의 모범생. 아버지가 금융권에 종사. 어머니의 큰 기대에 부담을 느낌. 엘리 친구. 머리카락을 손가락으로 꼬는 버릇이 있음

십계명 – 누가 신경이나 쓰나?

나는 이제 자유가 필요하니까……

- 멈포드 앤 선즈Mumford & Sons의 노래 "The Cave" 중에서

"뭐 이런 멍청이들이 있어?"

이른 아침 카페에서 담소를 나누던 사람들 사이에서 누군가가 흥분하여 소리쳤다. 이 카페의 단골이자 지역 교회 목회자인 존은 그날 아침의 첫 커피 한 모금을 마시기도 전에 벌어진 이 소란에 한숨지으며 말했다. "좋아요, 스티브 씨, 나랑 얘기해 봅시다. 오늘 아침엔 어떤 멍청이 얘기를 하고 있는 건가요?"

성질을 낸 주인공은 동네에서 사업을 하는 스티브였다. 그는 읽고 있던 신문을 들어 손가락으로 '십계명을 둘러싼 값비싼 논란'이라는 헤드라인을 가리켰다.

그러고는 그 제목을 한 단어씩 뱉어 내듯 읊었다. '저 양반 오늘도 어김없이 투덜대기 시작했군.' 아침마다 들르는 단골 몇은 오늘은 또 뭔가 하며 그를 바라보았다. 스티브는 그들의 기대를 저버리지 않았다. "여기 남부 몇몇 주 의회의 기독교인 의원님들께서, 법원 건물 내에 십계명을 게시하기 위해 ACLU*와 싸우는 데에 우리 납세자의 피 같은 세금을 쓰시겠다고 결정했나 보군요. 대법원까지 안건이 올라가서 패소했는데, 변호사 수임료 50만 달러**를 ACLU에 물어 줘야 한답니다." 스티브는 신문을 보며 계속 말했다. "그리고 이렇게 쓰여 있군요, '주 의회 의원들은 그 비용을 어떻게 감당할지 모르겠다고 말했다.'" 스티브는 불쾌하다는 표정으로 테이블에 신문을 던지며 물었다. "목사님, 어찌 생각하십니까?"

스티브를 향했던 시선들이 존 목사에게로 옮겨 가자, 존은 자신이

---

* American Civil Liberties Union. 미국자유인권협회. 인권과 언론 자유 옹호를 목적으로 하는 UN의 자문기관.
** 약 5억 5천만 원 _이하 난외 각주는 모두 옮긴이 주

동네의 종교 전문가 신세가 아니라면 편하게 커피를 마실 수 있지 않을까 생각하며 남은 커피를 꿀꺽 들이켰다. "글쎄요, 왜들 그러려고 할까요? 원칙의 문제일까요?"

"돈깨나 드는 원칙이겠죠." 스티브가 끼어들었다.

"그러네요. 어쩌면 십계명을 게시하는 것이 사람들로 하여금 정도正道를 걷게 만들 거라는 믿음 때문일지도 모르죠."

"하지만 법정에 와서야 십계명을 처음 보는 사람이 있다면, 그건 이미 너무 늦은 거 아니요?" 스티브의 이 말에 카페 안의 사람들은 웃음을 터뜨렸고, 스티브는 일어서서 화답했다. "새삼스러울 것도 없잖아요, 안 그래요?" 바Bar 쪽에서 누군가가 말했다. "사람들은 늘 공공장소에 십계명을 게시하고 싶어하죠."

옆 사람도 거들었다. "맞아요. 그걸로 왈가왈부하는 데에 얼마나 많은 돈이 낭비되는지 몰라요."

제니도 이 논쟁에 동참했다. 제니는 가정 내 위기를 겪고 있는 청소년들과 함께하는 비영리 단체를 운영하고 있는데, 동네에서는 제법 유명 인사에 속했다. "정말 그래요. 십계명은 수천 년 전에 등장한 걸요. 누가 그걸 신경 쓰겠어요? 사람들이 아직도 교회에 다니지만, 그것과는 다르죠. 아, 교회를 비난할 생각은 아니에요, 목사님."

"알아요, 제니."

바 쪽에 앉아 있던 샘도 한마디 보탰다. 그는 이 근방의 터줏대감으로, 지역 침례교회 집사다. "하지만 십계명이 단순한 종교적 상징에 지나지 않을까요? 말장난 같지만, 꽤 중요한 문화적 상징이라고요."

에스프레소 머신 옆에 서 있던 바리스타 한 명이 나섰다. "십계명에 대한 최근의 여러 여론 조사 결과를 보면, 미국인 70-80퍼센트는 공공장소에 게시된 십계명을 치워 버리는 것에 반대하더군요. 그런데, 열 개 계명 중 네 개 이상 알고 있는 사람은 고작 40퍼센트밖에 안 돼요."

다른 바리스타가 코웃음쳤다. "허, 그렇다면 십계명이 대충 어떻게 생겼는지는 알아도 그게 뭔지는 모른다는 말 같네. 자네는 몇 가지나 댈 수 있어?" 그의 친구는 대답 대신 어깨를 으쓱했다.

제니가 다시 말을 꺼냈다. "이 얘길 하면 좀 위안이 될까요? 텔레비전에서 스티븐 콜베어*가 어떤 하원의원 인터뷰하는 걸 봤는데, 그는 공공기관에 십계명을 게시하는 법안을 후원하고 있었죠. 콜베어가 십계명을 대 보라고 하자, 그 하원의원은 힘들게 겨우 세 개 기억해 내더라고요.[2]

"거 보슈," 스티브가 말했다. "내 말이 바로 그 말이라고요. 위선자들이 유권자 앞에서 가식 떠는 것뿐이라니까요."

은퇴한 법학 교수인 윌이 한마디 했다. "스티브 씨, 아까 그 헤드라인 얘길 다시 해 봅시다. 우선, 우리 세금 50만 달러를 이 일에 써 버린다는 건 '도둑질하지 말라'라는 계명을 어기는 게 아니겠어요?"

"지당하신 말씀입니다!" 스티브가 껄껄 웃으며 말했다.

"하지만 큰 출혈을 감수하면서까지 이렇게 오랫동안 이 일을 추진하는 어떤 이유가 있을 것도 같습니다. 이 공직자들을 그저 얼빠진 광신자나 위선자로 치부해 버리기 쉽겠지만, 정말 그럴까요? 이 신문

---

*콜베어 르포 The Colbert Report라는 인기 정치 풍자 프로그램으로 유명한 미국의 코미디언, 배우, 작가

기사의 주인공들은 아마 종교적 신념에서 그랬겠지만, 법정에 십계명을 게시하자는 사람들이 모두 다 종교적 이유로 그러는 것은 아닐 것 같아요. 이 사회가 공동체로서 길을 잃었다는 것을 깊이 절감하는 사람들이 이런 소송을 제기한 것 아닐까 싶습니다."

카페의 일부 손님들이 동의한다는 표시를 했다.

"자유가 보장된 국가에서 개인의 자유가 존재한다고 얘기하지만, 실상은 엄청난 모순이 있는 것 같아요. 이젠 어두워지면 편하게 돌아다닐 수도 없고, 낮이라고 해도 애들을 밖에 나가 놀라고 하기는 겁나잖아요. 어떤 걸 접하게 될지 모르니 인터넷으로 숙제를 하라고 시키기도 걱정이 됩니다. 우리는 온갖 종류의 중독에 노출되어 있습니다. 자유 시장 경제 체제 안에서 오히려 빚에 허덕이고 있고요. 표현의 자유가 있다고 하지만, 그만큼 사기, 언어적 학대, 조롱을 당할 위험에선 자유롭지 못해요."

스티브는 자세를 고쳐 앉으며 말했다. "그래요, 그게 어쨌다는 거요?"

"당신을 그렇게 짜증나게 한 신문 1면 헤드라인의 논란이, 신문의 다른 페이지에 있는 불미스러운 사건들 때문에 시작된 건 아닌지 모르겠습니다. 다른 기사 제목을 몇 개 읽어 주지 않겠어요?"

스티브는 신문을 넘겨 보기 시작했고, 그의 말소리 사이사이 신문이 부스럭거리는 소리가 났다. "구리 절도가 도를 넘다", "학생과 성적으로 접촉한 교사 기소", "예비 선거 전날에 인신 공격 광고 집중", "동거녀의 딸 추행 인정한 남성", "차 안에서 마약 제조". 끔찍한 뉴스 제목들 때문에 모두들 잠시 말을 잃었다.

윌이 말을 이어 갔다. "이런 소식들뿐이니 아예 신문을 읽지 않는 사람들이 생기는 거죠, 그렇죠? 불미스러운 일들이 자꾸 생기니 공공장소에 십계명이라도 게시하자는 의견이 힘을 받는 건 아닐까 생각합니다. 부적절한 행동을 적시하여 '이것은 옳지 않다, 우리는 서로를 이런 식으로 대해야 한다'라고 알려 주는 어떤 구체적인 장치가 필요해요."

샘이 나섰다. "예전에는 세상이 이렇지 않았어요. 우리가 어릴 때에는 밖에 나가 하루 종일 놀았죠. 겁나는 게 있다면 저녁 식사에 늦어서 아버지한테 혼나는 것뿐이었어요. 무엇이 옳고 그른지 알았고요. 십계명을 법원 벽에 걸어 놓는 게 소용 있을까요? 아예 이마에 문신으로 새기는 게 낫지 않아요?"

샘의 말에 또다시 모두들 웃음을 터뜨렸다. 샘은 말을 계속했다. "하지만 아는 것이 다가 아니죠. 그걸 실행에 옮기는 것이 중요해요. 내가 어렸을 때엔 사람들이 십계명을 알고 있었고 그걸 지키기 위해 최선을 다했어요. 그러니 나는 십계명 예찬론자라고 할 수 있어요. 십계명대로 산다면 우리가 지금 사뭇 다른 뉴스를 들을 수 있을 테지요."

"어머니가 가르쳐 주신 시가 생각나네요." 사람들의 시선이 제니에게 옮겨 갔다. "어떤 영국 시인이 쓴 시인데, 그 사람 시는 짧고 외우기 쉬워서 좋아요. 제가 좋아하는 시랍니다.

지나고 보면 지금이
좋은 시절이었다 하게 될 거야."[3]

샘이 웃었다.

제니는 이제 진지한 태도로 이야기를 시작했다. "기술과 산업의 발전은 인정하지만, 우리의 일상은 오히려 퇴보하고 있다는 것 다들 느끼시죠? 저는 저와 함께 일하는 아이들을 사랑해요. 착한 아이들이죠. 하지만 그 아이들이 처한 현실을 아실 거예요. 우리가 보기에 바람직한 선택을 하는 것이 이 아이들에게는 얼마나 어려운지……. 법원이나 학교 같은 장소에 십계명을 걸어 두는 것이 뭘 어떻게 바꿀 수 있다는 건지 저는 모르겠네요."

"이게 현실이군요." 샘이 말을 꺼냈다. "우리 교회 교인들 중에도 십계명을 제대로 아는 사람은 많지 않을 것 같아요. 십계명이 사회적으로 중요한 역할을 수행해야 한다고 말하는 사람들조차도요."

"왜 그렇다고 생각하세요?"

"글쎄요. 십계명이라는 것 자체의 의미가 그 세부 내용보다 더 중요하기 때문일까요?" 샘은 잠시 숨을 골랐다. "아니면 탐나는 걸 가진 이웃이 별로 없어서일까요." 잠시 조용하더니 스티브가 껄껄 웃어 댔다. 곧 샘의 얼굴이 달아올랐다. 스티브는 존을 향해 퉁명스레 물었다. "목사님은 어떻게 생각하십니까요?"

존은 웃음기를 감추려 애쓰며 손 안의 커피 잔을 빙빙 돌리면서 생각을 정리했다. "정말 솔직히 말하자면, 누구도 남의 지시를 받는 건 싫어하기 때문이 아닌가 싶습니다. 사람들은 자기 자신의 자유를 꽤나 소중히 생각하지요. 몇몇 동네 분들의 운전 습관을 관찰해 본 결과, 속도 제한 표시를 규칙이 아닌 권고 사항쯤으로 생각하는 경우가 많더군요. 속도 제한이 규칙인지 권고 사항인지 경찰이 센 벌금으로 알려 주기 전까지는요."[4]

샘이 또 웃었다.

"목사님다운 농담이구먼요." 스티브가 비꼬았다.

존은 이야기를 계속해 나갔다. "원칙적으로는 규칙이 있어야 한다는 점에 동의하고, 한 사회 안에서 구성원들이 잘 어울려 지내려면 법규가 필요하다는 점에도 동의하는 반면, 그 규칙과 법은 내가 아닌 남들이 지켜야 하는 것으로 생각한다는 겁니다. 같은 사회 구성원이라고 생각하지 않는 것일 수도 있겠네요. 하여튼 다 딴 사람들 때문이라는 거죠, 어때요? 나 같은 사람은 아무 문제 일으키지 않는다고 생각하죠. 그렇기 때문에 나는 이래라저래라 하는 말을 들을 필요가 없다고요. 이런 식으로 얘기하는 것 자주 들어 보시지 않았나요?"

제니가 반문했다. "하지만 그 특정 규범, 그러니까 십계명 말이에요. 좀 너무 오래됐잖아요? 현 상황에 적용시키기엔 적절하지도 않고요. 안식일에 대한 계명을 예로 들면요, 7일 중에 하루는 휴식을 취하라는 건데, 연중무휴로 24시간 돌아가는 요즘 문화에서 그게 가능한 데가 있나요? 거의 언제든지 사고 싶은 건 살 수 있다구요."

스티브도 맞장구쳤다. "'거짓 증거 하지 말라'는 어떻죠? 세금 계산할 때마다 온 국민이 거짓 증거를 하지 않습니까? 뭐 난 그걸 다르게 부르지만요, '회계의 창의성 발휘하기'라고."

옆 테이블에서 친구들과 담소를 나누던 고등학생 하나가 말을 꺼냈다. "'네 부모를 공경하라'도 있지요. 부모님이 아직도 우릴 젖먹이

취급하는데 어떻게 공경하죠?"

다른 학생도 거들었다. "그리고 완전 위선자들이라고요."

"부모라는 사람들이 자식에게 용납할 수 없는 짓을 하는 경우에도 공경할 수 없지." 제니가 이렇게 말하자 대화가 뚝 끊겼다. 제니는 잠시 먼 곳을 바라보는 듯하더니, 속마음이 입 밖으로 나왔다는 것을 알아채고는 볼을 붉혔다.

어색한 침묵을 깨고 샘이 덧붙였다. "'살인하지 말라'는 어떤가요? 피비린내 진동했던 20세기를 돌이켜 봅시다. 그 계명은 아예 포기한 게지요."

이때 스티브가 벌떡 일어나더니 칠판 앞으로 나왔.

"저 위대하신 십계명은 저리 치워 두고 좀 더 현실적인 새 계율을 정해 봐야 하는 게 아니겠습니까?" 스티브가 이렇게 말하며 칠판에 적혀 있던 시 구절과 그림을 지워 버렸다. 아깝게도 꽤 잘 그린 한 바리스타의 캐리커처였다.

"내가 먼저 시작하지요." 그는 십 대 학생들을 바라보고는 칠판에 이렇게 적었다. "운전 중에 문자질을 하지 말라."

"덩치 큰 픽업 트럭으로 주차장 자리를 두 개씩 잡아먹지 말라." 누군가 바로 맞받아쳤고, 그 말에 샘은 마시던 커피를 뿜었다.

한 학생은 테이블 건너편 친구를 보고는 "문자 메시지로 이별 통보하지 말라"라고 말했다.

카페의 아침 손님들이 계속 쏟아 내는 아이디어를 스티브는 칠판에 거칠게 휘갈겨 적었다.

보고 있던 바리스타 한 명이 급기야 이렇게 외쳤다. "칠판 서기의 직분을 남용하지 말라."

"저도 하나만," 존이 덧붙였다. "예배가 끝나고 주차장에서 손가락 욕은 자제하라."

카페 안은 웃음바다가 되었다.

존은 이어서 말했다. "이렇게 새로운 계명을 만들 수가 있네요. 새로운 규칙들로요. 우리 중 대다수가 십계명을 그렇게 경험했기 때문일까요? 규칙들의 모음으로 말이죠. 그것도 내가 아닌 다른 사람들이 지켜야 할 규칙, 아니면 남들이 우리에게 강요하고자 하는 규칙이겠죠. 하지만 그래도 규칙은 규칙이죠. 그리고 이미 언급했듯 남이 이래라저래라 하는 것은 대부분 듣기 싫어합니다. 우리 중 대다수가 하나님을 흥 깨기 좋아하는 어떤 거대한 존재로 인식하고 있다면, 그건 교회가 십계명에 대해 말하는 어조 때문이 아닐까 싶어요."

이에 제니가 말했다. "가진 것에 만족하지 못하도록 만드는 광고가 전 세계 경제에 힘을 실어 주고, 아메리칸 아이돌이 텔레비전 최고 인기 쇼인데다, 간통이 여전히 낮 시간 연속극의 주된 소재이고, 집에는 회사에서 훔쳐 온 비품들이 가득한데, 천 년 전에 돌에 새긴 고릿적 계명이 갈 곳이 대체 어디 있겠어요?"

"제니는 보통 사람보다 십계명을 더 많이 외우고 있을 것 같은데?" 윌이 존경한다는 미소를 띠고 물었고, 제니도 윌을 보고 미소지었다.

"하지만 목사님, 예수님은 율법을 타파하려고 오신 게 아니었나요? '율법은 모세로 말미암아 주어진 것이요 은혜와 진리는 예수 그리스도로 말미암아 온 것이라.'"⁵ 샘이 존에게 이렇게 물었다.

존은 턱을 어루만지며 대답했다. "맞지만, 또 아니기도 해요." 존은 가져온 배낭을 잠시 뒤지더니, 성경을 꺼내서 자기가 생각하고 있던 구절을 찾아냈다. "그 내용에 대해선 예수님이 이렇게 말씀하셨습니다. '내가 하나님의 율법이든 예언자든, 성경을 폐지하러 왔다고 생각하지 마라. 내가 온 것은 폐지하려는 것이 아니라 오히려 완성하려는 것이다. 나는 그 모든 것을 거대한 하나의 파노라마 속에 아우를 것이다. 하나님의 율법은 하늘의 별과 너희가 발을 딛고 있는 땅보다 더 현실적이며 영속적이다. 별들이 다 불타 버리고 땅이 닳아 없어진 뒤에도, 하나님의 율법은 살아서 역사할 것이다. 하나님의 율법에서 가장 작은 항목이라도 하찮게 여긴다면, 너희 자신을 스스로 하찮게 여기는 꼴밖에 되지 않는다. 그러나 그 율법을 진지하게 대하고 다른 사람들에게 그 길을 보여 주면, 너희는 천국에서 영광을 얻을 것이다. 옳게 사는 문제에서 너희가 바리새인들보다 훨씬 낫지 않으면, 천국에 들어갈 생각은 아예 하지 말아야 한다.'"⁶

존은 말을 이었다. "자신들은 예수님이 이르신 대로 십계명을 진지하게 받아들인다고 주장하는 일부 그리스도인들이 있는데, 우리 대부분이 십계명을 충분히 진지하게 여기지 않는다는 것도 사실이라 생각합니다. 십계명을 생활에 적용하는 모습으로 본다면 우리는 예수님 시대에 종교적 전문가를 자처했던 바리새인들과 더 비슷한 것은 아닌가 싶기도 하고요. 그리고 우리들 중에 십계명이 더 이상 중요하지 않다고 생각하는 사람들에게 예수님은 이렇게 말씀하시잖습니까.

'나는 율법을 폐하러 온 것이 아니요 완전하게 하려 온 것이다. 별들이 산화하고 천지가 없어지기 전에는 하나님의 율법은 살아 있고 다 이루리라.' 그러므로, 십계명이 지금의 문화와 이질적이라는 생각이 들지언정 우리는 십계명의 구속에서 벗어날 수 없는 것 같네요. 하나님이 지켜야 할 규칙을 한 보따리 주셨는데, 딱한 것은 우리 중 대다수가 그게 뭔지조차 모른다는 점입니다."

의자 다리 끄는 소리가 나는 걸로 보아 등교하는 학생들이 떠날 시간이었다. 그 중 한 명은 가다 말고 멈춰 서서 이렇게 말했다. "그러니까 결국 십계명이란 규칙 한 보따리일 뿐이군요." 존은 미소를 띤 채 고개를 저으며 대답했다. "그건 아닙니다. 나는 십계명이 규칙 한 보따리 이상의 의미가 있다고 생각해요. 하지만 규칙 얘기를 하나 해 보자면, 학생이 월요일부터 지각하지 않으려면 지금 길을 건너야 할 것 같은데."

학생들이 나가고 나서 제니가 반문했다. "십계명이 규칙이 아니라면, 그럼 뭔가요?" 존의 대답에 대한 기대로 샘의 눈이 빛났다. 존은 스티브에게 조심스레 말했다. "사회자 자리를 빼앗고 싶지는 않았습니다만." 스티브는 껄껄 웃었다. "얼마든지 하셔요. 칠판 양보해 드리죠." 그는 꾸벅 인사를 하고 존에게 분필을 넘겨주었다.

"과연 칠판이 필요할지는 모르겠네요. 근데 커피는 한 잔 더 필요해요. 다들 리필을 하든 잔을 비우든 하시고, 이 열 가지 계명을 새로운 각도에서 접근할 수 있는지 보는 게 어떨까요?"

◆

커피 리필을 받아 모두 다시 자리에 앉자 존이 말했다. "오늘 나왔던 논란은 잠시 제쳐 두고 몇천 년 전 애굽 탈출 당시로 돌아가 볼까요? 저는 출애굽기를 좋아하죠. 찰턴 헤스턴이 나온 영화 〈십계〉 다들 보셨나요?"

많은 사람이 고개를 끄덕였다.

"이 장면을 머릿속에 그려 봅시다. 여러분은 시내 산 기슭에 서 있는 군중이에요. 지도자 모세가, 방금 여러분을 애굽의 압제에서 풀어 준 하나님과 대화하려 산을 오릅니다. 지금까지 여러분은 노예로 살아왔어요. 아침 해가 떠오르는 순간부터 밤이 찾아올 때까지, 삶은 고통의 연속이었죠. 종일 피라미드를 만들고 저 위대한 애굽의 도시를 건설했어요. 바로의 권력과 부에 바치는 석상들을 짓는 지긋지긋한 노역을 하느라 등골이 휘었죠. 그러던 얼마 전 어느 날, 모든 것이 갑자기 달라졌습니다. 애굽에 열 가지 재앙이 닥친 것이죠. 물은 오염되고, 온갖 작물들을 메뚜기 떼가 쓸어버리고, 가축들이 죽어 가는 등 갖가지 재앙으로 애굽은 순식간에 악취 풍기는 오물 구덩이로 변해 버렸습니다. 그때 여러분은, 집 안에 머물면서 새끼 양을 죽여 문에 그 피를 칠하면 죽음의 천사가 여러분의 가정을 지나쳐 갈 거라는 말을 들었죠.

그리고 한밤중에 외투와 음식물 약간을 챙겨서 하나뿐인 집을 버리고 사막을 향해 떠납니다." 존은 커피를 한 모금 들이키고 말을 이었다. "이제 홍해에 다다라, 뒤쫓아 오는 바로의 전차 부대가 일으키는 먼지구름을 보게 되죠. 그들은 여러분을 붙잡아 다시 노예 신세로 몰아넣으려 합니다. 이때 모세가 물 위로 손을 들어 올리자, 놀랍게도 양쪽으로 물기둥이 솟으며 바다가 둘로 갈라집니다. 바다 가운데 난 마른 길로 여러분은 안전하게 건너가지만, 뒤쫓는 바로의 군대는 물이 이룬 터널을 지나고 있죠. 건너편에 도착해서 돌아보니, 하나님이 전차 부대를 바닷물로 뒤덮어 여러분을 평생 억압했던 자들을 파멸시켰습니다.

그리하여 여러분은, 행선지도 모르고 목적도 알 수 없는 채로 사막을 향해 모세를 따라갑니다."

스티브가 씩 웃으며 끼어들었다. "목사 양반, 이런 거 잘하는 것 같은데, 진로를 이쪽으로 바꾸는 걸 생각해 보지 그래요?"

존도 웃었다. "고마워요, 스티브 씨. 진지하게 고려해 보죠."

"지금 시내 산 기슭에 서 있는 여러분은 천둥이 내는 우르릉 소리를 듣습니다. 자유를 주신 하나님의 음성이죠. 여러분은 이제 자유인이지만, 여러 다른 이유로 여전히 노예이기도 합니다. 날 때부터 노예 신분이었기 때문이에요. 평생 동안 남의 지시를 받으며 살아왔어요. 매일 매 순간 애굽 사람들이 시키는 대로만 했지요. 그러다 별안간 자유를 얻었고, 아무도 무엇을 하라고 시키지 않아요. 지금까지와는 너무나 다른 삶을 어떻게 시작해야 할지 전혀 알 수 없지요. 주위를 돌아보니 대부분 비슷한 생각을 하고 있군요. '이제 우린 뭘 해야 하나?' 이런 상황에 처하게 될 줄은 전혀 몰랐겠죠. 지금 어디에 와 있는지조차 모르고 있어요! 그저 길을 잃었고, 사막에 나와 이름 모를 산 아래에 모여 있는, 하나님의 놀라운 기적을 목격한 노예들 한 무리인 것이죠. 근데 그러면 지금은……. 이제 다음엔 무슨 일이 벌어질까요?

산 위를 바라봅니다. 천둥소리가 들리고, 먹구름 사이로 번개가 치는 것이 보입니다. '모세가 우리 삶의 새 규칙들을 듣고 있겠군. 하나님이 모세에게 우리가 할 일을 말씀하고 계신 게야. 폭풍우 치는 소리가 나는 것으로 봐서, 썩 유쾌한 규칙들은 아닌 것 같군'이라고 속으로 생각하겠죠. 그러나 모세가 드디어 산에서 내려와 하는 이야기는 이렇습니다.

너희는 내가 이집트 사람들에게 한 일을 보았고, 내가 어떻게 너희를 독수리 날개에 태워 내게 데려왔는지도 보았다. 너희가 내 말을 순종하는 마음으로 듣고 내 언약을 지키면, 너희는 모든 민족 가운데서 나의 특별한 보배가 될 것이다. 온 세상이 나의 것이지만, 너희는 내가 특별히 선택한 민족이다. 너희는 제사장 나라, 거룩한 민족이다.[7]

예상대로 규칙을 잔뜩 주셨나요? 아닙니다. 선택받은 것입니다. 하나님의 선택을요. 하나님은 모세에게 이렇게 말하였습니다.

나는 내 백성이 이집트에서 고통받는 모습을 오랫동안 지켜보았다. 압제자들의 손에서 벗어나기를 바라는 그들의 부르짖음도 들었다. 나는 그들의 고통을 속속들이 알고 있다. 이제 내가 내려가서 그들을 도와 이집트의 손아귀에서 그들을 풀어 주고, 그들을 그 땅에서 이끌어 내어 젖과 꿀이 흐르는 광활한 땅, 곧 가나안 사람과 헷 사람과 아모리 사람과 브리스 사람과 히위 사람과 여부스 사람의 땅으로 데리고 가겠다.[8]

규칙 대신에 하나님이 여러분에게 주신 것은 관계, 즉 계약 관계입니다. 청혼과도 비슷할 겁니다. 현 시점에서는 공허한 말일지도 모르죠. '제사장 나라가 되며 거룩한 백성이 되리라'라고 하지만, 주위를 둘러보면 다들 노예들이지 왕이나 제사장은 없거든요. 그리고 나라를 세우려면 땅이 있어야 하는데, 지금은 그저 사막 어딘가에 서 있지요. 그러다 어느 순간 하나님 말씀이 이해되기 시작합니다. 그 말씀의 진짜 뜻을 알아듣게 되지요. 애굽에서 노예로 지내는 동안에 바랐던 것과는 전혀 다른 미래를 약속하신다는 것을요. 하나님이 여러분을 자식으로 받아들여 완전히 새로운 가족으로 삼고, 세상의 모든 다른 민족을 제쳐 두고 여러분에게 말씀하십니다. '나는 너희를 내 백성으로 선택했다. 나는 너희와 계약을 맺겠다.'"

존은 이야기를 듣는 한 명 한 명과 눈을 맞추었다. "그리고 저는, 지금까지 교회는 십계명을 규칙으로 규정지었을지 모르지만, 그 계약이 단순히 규칙만은 아니라고 믿습니다. 하나님이 그 백성들 삶의 중심에 두게 하려는 생활 윤리에 더 가깝다고 생각합니다. 하나님의 백성이 사막에서 길을 잃고 자신이 누구인지도 모를 때에, 자신의 정체성을 확립하도록 돕는 실천 강령이지요. 이것을 잘 수용한다면 노예에 불과했던 사람이 한 명의 독립적인 인간으로 변화하게 됩니다. 하나님의 모습대로 창조된 인간, 하나님이 가족으로 불러들이시는 인간입니다. 자유를 누리도록 만들어 주신 대로 자유를 경험하게 될 겁니다."

커피 한 모금을 들이키면서, 존은 생각에 잠긴 사람들의 표정을 바라보았다. 제니가 맨 먼저 질문을 꺼냈다. "좋아요, 목사님 말이 맞다고 치죠. 십계명이 그저 살아가면서 지킬 규칙 보따리가 아니라 계약이라는 거죠?"

"관계를 맺자는 부르심이요." 샘이 덧붙였다.

"아, 관계라고 했군요. 청혼 같은 거라고 하셨죠?"

존이 끄덕였다.

제니가 이어 말했다. "음, 저는 결혼은 안 했지만 결혼식에는 많이 가 봤어요. 목사님이 말씀하신 건 제 친구들의 결혼 서약과는 사뭇 다른걸요. 하나님은 굉장히 조건부 제안을 하신 것 같아요. '내 계약을 너희가 지킨다면 내 백성이 되리라.' 이건 '죽음이 우리를 갈라놓을 때까지……' 이런 결혼 서약과 전혀 비슷하지 않아요."

샘이 반박했다. "그래요. 조건부예요. 하지만 왜 그런 걸까요? 내가 아는 거의 모든 관계가 사실상 조건부였어요. 유치원 시절까지 거슬러 가 봐도 그런걸요. '나한테 네 장난감을 갖고 놀게 해 주면 너랑 친구 할게.' 그런 것이 평생 계속된다고요."

스티브도 나섰다. "전에 아까 나간 고등학생들 또래 애들이 하는 소리를 어쩌다 들었는데, '나랑 자 주면 너하고만 데이트할게'라고 하더이다, 쯧쯧."

"'술을 주말에만 마신다면 집을 나가지 않겠어요.' 엄마가 아빠한테 그러셨었죠. 술 마시는 문제에 대해 수백 번은 그 비슷한 식으로 말했었어요. 아빠는 저한테 이랬고요. '그 대학에 간다면 학비를 대 주마.' 그걸 우린 사랑이라 부르지만, 사실은 이기심일 뿐이에요. 뭔가를 얻기 위해 다른 뭔가를 주는 거죠. 상대방을 조종하려는 거예요. 십계명이 이것과 다를 게 뭐죠? '이 계약을 지키면 너희는 나의 백성이 된다.'" 제니는 잠깐 숨을 고르고 말을 이었다. "하지만 나를 실망시킨다면 다 끝이다, 그런 말이죠." 그녀는 커피 잔에 시선을 떨궜다.

존은 제니가 다시 고개를 들 때까지 기다렸다. "십계명이 그렇게 들린다는 것 압니다. 이스라엘 백성도 광야에서 같은 느낌을 받았겠죠. 조건부 관계를 제안받는 건데, 그 거래에서 자기 몫을 다하지 않으면 그 관계를 끝내겠다는 협박이랄까요. 하지만 만일 그게 협박이 아니라 약속이라면 어떻습니까?"

제니는 얼굴을 찡그렸다. "무슨 뜻이죠?"

"하나님 말씀 뜻이, '너희가 나와 맺은 계약을 지킨다면, 이러이러한 일을 한다면 나의 백성이 될 것이다. 너희 주위 사람들이 볼 수 있도록 나의 모습을 투영시킬 백성이 될 것이다'[9]라는 것이라면 어떤가요? 어찌 보면 하나님이 십계명을 우리에게 제시하신다기보다는, 십계명이 하나님의 모습을 보여 주는 것이 아닌가 싶기도 합니다. '너희가 이것을 따른다면, 노예로 지내는 세월 동안 거의 잊고 지냈던 너희 안의 하나님 모습을 볼 수 있을 것이다. 그리고 다시는 어느 무엇에도 속박되지 않을 것이다. 자기 자신에게도 구속되지 않을 것이다. 너희는 진실로 자유로워질 것이다. 나의 계약을 지킨다면 너희는 나의 백성이 될 것이다.'"

"무슨 말씀인지는 알 것 같아요." 제니가 말했다. "하지만 '무엇무엇 하지 말라'라는 식으로 나가는 십계명 자체는 여전히 규칙같이 들리는걸요."

윌이 목소리를 냈다. "제니, 재미있는 게 하나 있어요. 성경에는, 우리가 '십계명$^{Ten\ Commandments}$'이라 일컫는 것이 단 한 번 '계명들^{Commandments}'이라고만 언급됩니다.[10] 십계명 이야기를 할 때는 '열 가지 말씀$^{The\ Ten\ Words}$'라고 언급돼요. 하나님이 자신의 백성에게 말씀하신 열 가지 말씀이지요. 그래서 때로 십계명을 십계^{Decalogue}라고 부르기도 하는데, 10이라는 뜻의 그리스어 데카^{Deka}와 단어 혹은 말이라는 뜻의 로고스^{logos}에 그 어원이 있어요. 일반적인 계율이라 할 수 없는 것이, 그걸 어긴다고 해서 처벌받는 것은 아니거든요."

"맞습니다." 존이 말했다. "그것 또한, 제가 십계명이 단순한 규칙들이 아니라고 하는 또 다른 이유입니다. 살아가면서 실천하라고 주신 지침이라는 거죠. 우리 삶과 공동체를 가꾸어 나가는 실천 지침이고, 우리를 우리 자신에게서 보호해 주고, 어두운 충동에 빠지지 않도록 훈련하라고 주신 것이에요. 저 사막에 서 있는 군중과 마찬가지로 우리도 노예 시절부터 형성된 충동들이 있습니다. 그런 충동 때문에, 스티브 씨가 읽어 준 오늘 신문 기사 꼭지들 같은 사건이 벌어지는 거예요."

"수천 년 전에 시내 산 기슭에 모여 있던 군중과 우리가 별반 다르지 않다는 생각이 듭니다." 존이 말을 이었다. "여러 측면에서 우리도 노예라 할 수 있어요. 무엇의 노예였는지에 따라 우리의 정체성이 규정되어 버린 것이죠. 자발적으로 노예가 되었건 아니건 간에요. 우리는 중독이나 강박 같은 것의 노예가 되곤 합니다. 소비하려 하고, 무언가를 얻어 내려 하고, 어떡하면 남들보다 더 많이 재물을 쌓아 둘까 알아내려는 욕구들, 완벽주의, 심지어 바르게 살겠다는 강박적인 생각도 인간을 속박하지요.

종교 또한 우리를 자유롭게 해 주기는커녕 굴레에 가두었습니다. 하나님이 우리를 조건 없이 사랑하신다고는 하지만, 하나님 보시기에 합당하려면 그 굴레를 뛰어넘어야 하지요.

이 모든 것이 우리에게 영향력을 행사합니다. 우리가 좋아하든 싫어하든 간에, 우리가 받아들이려 하는지에 상관없이 우리를 조종하지요. 자유로워져야 합니다." 존은 잠시 멈추더니, "최소한 저에게는 해당되는 이야깁니다.

제가 믿는 바는 이렇습니다. 십계명이라는 것은 열 개의 말씀입니다. 생명을 가져오는 열 가지 말씀, 즉 우리가 그것을 제대로 받아들일 때 우리 안에 생명을 불어넣어 주는 말들입니다. 전에는 이렇게 생각했죠. 하나님이 간단히 한 손을 들어 우리에게 십계명을 제시하셨고, 우리는 그 말씀대로 제대로 해내지 못했다가는 크게 혼나는 거라고. 하지만 오늘 보니 그게 아니네요. 하나님은 우리에게 우정을 나누자고 손을 내미시며 이렇게 말씀하시는 겁니다. '너희에게 선물

하는 열 가지 말을 받아 주겠니? 그것을 통해, 내가 바랐던 대로 어울려 사는 법을 배울 수 있도록?' '이대로 행하면 이 열 가지가 너희를 자유로이 해 줄 것이다. 이것은 규칙이 아니다. 자유로 가는 길이다. 이 생활 윤리를 받아들이면 너 자신을 사랑하고, 남을 사랑하고, 너희의 하나님을 사랑하는 방법을 알게 될 것이다.'"

샘이 끼어들었다. "그건 예수님이 십계명을 요약하신 것과 비슷하네요. '주 너의 하나님을 사랑하라', 그리고 '네 이웃을 네 자신과 같이 사랑하라.'"[11]

"맞아요!" 존이 대답했다. "십계명은 '나는 너희 주 하나님이라'로 시작하고 '네 이웃을 사랑하라'로 끝나지요. '하나님'과 '이웃'이라는 두 단어로 대표되는 첫 계명과 마지막 계명 사이에는 하나님을 사랑하고 이웃을 사랑하는 것에 대한 설명이 들어 있고요. '이것을 행하면 나의 백성이 되리라. 이 생활 윤리를 받아들이면 나는 너희 하나님이 될 것이다. 이 열 가지를 실천하면, 공포가 아닌 신뢰 위에 구축된 관계로 인도받을 것이다. 주 하나님에 대한 신뢰, 너희 서로에 대한 신뢰가 바탕이 된 관계를 맺게 될 것이다.' 어쩌면 이 희망의 말은, 우리 개인이나 교회 차원뿐 아니라 근본적으로 갈 곳을 잃은 현대 사회에도 필요한 말이 아닐까요?"

스티브는 신문을 집어 들었다. "그래 이 문장 열 개가, 이 신문에 실린 온갖 흉한 사건들을 마법처럼 멈추게라도 한단 말요? 누군가 구리를 훔치려고 내 에어컨 실외기를 부수지 않을까 걱정할 필요가 없어진다는 거요? 아니면 어딘가에서 들려오는 자동차 폭발음을 누가 총에 맞는 소리로 착각하지 않게 되려나?"

존이 대답했다. "아뇨 스티브, 그런 뜻은 아니에요. 십계명이 우리를 악으로부터 지켜 주는 마법은 아니죠. 하지만 십계명이 우리가 악을 행하지 않게 도울 수는 있을 겁니다. AA, 즉 익명의 알코올 중독자들 단체 회원인 친구들에게서 배운 게 하나 있다면 이거예요. '내가 통제할 수 있는 건 내가 걷는 쪽뿐이다. 건너편에서 넘어오는 것은 내가 어쩔 수 없다.'

제가 앞에서 말했듯이, 이 열 가지 말씀은 우리의 어두운 충동, 우리의 노예 근성을 단속합니다. 우리가 그런 충동을 억제하려 하지 않는다면 끔찍한 결과를 빚을 수 있다는 것을 경고해 주는 겁니다. 인정하기 싫은 사실은, 우리가 아무리 노력한다 해도 인생을 완벽하게 통제할 수는 없다는 거죠. 십계명에 등장하는 부정적인 것들을 우리 자신의 노력으로는 피할 수 없어요. 배반, 절도, 시기, 탐욕, 기만, 심지어 살인을 범할 수도 있습니다. 계율을 어기게 하는 충동 자체를 피할 수 없는 것은 더 당연하죠. 십계명을 어기게 하고 사람들에게 깊은 상처를 입히는 행동을 하게 만드는 충동을 우리 스스로 이겨 낼 수는 없습니다. 우리 모두 다 어떤 계명을 어길 수 있어요. 과거에 어긴 분도 있을 테고요. 저도 물론 그렇습니다."

존은 사람들의 얼굴들을 둘러보았다. "지금 이 순간에도 어기고 있는 분이 있을 수도 있습니다. 이렇게 십계명을 어기는 것은 평생 지속될 깊은 상처를 남깁니다. 그것이 우정, 결혼, 공동체, 교회를 파괴시킨다는 것을 여러분도 저도 잘 알고 있어요. 제가 짐작하기로 우리 중 대부분이 최소한 어느 한 부분에서는 깊이 상처 입은 바가 있을 것이고, 끊임없이 그로 인해 고통을 느끼고 있을 겁니다."

존이 둘러보니, 처음 이야기를 시작할 때보다 더 많은 사람이 그의 말과 그것을 둘러싼 대화를 듣고 있다는 것을 알 수 있었다. 그들이 자리한 구석 쪽 분위기는 카페 안의 다른 쪽보다 명백히 더 무거웠다. "성 아우구스티누스는 '하나님을 사랑하고 네가 좋아하는 것을 하여라'라고 말했는데, 우리는 그냥 '네가 좋아하는 일을 하라'라고만 합니다."

스티브는 존을 바라보며 말했다. "그러면서 남은 평생 동안 '이건 내가 좋아하는 일이 아니야' 이렇게 회의를 느끼며 살아가죠."

◆

존은 갑자기 손뼉을 탁 쳤다. "좋은 생각이 났어요. 제가 속한 공동체에서 어떤 주제로 설교를 할까 고민 중이었는데, 지금껏 십계명에 대해 설교한 적이 없었네요." 존은 스티브를 바라보았다. "무엇보다도 사람들이 어떤 반응을 보일지 몰라서였죠. 오늘 아침에 우리가 이야기했던 것 같은 격렬하고 상반된 반응이 두려웠나 봅니다. 하지만 지금은 그게 뭐 그리 문제가 될까 싶네요. 어쨌든 오늘 십계명에 대한 강경한 반론들을 들었습니다. 지금까지 십계명에 접근했던 방식들이 그다지 도움이 되지 않았기 때문일 테죠."

"목사님 대단하시구랴," 스티브가 말했다. "일요일 아침 설교하실 때 내가 맨 앞에 앉아 있을 거라는 기대는 하지 마십쇼." 스티브가 단언하자 웃음이 터졌고, 존도 함께 웃었다.

"그런 기대는 안 할게요, 스티브 씨." 존은 신문을 집어 들고 휘휘 흔들어 보였다. "난 스티브 씨, 당신이 바로 여기 모인 신도들 앞에서 설교하는 장면이 떠올라요!" 제니가 제법 큰 소리로 비꼬았고, 모인 사람들 모두 폭소를 터뜨렸다. 스티브는 영광이라는 듯 제니를 향해 눈인사를 하고, 일어서서 사람들에게 허리 숙여 인사했다.

"하지만 제 아이디어는 그게 아니에요." 존이 말을 이었다. "여러분에게 우리 교회에 와서 설교를 들으라는 것이 아니고요, 제 설교 준비를 도와 달라고 부탁하는 겁니다. 질문을 던져 주시고, 십계명 열 문장이 우리 삶에 어떻게 관련되어 있는지 말씀해 주십사 하는 거예요. 여러분이나 다른 사람이 십계명에 대해 어떻게 생각하고 평가하는지와는 별개로요. 시내 산에 모인 군중에게 십계명이 내려지긴 했지만, 하나님은 사실 그들을 2인칭 단수인 '너'라고 부르셨습니다. 그들을 자유롭게 하셨고 그들이 자유 안에서 살아가기를 바라신 하나님은, 그곳에 모인 사람들 한 명 한 명에게 직접 말씀하신 것입니다. 십계명은, 내가 사는 바로 그곳에서 나의 일과 나의 관계와 나의 원초적 본능을 어떻게 다루어야 할지를 말해 주는 지침인 것이죠."

"마지막 그 표현은 좀 그렇……네요." 제니가 말했다.

존은 웃었다. "허나, 군중을 개인으로 지칭하셨지만, 이 열 계명을 실천하거나 무시하는 것은 개인들이 아니죠. 우리가 그 뜻을 이해하려면 우리가 속한 공동체가 그것을 받아들여 적용해야만 해요. 왜냐하면 내 멋대로 결정한다면, 내 삶에 별 영향 없도록 십계명을 해석해서 바리새인처럼 나는 옳고 남들은 그르다고 자신할 수도 있거든요. 그건 아마 당신을 엄청나게 짜증나게 할 거예요, 그렇죠 스티브 씨?"

"당연한 말씀을. 당신이 말했듯이, '도적질하지 말라'라는 글귀를 법정에 거는 권리를 위해 우리의 세금 50만 달러를 갈취하는 작태는 너무나 위선적이잖소."

"그럼요. 그럼 이건 어떻습니까? 여기 모인 여러분은 대부분 월요일 아침마다 카페 문 열 시간 즈음 여기 와 계시는 분들이니, 매주 한 시간 정도 시간을 내어 십계명의 각 계명에 대해 이야기를 나눠 보는 겁니다." 존은 사람들과 눈을 맞추며 말했다. "진지하게 얘기하는 겁니다. 저 좀 도와주시죠."

"내 생각엔 괜찮을 것 같군요." 샘이 말했다.

"저도요." 제니도 말했다.

그들은 스티브를 바라보았다. "나 같은 독선적인 캐릭터도 정말 필요하신 거 맞소?"

존은 그렇게 말하는 스티브의 어깨를 두드렸다. "제가 정도를 벗어나지 않게 도울 분 더 안 계신가요?"

"좋아요, 나도 오리다. 하지만 미리 예습을 좀 하고 올 수 있으면 좋겠는데, 첫 번째는 뭡니까?"

존은 성경을 들어 펼쳤다.

나는 너희를 이집트 땅, 종살이에서 이끌어 낸 하나님 너희 하나님이다[12]

"거기서 시작한다 이거죠?" 스티브가 말했다. "그러면 애초에 난 여기에 못 끼겠는데요. 내가 신의 존재를 확신하는 사람으로 보여요?"

"그럼 이건 어때요, 스티브? 인간은 자기가 가진 것에 만족하지 못한다는 사실은 확신합니까?"

스티브는 코웃음쳤다. "확신하냐고요? 두말하면 잔소리지, 가진 것에 만족하지 못하는 사람들 덕분에 경제 전체가 굴러가고 있단 말요!"

"그러면 시작 지점을 다시 잡아 보면 어떨까요? 열 번째 계명에서 시작해서 거꾸로 첫째 계명으로 마무리하는 겁니다.[13] '이웃의 소유를 탐내지 말라'에 대해서는 분명 할 말이 있을 것 같은데요." 이번에는 샘이 함께 웃었다.

그러자 스티브가 말했다. "그래요, 목사 양반. 이렇게 합시다. 다음 주 월요일 7시에 여기서 만나기로 하죠. 목사님네 교회 신도들도 몇 명 데리고 와요. 당신 같은 전문가 말고 아마추어들은 뭐라고 지껄이는지 들어 보고 싶어서 그럽니다."

"그것 재미있겠군요, 스티브 씨. 오시는 거죠? 커피만 있다면 무조건 나타날 친구들이 몇 있어요. 그리고 설교 준비도 준비지만, 한 주의 시작을 지적인 대화와 영혼의 탐구로 여는 것도 내게 이득이 될 것 같습니다. 지인들 중 누구라도 관심을 가질 것 같으면 편하게 데리고 오세요!"

샘은 일어서면서 테이크아웃 커피 한 잔을 주문했다.

제니는 노트북 컴퓨터를 열어 장학금 신청 제안서 작업으로 돌아갔다. 그 작업만 하기에도 빠듯한 시간을 예상치 못한 대화를 나누느라 흘려보낸 것이었다. 오늘 아침 시간이 재미있긴 했지만, 그녀의 삶과 별 관련 없던 주제에 대해 10주 동안이나 이야기를 나눌 여유가 있을지 모르겠다는 생각을 한다. 가족 얘기는 괜히 왜 했담, 그녀는 조금 후회가 됐다.

스티브는 읽던 신문을 마저 읽기 시작했다. 그는 오늘 아침의 대화가 만족스러웠고, 앞으로 몇 주간 모임에 적극 참여할 준비가 되어 있었다.

존은 이런 모임을 시작한 것이 과연 잘한 일일까 싶기도 했지만, 한동안 쉬었던 치열한 토론으로 활기를 얻고 있음을 깨달았다.

카페에서 나가는 존에게 윌이 한마디를 건넸다. "친구, 몇 주 동안 재미있을 것 같아요."

존은 대답했다. "어떨지 두고 봐야죠. 두고 봅시다."

1

시기에서 만족으로
제10계명

> 우리 시대 최고의 지성들은 지금
> 어떻게 광고 클릭 수를 늘릴까 궁리하고 있다.
> - 제프 하머바허 Jeff Hammerbacher

> 그런 부유함을 보지 않았더라면
> 얼마든지 가난하게 잘 살 수 있었을 텐데.
> - 제임스 James의 노래 "Sit Down" 중에서

> 네 이웃의 집을 탐내지 말라
> 네 이웃의 아내나 그의 남종이나 그의 여종이나
> 그의 소나 그의 나귀나 무릇 네 이웃의 소유를 탐내지 말라
> - 출애굽기 20장 17절

존은 헬멧을 벗으며 오토바이에서 내렸다. 카페까지 오는 짧은 길이 더없이 상쾌했기에, 그의 얼굴엔 미소가 가득했다. 주차장을 가로질러 오면서 스티브와 윌이 야외 테이블에 마주 앉아 있는 것이 보였다. 스티브는 담배를 피우며 신문을 읽고 있었다.

"스티브 씨, 윌, 안녕하세요."

스티브가 고개를 들었다. "목사님도 안녕하시우! 기분이 상당히 좋아 뵈는군요."

윌이 웃으며 말했다. "목사님은 쉬는 날인데 날씨까지 좋으니 기분이 안 좋을 수가 있겠어요?"

스티브는 두 사람을 번갈아 바라보았다. "두 양반은 원래 아는 사이인가 봐요?"

윌이 대답했다. "오, 아주 오래 전부터 알고 지냈지요. 목사님에 대한 얘기라면 얼마든지 알고 있답니다."

스티브는 존을 흘끔 쳐다보았다. "나 완전 경청하고 있어요, 윌."

"그런 것 같네요. 저는 일단 커피부터 받아 와야겠어요." 존이 말했다.

"우리도 곧 따라 들어갑니다. 하지만 먼저 목사님 과거 조금만 캐고요." 스티브는 윌을 향해 돌아앉았고, 윌은 존을 향해 어깨를 으쓱해 보였다. 웃음 띤 존의 눈에 주차장으로 들어오는 낯익은 차 한 대가 들어왔다. 그는 차에서 내리는 두 사람에게 인사하러 주차장으로 건너갔다.

"릭, 카를로스, 어서 와요. 와 줘서 고마워요. 어서 들어가서 커피부터 마셔야죠?"

차를 몰고 온 릭은 희끗희끗한 턱수염에 탄탄한 체격의 소유자다. 그는 시큰둥하게 대답했다.

"뭐 별로요. 이미 집에서 잔뜩 마시고 왔는걸." 릭은 옆에서 하품을 하며 헝클어진 머리를 손으로 빗질하고 있는 젊은이를 보고 말했다. "나보다는 이 잠 덜 깬 녀석이 커피를 마셔야겠는걸요."

카를로스는 릭을 흘겨보는 척하며 말했다. "형님이 쏘신다면 마셔 드릴게요."

"인마, 너 내 차 타고 왔지? 커피는 네놈이 사야지!" 릭은 카를로스의 어깨에 팔을 둘러 카페 문 앞으로 끌고 왔다. "나한테 베이글도 사 내라고!"

존은 그들과 함께 들어가다가 제니가 자전거를 타고 오는 것을 보았다. 존이 그녀에게 인사하러 다가가고 있을 때 차 한 대가 들어오며 경적을 울렸다. 그 운전자의 옷에 박힌 요란한 프린트를 보고 존은 미소를 지었다.

"제니, 잘 왔어요. 샘은 카페 안에 있을 테니 얼추 다 온 셈이겠네요."

제니는 짐 바구니에서 가방을 꺼낸 뒤 자전거를 잠그고, 어깨에 가방을 걸쳐 메며 말했다. "그럼 들어가서 테이블을 잡아야죠."

마지막으로 도착한 사람이 다가오자 존이 말을 걸었다. "머리 색에 맞춰서 옷을 고른 건가요, 아니면 옷 색깔에 맞춰서 머리를 염색한 건가요?"

그녀는 한 바퀴 빙그르르 돌아 보이며 대답했다. "뭐가 먼저였나 기억은 안 나지만, 나 오늘 좀 괜찮지 않아요?"

제니도 존도 웃었다. "세라, 당연히 오늘도 정말 멋져요. 당신이 와서 기쁩니다."

세라는 제니를 보고 물었다. "이 아름다운 아가씨는 누구예요?"

"저는 제니라고 합니다."

"난 세라예요. 만나서 반가워요."

제니와 세라가 들어오는 동안 존은 헬멧을 그러쥐고 문이 닫히지 않도록 잡고 있었다. 그런 뒤 존도 경쾌한 발걸음으로 카페 안으로 들어섰다.

샘은 테이블 두어 개를 자기 옆에 끌어다 놓고 늘 앉던 바 앞 자리에 앉아 있었다. 존은 김 나는 커피 잔을 들고 거기 앉은 일곱 명 앞으로 왔다. 그들의 시선이 존에게 향하자 샘이 말했다. "우린 방금 서로 안면을 텄어요. 이제 목사님이 진행하실 차례예요."

"와 주셔서 고맙습니다." 존은 스티브가 잡아 둔 자리에 앉았다. "솔직히 말해서 오늘 아침 모임을 많이 기대했어요. 한 분도 빠짐없이 모여 주셔서 굉장히 기쁩니다. 출근하셔야 하는 분들이 많을 테니 한 시간 정도만 이야기를 나누도록 해야겠지요. 바로 시작하는 게 좋겠습니다. 제가 열 번째 계명을 읽을게요. 거기부터 시작하기로 했었죠?" 그는 웃옷 안주머니에서 성경을 꺼냈다.

너희 이웃의 집이나 그 아내, 남종이나 여종, 소나 나귀를 탐내지 마라. 너희 이웃의 소유는 무엇이든 너희 마음에 두지 마라.[1]

존이 성경을 내려놓자 모두 기대에 찬 눈빛으로 그를 바라보았다.
"2011년 여름에 벌어진 런던 폭동 기억나시나요?"
"당연히 알죠." 스티브가 대답했다. "아주 뉴스를 도배했잖소."
존이 말을 이었다. "저는 그 무렵 어느 날 아침 식사를 준비하면서 BBC 월드 라디오 '뉴스 아워'를 들었거든요. 며칠이나 계속된 폭동이 런던을 비롯한 영국 주요 도시들을 강타했다고 하더군요. 영국에 사는 친구들은 별일 없는지 걱정도 됐어요. 방송에서 폭력, 재산 피해, 강탈 등을 보도하고 있었는데, 배경음으로 사이렌이 울리고, 한 젊은 여자가 인터뷰에 응했어요. 대충 이런 내용이었어요.

'왜 이런 폭동에 가담하게 됐습니까?'
'우리도 하고 싶은 대로 할 수 있다는 걸 경찰과 부자들에게 보여 주기 위해서요.'
'어떤 부자들을 겨냥한 거죠?'
'그냥 돈 많은 사람들이요. 사업하는 사람들.'
'그 이유 때문에 부자들이 가진 것을 훔친다는 뜻인가요?'
'네. 우리가 원하는 걸 할 수 있다고 보여 주려고요.'

인터뷰 직후에 앵커들이 좀 당황하는 것 같았어요. 사건의 원인을 설명해야 하는데 말이죠. 얼마 후에 이곳 미국에서 시작된 오큐파이 운동*과는 달리, 이 일련의 폭동은 정치적 저항이나 사회 불안에 뿌리를 둔 것이 아니었습니다. 젊은이들이 주축이 된 거대한 군중이 가게와 차들을 때려 부수며 재물 손괴를 일삼았을 뿐이죠. 단지 '원하는 대로 할 수 있다는 것을 보여 주기 위해서' 타인의 재산을 파괴하고 갈취했어요."

샘이 어이없다는 듯이 말했다. "그 원한다는 것이 타인의 소유물이었단 말이죠?"

스티브도 덧붙였다. "그걸 자기가 가지려고 했다면 몰라도, 그냥 남들도 갖고 있지 못하게 하려고 부숴 버리다니."

존은 고개를 끄덕이며 말했다. "그렇죠. 그때 이런 생각이 들었어요. '거리에 깨진 유리 같은 폭동의 흔적이 사라지고 나면, 그리고 이 폭동에 대한 수많은 논평이 나오고 원인을 설명하는 시도가 이뤄지고 나면 결국 남는 것은, 왜 우리에게 열 번째 계명이 주어졌고 그 계명을 무시한 결과가 어떤 것인지 보여 주는 시각적 증거 자료뿐이겠구나.'"

샘이 동조했다. "그렇고말고요. 그냥 폭력배 집단이었던 게죠. 훌리건, 유럽 쪽에선 그렇게 부르죠? 타인의 소유를 존중하지 않는 놈들, 기회주의자들 같으니."

"솔직히 말해서 저도 그 뉴스를 들으면서 비슷한 생각이었습니다. 나 자신과 그 사람들 사이에 거리를 설정하고 있었죠. 일종의 도덕적

---

* 2011년 9월에 미국 뉴욕에서 시작된 '월가를 점거하라'는 뜻의 Occupy Wall Street를 구호로 내세운 시위. OWS, 반월가 시위, 미국의 가을 등으로도 불리며, 금융 엘리트 응징을 기치로 한다. 반소비지상주의, 빈부격차 해소, 비정규직 처우 개선 등을 내세우며 세계 각국에서 동조 시위가 벌어졌다.

우월감 같은 것을 즐기면서 하고 있던 계란 요리를 마저 했어요. '어떻게 저 따위 짓을 할 수 있을까?' 하면서요.

하지만 십계명의 열 번째 말씀이 떠오른 순간, 도덕적으로 분개했던 감정이 싹 사라지더군요." 존은 몸을 앞으로 내밀며 말했다. "내가 도둑질하고 강도질하는, 심하게는 누군가의 목숨까지 빼앗는 그 무리에 끼어 있지는 않았지만, 그런 행동의 뿌리는 십계명의 열 번째 계명인 '탐내지 말라', 즉 시기심에 있다는 데에 생각이 미쳤습니다. 시기심은 저도 익숙하게 알고 있는 감정이지요. 앞서 말했던 라디오 인터뷰를 한 젊은 아가씨도, 어느 날 아침에 일어나서 '오늘은 남의 가게를 부숴야지. 오늘 밤엔 뭔가 꼭 훔칠 거야'라고 결심하지는 않았을 겁니다. 아침에 일어나서 '오늘 밤 길을 걷다가 걸리적거리는 놈이 있으면 그게 누구든지 죽여 버리겠어'라고 마음먹는 사람도 없을 거고요. 우리가 경멸하는 폭도들의 행동들은 욕망에서 시작된 겁니다. 우리도 잘 알고 있는, 욕망이라는 감정 말입니다."

그는 주차장 쪽을 엄지손가락으로 가리켰다. "저는 저기 보이는 낡은 할리데이비슨 오토바이를 20년 동안 끌고 다니고 있어요."

윌이 끼어들었다. "척 봐도 그렇게 돼 보여요."

"저도 압니다." 존이 대꾸했다. "오늘 아침에 저걸 끌고 나올 때도, 늘 그렇듯이 이 골치 아픈 물건의 시동을 거는 데 시간이 좀 걸렸어요. 하지만 여기까지 타고 오는 동안에는 이 오토바이가 얼마나 허름해 보일까 하는 생각 따위는 하지 않았죠. 추운 날이면 아침마다 시동이 안 걸려 고생한다는 사실도 생각나지 않았고요. 그냥 아름다운 아침에 상쾌한 공기가 얼굴에 닿는 것이 기분 좋았을 뿐이에요. 오늘 몇 시간 후면 저걸 타고 교외로 나가면서 그런 좋은 기분을 또 느끼겠죠. 신이 나면 무릎이 땅에 닿을 정도로 아슬아슬하게 커브를 돌기도 하고요."

존은 잠시 숨을 가다듬었다. "그러다가 점심을 먹으러 작은 단골 식당 앞에 멈춰서, 주방장이 주문 제작한 나이트 트레인* 옆에 내 고물 오토바이를 세우겠죠."

못 알아듣겠다는 표정을 짓는 제니와 샘을 위해 월이 얼른 거들었다. "나이트 트레인은 존이 꿈에 그리는 오토바이 이름이에요."

"맞아요. 죄송해요." 존이 말을 이었다. "어쨌든, 나는 내 오토바이에서 내려서, 주방장 오토바이를 한번 쳐다보고 다시 내 오토바이를 보겠죠. 어떨까요, 아침의 반짝임이 조금은 퇴색되지 않을까요? 기분이 좋은 날에는 부러워서 살짝 배가 아픈 정도겠지만, 기분이 엉망인 날이라면……"

스티브가 목소리를 높이며 말을 막았다. "목사님, 목사님만 그런 거 아뇨. 나도 우리 옆집 차를 볼 때마다 그런 기분이 든다고요. 부러워만 하지, 그냥 내 차를 끌고 다닐 수밖에요. 그 자식은 두 달에 한 번 꼴로 차를 갈아 치우는 것 같아요." 그는 모인 사람들을 쓱 둘러보았다. "딴 분들은 어때요? 다들 시기하는 게 있으실 텐데?"

"제 단짝 친구네 가족이요." 제니에게 사람들의 시선이 몰렸다. "친구 집에 저녁 초대받는 건 정말 좋기도 하고 끔찍하게 싫기도 해요.

---

* 할리 데이비슨 FXSTB 모델의 별칭

우리 가족에게는 결핍된 것들을 떠올리게 되거든요."

"난 옷이요." 세라가 말했다. "특히 여동생 옷장하고, 솔직히 말해 그 옷을 걸칠 수 있는 그 애 몸매가 제일 부러워요."

"우리 식구들이 형을 신격화하는 거요." 카를로스가 고개를 떨구며 말했다. "형은 항상 착한 아들이고, 나는 인간 쓰레기 취급이죠."

잠시 어색한 침묵이 돌았지만 이내 윌이 입을 열었다. "보나마나 자네 형도 자네를 부러워하고 있을 거네." 카를로스는 어이없다는 듯 윌을 쳐다봤다. "'착한 아들' 노릇이 얼마나 짐스러운지 아나?" 윌의 말에 카를로스는 납득이 가지 않는 눈치였다.

윌은 모임 전원을 보며 질문을 던졌다. "세상에는 부러워할 것이 너무나 많아요. 그렇지 않습니까? 남의 집, 경력, 결혼 생활, 자녀들, 교육 수준, 외모, 운동 능력, 몸매, 피부, 머리칼, 재능, 재력 등등이요."

"메이블 루이스의 교회 학교 출석 기록이요." 모두 샘을 바라보았고, 그는 어깨를 으쓱해 보였다. "에이, 세상에 완벽한 인간은 없잖아요?" 모두 웃음을 터뜨렸다.

존이 다시 말을 이었다. "좋아요. 다시 런던 폭동 얘기로 돌아가 봅시다. 샘, 폭동이 일어나던 밤에 거리를 걷고 있던 사람들은 대부분 남이 가진 것을 부러워하고 있었겠죠. 노력해도 얻을 수 없을 것 같고요. 욕망의 대상을 손에 넣을 수 있는 기회가 왔을 때, 그들은 말 그대로 그냥 손을 뻗어서 가진 겁니다. 그리고 재물 손괴를 통해 그들이 느껴 왔던 좌절감을 표출한 거고요."

"하지만……." 샘은 뭔가 말하려 했고, 존은 그냥 말을 계속했다.

"그들의 행동을 정당화하려는 건 아니에요. 하지만 그 행동도 나나 여러분이 인정한 같은 감정에서 촉발된 것이죠. 우리는 폭도들과 다른 부류라고 스스로를 평가하고 싶겠지만, 정말 그럴까요? 우리도 그들과 별반 다를 바 없을지 모릅니다."

존은 모임 전체에게 물었다. "열 번째 계명에 대한 제 생각을 여러분께 던져 봐도 될까요?"

"그게 이 모임의 목적 아니었소?" 스티브가 답했다.

"좋습니다. 시기심 또는 부러움이라는 단어로 출발해서 열 번째 계명에 대해 생각해 보죠. 다른 아홉 가지 계명을 어기게 만드는 시발점이 바로 시기입니다. 이웃의 물건을 탐내다 보면 훔치게 될 수도 있지요. 이웃의 집이 아니라면 어디 다른 곳에서요. 그러다 살인을 하게 될 수도 있습니다. 탐나는 것을 얻기 위해서 신용을 쌓으려다 거짓말도 하게 되지요."

"아이구, 대출 심사관 나셨네. 숫자는 거짓말을 하지 않는다고요." 스티브의 말이었다.

제니가 반박했다. "우리 쪽에서는 그렇지 않아요. '낮은 이자율'이라고요? 그래요, 대출금을 제때 상환할 수 있다면 그렇겠죠. '쉬운 10개월 분할 상환'이라고 떠들지만, 내 평생 쉽게 돈을 갚을 수 있었던 적은 없었어요!"

존은 고개를 끄덕였다. "이웃의 배우자를 탐내는 것은 간통으로 이어질 수 있습니다. 열 번째 계명에 등장하는 시기심이, 인간의 온갖 그릇된 욕망과 그 파급 효과들을 낳죠. 제 생각에, 핵심은 이겁니다.

욕망 자체는 문제가 아니에요. 우리 욕망의 대상이 우리 이웃의 소유라는 점이 문제죠. 성경에도 있듯이, 하나님은 우리를 천사보다 조금 낮게 만드셨지만, 우리의 관심은 온통 남들보다 조금이라도 높이 올라가는 데 있는 것 같습니다. 인간은 늘 부러워해요. 제 친구 매트가 시기심을 이 공식으로 정의했는데 한번 보세요." 존은 일어서서 칠판에 다음과 같이 적었다.

시기 = 욕망 + 분노

세라가 웃으며 말했다. "어머, 나 저거 외워야겠다!"

카를로스는 팔꿈치로 릭을 쿡 찌르며 말했다. "저거 보세요. 분노가 제일 나쁜 거라잖아요, 호랑이 아저씨."[2]

샘도 한마디 했다. "그럼 지금, 우리가 뭔가를 원하는 건 잘못이 아니라는 말을 하고 계신 거죠? 우리 이웃이 그걸 갖고 있어서 나도 갖고 싶은 거고, 그들이 그걸 갖고 있어서 그들에게 화가 나는 거고요."

"정확해요." 존이 말했다. "우리는 종종 샘을 냅니다. 왜 저 사람은 가지고 있는데 난 그렇지 못하지? 잔디깎이 기계 같은 평범한 물건도, 이웃집에서 새것을 사는 순간 갑자기 특별한 물건이 되어 버려요. 그 집에서 산 것이 타고 다니며 잔디를 깎을 수 있는 신제품이라도 된다면 더 그럴 테고요. 옆집 남자가 잔디깎이를 타고 다니는 걸 보고 내가 그걸 탐내는 것이 문제가 아니라, 그를 내 이웃이 아닌 경쟁자로 보게 되는 것이 문제의 본질입니다."[3]

스티브가 거들었다. "그래서요, 좋은 거 사서 잘됐다고 기뻐해 주는 대신에, 그에게 분한 감정을 느낀다 이거죠? 그놈한테 있는 물건이 나에겐 없어서, 아니면 결국 나도 그런 걸 하나 사야 해서?"

제니도 목소리를 높였다. "그게 새삼스러운 일은 아니잖아요? 현대 경제 전체가 그렇게 돌아가고 있으니까요. 태어나는 순간부터 우리를 둘러싼 세상이 우리의 욕망을 만들어 내고 키워 나가요. 이 세상은 우리의 시기심을 부추기지요. 남들에게는 있고 나에게는 없는 것을 원하게 만들어요. 잡지에는 매력적이고 멀끔한 사람들이 반짝반짝 멋진 차를 타고 아름답고 좋은 물건을 가지고 있는 모습이 가득해요. 우리는 그걸 보면서 그들이 가진 것을 원하게 되죠. 'America the Beautiful'* 노래를 부르는 건 좋아하면서, 미국의 아름다운 풍경은 정작 수많은 광고판에 가려져 있다고요. 광고가 국가 주요 사업이에요."

윌이 맞장구쳤다. "그게 종교냐 아니냐를 가지고 언쟁이 벌어질 지경이지요. 의미와 정체성에 대한 질문을 다루고 있으니까요. 광고라는 종교의 대제사장들은 매디슨 애비뉴**에 살고 있고, 우리는 그 신전에 모여 그들이 우리에게 모셔다 주는 신들을 숭배하지요. 그러면서 쇼핑몰 주차장에서 우리의 순례를 마칠 무렵에는, 입구와 멀리 떨어진 구석 자리밖에 없다고 화를 내고요. 지금 미국인들은 그 어느 때보다도 풍족함을 누리며 살고 있지만, 가진 것에 대한 부족함은 점점 더 많이 느끼고 있어요."

존도 덧붙였다. "풍족함이 사실은 불만족에 불을 붙이는 거죠. 이

---

* 미국의 감명 깊은 풍경을 찬양하는 노래로, 미국의 공식 국가國歌를 이것으로 대체하자는 움직임이 있었을 정도로 인기가 높음
** 광고 회사가 밀집한 뉴욕 거리

웃이 가진 것과 비교할 것이 많아지니까, 남들보다 뒤처진다는 생각이 더 많이 듭니다. 원하는 것은 다 가졌다 할 수준에 도달한다 해도, 어디나 도사리고 있는 광고가 끝 모르는 욕망을 부추겨요.

스티브가 또 말했다. "내가 잘 보는 시사 잡지에는 '모든 것을 소유한 분들을 위하여'라는 꼭지가 있는데, 정말 터무니없는 상품을 소개하는 코너거든요. 이게 뭘 뜻하냐 하면, 어느 누구도 모든 것을 소유했다고 생각하진 않을 거라 이겁니다."

존이 말했다. "탐욕은 우리 경제를 돌아가게 하는 원동력입니다. 더 오랜 시간 일하지 않으면 더 많은 물건을 살 수 없고, 소비가 늘어나지 않으면 경제 발전이 더뎌지겠죠. 쇼핑은 의무적인 애국 행위나 마찬가지예요. 필요하다면 돈을 빌려서라도 물건을 사야 합니다. 최근의 전 세계적 경제 침체기가 도래하기 전까지는 소비를 하지 않으면 안 될 것만 같은 분위기였어요. 미국은 그야말로 소비의 나라지요."

샘이 입을 열었다. "그게 사실일까요? 꼭 필요한 물건 목록을 가지고 잡화점에 들어가 점원에게 주면, 점원이 뒤쪽으로 들어가 우리가 살 물건을 자루에 담아 나오던 때가 있었죠. 울워스 마트*의 천재적인 아이디어가 그 시절에 종지부를 찍기 전까지요. 물건을 직접 보고, 만져 보고, 냄새도 맡아 볼 수 있게, 상품들을 갈망하게끔 진열하기 시작한 겁니다. 그 후로 예전 판매 방식은 역사 속으로 사라졌어요."

"역사라고 하시니 말인데," 존이 말했다. "이웃의 것을 탐내는 탐욕의 역사는 인류의 역사만큼 오래되었지요. 하나님이 최초의 인간을 창조

---

* Woolworth's. 미국의 다국적 체인 소매점. 천 원 샵과 상품 진열 개념을 처음으로 도입

하시고, 모든 생명체가 번성할 수 있는 세상을 만드셨습니다. 온갖 과일과 채소를 주시고, 딱 한 나무의 과실만 먹지 말라 하셨어요. 남자와 여자는 하나님과 함께 있었고, 아무 문제도 없었지요. 최소한, 매디슨 애비뉴에 똬리를 튼 광고업자들 같은 뱀이 등장하기 전까지는요."

스티브가 끙 소리를 냈다.

"그리고 뱀이 에덴동산에 시기심을 처음 소개했지요. '하나님이 가진 걸 봐. 선과 악을 모두 알 수 있어. 자기만 그걸 가지고 있는 게지. 이 과실을 먹으면 너희도 그렇게 될 수 있어!'"

존은 성경을 들어 읽기 시작했다.

> 여자가 그 나무를 본즉 먹음직도 하고 보암직도 하고 지혜롭게 할 만큼 탐스럽기도 한 나무인지라 여자가 그 열매를 따먹고 자기와 함께 있는 남편에게도 주매 그도 먹은지라[4]

샘이 머리를 긁적였다. "아, 전에는 전혀 그걸 눈치채지 못했어요. 뱀이 알려 주기 전에는 하와가 선악과 열매에 별 관심이 없었다는 것이잖아요. 선악과를 먹으려는 진짜 욕망이 없었는데, 뱀이 유혹을 했기 때문에 에덴동산의 풍요로움을 뒤로하고 허락되지 않은 나무 한 그루만을 바라보게 되었군요."

제니도 동의했다. "이건 마치, 뱀이 광고판을 들어 올려 다른 나무들을 다 가리고 그 나무 한 그루에만 스포트라이트를 비추면서 이렇게 말한 거나 마찬가지군요. '네게 어울리는 상품이야. 너에겐 이게 필요해. 넌 이걸 가질 권리가 있어. 너도 하나님과 같아질 거야.'"

"멋지게 시각화했군요, 제니." 존은 뭔가를 메모했다. "아담과 하와의 삶은 그보다 더 좋을 수 없을 만큼 완벽했지만, 시기심이 그 추한 얼굴을 처음 내미는 순간에 그들은 선악과를 먹으면 더 잘살 수 있게 되리라는 거짓말을 스스로에게 하기 시작했고, 그 거짓말을 믿다 급기야 실행에 옮기고 말았습니다." 그는 고개를 저었다. "이와 같은 짓을 저와 여러분도 얼마나 많이 했겠습니까?

최고조에 이를 때까지 그들은 욕망을 주체할 수 없었습니다. 선악과의 과즙이 턱을 따라 흘러내릴 때, 공허감과 두려움이 그들의 마음속에 자리 잡기 시작했어요. 저도 너무나 잘 알고 있는 공허함과 두려움을 느낀 거지요. 그들에게 벌어진 일은, 그 거짓말을 믿을 때 우리에게 벌어지는 일과 같습니다. 우리를 둘러싼 세계가 무너지기 시작하는 것이죠.

그렇게 시작된 겁니다. 이웃이 가진 것을 시기하게 되었죠. 에덴동산에서는 시기심 때문에 자기 것이 아닌 것에 손을 뻗어 취하려 했고, 에덴동산 밖으로 나와서는 시기심이 살인까지 하게 만들었어요." 존은 성경책을 한 장 넘겼다. "최초 인간의 자손들인 농부 가인과 목동 아벨은 하나님께 제물을 바쳤습니다. 하나님이 제물을 바치라 요구하신 것 같지는 않고, 그들이 자발적으로 드린 것 같아요."

세월이 지난 후에 가인은 땅의 소산으로 제물을 삼아 여호와께 드렸고 아벨은 자기도 양의 첫 새끼와 그 기름으로 드렸더니 여호와께서 아벨

과 그의 제물은 받으셨으나 가인과 그의 제물은 받지 아니하신지라 가인이 몹시 분하여 안색이 변하니[5]

존이 부연 설명을 했다. "왜 하나님이 가인의 제물보다 아벨이 바친 것을 더 좋아하셨는지는 확실하지 않지요. 하지만 확실한 것은 아벨이 인정받았다는 사실을 가인이 시기했다는 점입니다. 하나님은 분노하는 가인에게 아벨을 선택하신 이유를 말하셨습니다."

여호와께서 가인에게 이르시되 네가 분하여 함은 어찌 됨이며 안색이 변함은 어찌 됨이냐 네가 선을 행하면 어찌 낯을 들지 못하겠느냐 선을 행하지 아니하면 죄가 문에 엎드려 있느니라 죄가 너를 원하나 너는 죄를 다스릴지니라[6]

"그런데 여기서도, 가인에게 하신 '선을 행하면'이라는 말이 무엇을 뜻하는지는 확실하지가 않아요. 하지만 가인이 그토록 탐했던 하나님의 인정을 받을 기회를 그에게 주시긴 하는 것 같은데, 한편으론 그가 다른 선택을 하는 것도 무리가 아니라고 생각하시는 것 같단 말이죠."

윌이 슬프다는 듯 고개를 흔들었다. "그리고 서글프게도 가인은 그런 선택을 하고 말았죠. 동생에 대한 가인의 시기심이 그를 살인하게 만들었어요. '내가 하나님의 인정을 받지 못한다면 저 녀석도 인정받아선 안 돼.'"

존은 계속 읽어 나갔다. "여호와께서 가인에게 이르시되 네 아우

아벨이 어디 있느냐' 하셨는데, 여기서 가인의 대답을 보면 우리에게 제10계명이 절실히 필요한 이유가 무엇인지 분명해집니다. '그가 이르되 내가 알지 못하나이다 내가 내 아우를 지키는 자니이까'[7] 며칠 전에 이 성경 구절을 읽고, 저는 하나님이 이렇게 대답하시면 좋겠다는 생각이 들더군요. '그렇다! 너는 네 아우를 지키는 자다! 그러므로 너는 그가 어디 있는지 알고 있어야 한다! 형제란 그런 것이다!' 이웃도 마찬가지겠지요. 하지만 가인은 아벨을 형제가 아니라 하나님의 인정을 두고 대결하는 경쟁자라고 보았고, 그래서 그를 죽이고 만 것이죠."

존은 배낭을 뒤져 다른 책을 꺼내어 책갈피를 끼워 둔 페이지를 펼쳤다. "데이비드 해조니^{David Hazony}의 지적에 따르면, 히브리어의 언어 유희를 통해서 가인의 대답에 숨겨진 깊은 의미를 알 수 있다고 합니다.

'지키는 자'라는 뜻의 히브리어 쇼메르^{shomer}는 창세기에 가인과 아벨 이야기보다 앞서 동사 형태로 등장한다. 창세기 2장 15절 '여호와 하나님이 그 사람을 이끌어 에덴동산에 두어 그것을 경작하며 지키게 하시고'에서 '그것을 지키게'가 울샤무르^{ul'shomur}이다. 가인은 자기 부친인 아담이 그랬듯이 식량을 생산하기 위해 땅을 경작했지만 실패하고 말았다. '지키는 자', 즉 인류의 수호자가 되는 데에 실패한 것이다. 지키는 자는 우리 자신을 뛰어넘어 우리 형제들의 번성을, 나아가서 이 세상의 번성을 바라보아야 하는 것이기 때문이다.[8]

"형제를 지키기는커녕, 가인은 동생을 죽였습니다. 그의 이웃이기도 한 그의 형제가 받은 것을 시기했기 때문이지요."

카를로스가 목소리를 높였다. "끔찍하네요. 하지만 좀 과장된 것 아니에요? 갖고 싶은 것 때문에 사람을 죽이기까지야 하겠냐구요."

"글쎄요," 제니가 말했다. "때로는 시기심이 죽음과 파괴를 불러일으킨다는 것인데, 우리가 이걸 제대로 이해하지 못하는 게 아닐까요? 열 번째 계명의 '시기'라는 단어가 문자 그대로의 이웃에 한정된 것이 아닐 수도 있겠지요."

대부분이 제니의 말을 이해하지 못하겠다는 표정을 지었다.

제니는 부연 설명을 시작했다. "목사님께서 우리 미국이 소비의 나라라고 하셨죠. 우리는 더 큰 집, 더 큰 차 등 뭐든지 더 큰 것을 원해요. 더 많은 에너지를 소비해야 얻을 수 있고 유지할 수 있는 것들이죠. 미국 인구는 전 세계 인구의 6퍼센트에 불과하지만, 전 세계에서 생산되는 석유 25퍼센트를 소비해요. 미국은 소비 지향적 생활 방식을 유지하기 위해 에너지를 싸게 얻는 데에 혈안이 되어 있어요. 이 나라가 돌아가게 하려고 전쟁도 감수하는데, 그 과정에서 지구촌 이웃 수만 명이 죽어 가죠. 석탄을 싸게 얻을 수만 있다면 산봉우리쯤이야 쉽게 날려 버리고, 땅에서 수압 펌프로 천연가스를 뽑아내면서 대대손손 사용할 지하수를 오염시킵니다. 이렇게 해서 경제가 발전하면, 온갖 포장재로 싸인 별 쓸모없는 제품들의 소비가 늘어나죠. 포장재는 쓰레기가 되어 토양을 오염시키고, 가난한 이웃들의 생활 터전에서 소각되어 우리가 숨쉬는 공기 속으로 온갖 독성 물질을 뿜

어내겠죠."

스티브도 의견을 보탰다. "대형 교회들도 빼놓아선 안 되지요." 그렇게 말하며 그는 존을 쳐다보았다.

"날씨가 괜찮은 일요일 아침이면, 나는 이 카페 야외 테이블에 자리를 잡고 앉아 있어요. 그럴 때면 대형 교회를 향해 차를 모는 사람들이 보입니다. 가까운 곳의 작은 교회들은 지나쳐 버리고 큰 교회로 차를 몰고 가서는, 냉난방 완비된 초대형 예배당에 자리를 잡겠죠. 거기선 보나마나 하나님과 이웃을 사랑하라는 찬송가를 부르겠지만, 한 시간 남짓 편안히 앉아 있기 위해서 석유를 풍풍 쓰고 있는 거라고요. 엄동설한에도 난방 온도를 올리기는커녕 난방을 켜기에도 돈이 부족한 사람들이 있는데 말이죠. 목사님은 이번 일요일에 그 주제로 설교를 해 보시는 게 어떠실까요?"

제니가 다시 말을 시작했다. "스티브, 저는 다른 사람들만 탓할 생각은 없어요. 나 자신이 어떻게 하고 있는지도 반성하려 해요." 제니는 휴대 전화를 집어 들고 말했다. "제게 소중한 이 휴대 전화를 가지고 할 수 있는 모든 것이 저는 참 좋습니다. 이 전화기를 조립하는 사람들의 작업 환경에 대해 알면서도요. 내 전화기에 들어가는 광물을 채굴하다 목숨을 잃거나 다치는 사람들, 광산 개발이 환경에 미치는 영향에 대해서도 알고 있어요. 내 이웃이 누구인지를 지리적인 기준만으로 정하는 시대는 지났어요. 친구가 가진 첨단 기술의 산물을 부러워하고, 최신 휴대 전화를 욕망하고, 쾌적한 실내 온도를 유지하려 하는 나의 모든 욕구가 지구촌 이웃들의 불행에 한몫하고 있어요. 그 욕구는 다른 나라뿐 아니라 이곳 미국 안에서도 우리 이웃의 불행에 일조하고, 때로는 그들을 죽음에 이르게까지 합니다."

이번에는 윌이 말을 꺼냈다. "이웃한 다른 나라에서 우리 미국을 시기하면 무슨 일이 일어날까요? 우리가 살고 있는 지구가 이런 소비 수준을 계속 감당할 수 있을 거라 생각하는 분이 혹시 여기 있습니까? 혹시라도 '좀 부러워하는 마음이 드는 게 무슨 문제람?'이라 말하려던 분이 있었다면, 제니의 말을 듣고 멈칫했을 거라 생각합니다."

"예로 들 만한 이야기를 찾아보려고 하니, 안타깝게도 선택의 여지가 너무 많아 뭘 골라야 할지 모르겠습니다. 성경에는 이웃이 가진 것을 시기하는 이야기들이 여기저기 널려 있어요. 요셉의 형들은 아버지가 요셉을 사랑하는 것을 시기하여 그것 때문에 그를 죽이려 했지요. 다윗 왕은 이웃의 아내인 밧세바를 탐내어 강간, 간통, 사기, 살인을 저질렀고요. 모든 것을 가졌으나 이웃이 가진 것을 갖지 못했다는 것에 불만족한 인간들에 대한 이야기입니다. 그리고, 그런 불만에 사로잡히는 건 이스라엘의 왕뿐만은 아니겠죠."

스티브가 말했다. "흥미로운 통계가 나와 있구먼요. 복권으로 거액을 거머쥐어 백만장자가 된 사람 중 90퍼센트가 계속 복권을 산다고 합니다. 웬만한 다른 사람들보다 많은 돈을 갖게 된, 소위 승자들이 여전히 더 많은 것을 원한다는 거예요."

"돈이 얼마나 많아야 충분하다 할까요?" 세라가 물었다.

존이 대답했다. "C. S. 루이스[C. S. Lewis]의 책 《순전한 기독교》에는 이렇게 나와 있습니다. '교만은 단순히 무언가를 가지는 것에 만족하지 못하고, 옆사람보다 더 가져야만 만족합니다. 우리는 사람들이 돈 많고 똑똑하고 잘생긴 것을 뽐낸다고 말하지만, 사실은 그렇지 않습니다. 그들은 남보다 더 돈 많고 더 똑똑하고 더 잘생긴 것을 뽐내는 것입니다.'[9] 우리는 더 많이 가진 사람들을 부러워하고, 더 잘난 사람들을 부러워하면서 그런 사람들과 누가 이기나 게임을 하는 거죠. 그러다 보니 아무리 많이 소유한다 해도 충분할 수는 없는 겁니다."

존은 제니를 향해 말했다. "제니 말이 다 맞아요. 차세대 스마트폰이 계속 나와 업그레이드 욕구를 자극하고, 남이 새로 산 휴대 전화를 보여 줬다면 더 참을 수가 없죠. 지그문트 바우만Zygmunt Bauman이 런던 폭동에 대해 쓴 논평 기사를 읽어 보겠습니다."

존은 스크랩한 것을 꺼내어 읽어 내려갔다. "그것은 우리의 쇼핑 활동 수준이다. 그리고 그것은 우리가 얼마나 쉽게 어떤 물건을 갖다 버리고 업그레이드된 신제품으로 대체하는지의 수준이다. 업그레이드된 신제품이라는 것은 우리의 사회적 지위와 인생의 성공 경쟁에서의 점수를 측정하는 주된 지표로 기능한다."[10]

세라가 소리 높여 물었다. "그럼 이것 좀 물어봐야겠어요. 우리가 갈망하던 물건을 얻어 내면 행복해지나요? 결국 만족하냐고요? 아니죠! 왜일까요? 길에서 마주치는 사람들, 페이스북이나 즐겨 보는 잡지에서 만나는 이웃들과 자신을 끊임없이 비교하기 때문이에요. 나로 말할 것 같으면, 내 여동생하고 자꾸 비교를 하게 돼요. 신발장 가득 구두를 갖고 있어서 더 그렇죠. 내 친구 수잔 말마따나, '비교는 기쁨을 훔쳐 가는 도둑'이에요. 그치만 그걸 뻔히 아는데도 비교를 안 할 수가 없지 뭐예요."

윌이 말했다. "그것이 바로 탐욕의 씁쓸한 모순이죠. 탐욕 때문에 이미 가지고 있는 아름다움을 즐기지 못하게 되고, 자신이 소유한 부를 보지 못하게 돼요."[11]

존이 이어서 말했다. "그리고 탐욕이 우리가 갖고 있는 것을 즐기지 못하게 만든다면, 그로 인해 생기는 분노는 이렇게까지 생각하게 만들죠. '저 사람도 자기가 가진 것을 즐기지 못해야 공평해!' 설교 중에 이런 퀴즈를 내 볼까 생각 중인데, 어떨 것 같은지 의견 좀 들려주세요." 그는 일어서서 칠판에 적기 시작했다. "친구의 새 차, 새 오토바이, 요트, 이성 친구, 멋진 휴가, 가 보고 싶었던 식당에서 식사한 사진, 자식 자랑 등등 친구가 페이스북에 자랑거리를 올리면 여러분의 반응은 다음 중 어떤 것인가요?" 존이 자리에 앉자 모두 칠판을 쳐다보았다.

    A. 와 멋지다. 잘된 일이네.
    B. 저게 나라면 좋겠다.
    C. 대체 언제까지 저렇게 자랑질을 할 생각이람?
    D. 왜 나에겐 저런 일이 일어나지 않는 거야?
    E. '친구 끊기'를 클릭한다.

스티브가 말했다. "한마디만 하죠. A에 손드는 사람이 하나라도 있다면, 교회 다니는 양반들 사이에 얼마나 깊이 가식이 뿌리내려 있는지를 확실히 보여 주는 증거라 할 수 있다고요."

존은 커피 잔을 비웠다. "시기심의 또다른 어두운 측면을 우리는 종종 간과합니다. 시기심이 그저 우리 이웃이 가진 것을 얻고 싶은 욕망을 충족시키는 문제만은 아니기 때문에 문제가 되지요. 시기심은 우리 이웃을 깎아내리기도 합니다. 우리가 이웃의 험담을 할 때 시기심의 어두운 면이 드러나죠. '그 자식 차 산 거 봤어? 재규어를 샀더라고! 남자가 스포츠카를 타는 심리가 어떤 거라는 얘기 알지? 뭣에 대한 보상심리인지 말야.' 이런 식으로요. 그를 보고 낄낄대며 흉을 보지만, 동시에 마음속으로는 내 차고에 저 차가 있었으면 하고 바라고요."

스티브가 덧붙였다. "아니면, 그 차를 감상하려고 멈춰 서서는, 아무렇지도 않다는 듯이 한마디 날리겠죠. '이 재규어는 〈Car & Owner〉 잡지에서 형편없는 리뷰를 받았는데 저걸 사다니! 난 줘도 안 갖겠다.'"

"시기심이 흉악한 모습을 드러내는 때는 생각보다 많습니다." 존이 계속했다. "부러워하는 대상의 몰락에 기뻐할 때마다, 그리고 그것을 같이 고소해할 사람을 만날 때마다 추악한 시기심이 나타납니다. 목회자라고 예외가 아니에요. 저는 수년간 많은 집회에 참석했는데, 이런 질문을 받지 않았던 적이 있나 싶어요. '목사님 교회 성도 수가 어떻게 되나요?' 그러면, 이게 쓸데없는 게임이라는 사실을 깨닫기도 전에, 우리 쪽 인원을 말해 버리고 말아요. 그 다음 상황은 둘 중 하나죠. 다른 사람이 저쪽이 더 적다고 저에게 귀띔해 주면, 저는 살짝 우쭐해져서는 숫자가 뭐가 중요하냐는 진부한 소리를 뱉어 내요. 반대로 저쪽 성도 수가 더 많으면, 작아지는 느낌에 방어적인 말을 쏟아 내죠. 나는 성도 수를 늘리는 것보다 성도들이 예수의 참 제자로 성장하는 데 더 초점을 두네 어쩌네 하면서요. 그러면서 그런 생각과 말을 했다는 사실에 스스로를 경멸하면서 자리를 뜨죠. 이것이 시기심의 음험한 본질입니다."

"그러면, 이 자유 시장 경제가 돌아가고 돈만 있으면, 아니 대출 가능한 신용 등급이라면 뭐든 원하는 대로 구매할 수 있는 자유 국가에서, 사실상 열 번째 계명이 뜻하는 건 우리가 노예라는 건가 보네요?" 카를로스가 코웃음을 쳤다.

"웃을 일이 아니에요." 존이 말했다. "우리는 무질서한 욕망의 노예입니다. 잡지를 펼치고 텔레비전을 켤 때마다, 광고판이 즐비한 고속도로를 달리거나 인터넷에 접속할 때마다 그 욕망이 자라나고 커져요. 우리의 감각을 지속적으로 압도하는 광고의 공격은 우리에게 말합니다. 갖고 있는 것이 충분하지 않다고, 있는 그대로의 우리가 부족하다고. 우리의 건강한 욕구를 시기심으로 바꿔 버리지요. 그로 인해 생겨나는 분노는 나와 내 이웃 사이에 갈등의 골을 깊게 만들고요. 우리에겐 선택의 자유가 있지만, 보통 그 선택의 결과는 우리가 소유한 것에 만족하지 못하고 우리 자신에게 만족하지 못하는 결과를 가져오곤 합니다.

"나도 나한테 그러는걸요, 뭐." 세라가 말했다. "파티에 가면, 도착하자마자 다른 사람들과 나를 비교하기 시작하는 거예요. 내 옷차림이 그곳에서 어떤 수준인지, 얼굴이나 몸매도요. 그 파티에서 내 수준이 괜찮다고 생각되는지 여부에 따라서 그 파티가 즐겁기도 하고, 영 짜증 나기도 하죠."

릭은 생각에 잠긴 듯했다. "시기심은 우리를 안으로만 향하게 만든다고 생각합니다. 모든 문제의 근원인 자기중심성과 이기심을 극대화하니까요. 중독의 굴레와 싸우는 사람들은 잘 알고 있을 겁니다."[12]

"릭 말이 맞아요." 윌이 말했다. "시기심은 외부로 향하는 것 같아 보이지만, 사실은 내부 지향적인 것 아닐까요? 자신이 갖지 못한 것에 초점을 두니까요. 이렇게 생각하는 것이죠. '내가 갖고 싶은 것이 나에게 없어. 불공평해.' 내가 갖고 있지 않은 것이 불공평하고, 내 이웃이 그걸 갖고 있는 것도 당연히 불공평하다 이거죠. 그런 분노의 감정이 우리를 감옥에 가두고, 그 열쇠는 다른 누군가에게 줘 버리는 겁니다. 이건 마치 '자기가 독약을 마시고 남이 죽기를 기다리는' 꼴이에요."[13]

존은 긍정의 표시로 고개를 끄덕였다. "지금까지는 시기심이 우리 개인에게 미치는 영향에 대해 이야기했지요. 그런데 시기심은 사회 전체에도 영향을 줍니다. 충분한 재화를 나누어 쓰는 이웃이 아닌 한정된 자원을 두고 싸우는 경쟁자로 서로를 바라볼 때, 공동 선을 대하는 우리의 감각은 매우 무디어지고 심하면 아예 무너져 버립니다. 지금껏 우리는 열심히 일하고 운도 조금 따른다면 좋은 집과 원하는 물건들을 가질 수 있고 자수성가한 백만장자 대열에도 합류할 수 있다는 아메리칸 드림을 먹고 자랐기 때문에, 현실의 삶에 만족하지 못하는 게 당연해요.

우리는 복권에 당첨된 사람들이 인생을 송두리째 바꿀 수 있는 고액 수표를 받고 기뻐하는 영상을 텔레비전에서 보고, 잘 나가는 프로 농구 선수나 풋볼 선수의 연봉 기사를 읽습니다. 자립하는 법에 대한 책을 읽거나 방송을 보고는 부자가 되는 비법을 찾아냈다며 눈을 반짝이기도 하지요."

제니가 덧붙였다. "그리고, 여기 이 테이블에 둘러앉은 우리는, 대다수의 지구촌 이웃들에 비하면 우리가 말도 안 되게 부유하다는 사실을 부정하죠. 우리는 상위 1퍼센트에 해당해요. 그런데 우리는 비참하죠. 모든 사회적, 경제적 발전의 순이익을 결산한 결과가 이거예요. 우리에게 부족한 것이 뭔지 생각할 시간이 늘어나고, 그 구멍을 메우기 위해 물건을 사들이는 비용이 늘어나기 때문이죠. 1950년대부터 따져 보면, GDP는 지속적으로 증가한 반면 행복 지수는 지속적으로 감소했어요."[14]

한동안 아무도 말을 잇지 못했고, 모두의 마음속에 있던 질문을 꺼낸 것은 스티브였다. "보아하니 우리 모두 다 이웃을 시기한다는 걸 인정하는 것 같은데, 그게 내 경우에는 옆집 재규어일 거고, 그래서 이걸 바꾸기 위해 우리가 뭘 어떻게 할 수 있죠? 교회 설교에선 신도들에게 무슨 얘기를 하시겠습니까?"

 존은 고개를 저었다. "뭘 할 수 있겠나, 그게 바로 결론이죠, 아닌가요? 문제를 진단하는 건 쉬워요. 해결책을 찾는 건 완전히 다른 문제죠. 저는 하나님이 이 세상을 창조하셨다고 믿는데, 세상은 살 만한 곳이고, 그래서 인생은 축복인 동시에 고된 시간이기도 합니다. 우리는 날 때부터 갈망하고, 그 과정에서 기쁨을 얻지요. 하지만 그 정도가 지나쳐 무질서한 욕망에 의해 불만족한 삶을 살게 됩니다. 우리의 이웃에게 못할 짓을 하고 억압하며, 공동 선을 보지 못하게 되고요."[15] 그는 스티브와 눈을 맞추고 말했다. "저 같은 목회자들조차도 그렇습니다."

 존은 다시 성경을 펼쳤다. "사도 야고보가 이런 류의 질문들로 고심하는 자들에게 편지를 띄웠습니다. 그중에 이런 부분이 있어요."

> 너희 중에 싸움이 어디로부터 다툼이 어디로부터 나느냐 너희 지체 중에서 싸우는 정욕으로부터 나는 것이 아니냐 너희는 욕심을 내어도 얻지 못하여 살인하며 시기하여도 능히 취하지 못하므로 다투고 싸우는도다[16]

"우리 삶이 그렇습니다." 존은 말을 이었다. "우리 삶은, 자기 몫에 만족하지 못하게 만드는 이런 무질서한 욕망에 지배되지요. 이 욕망은 끊임없이 자신과 남들을 비교하고 남보다 떨어진다고 느끼게 합니다. 이웃을 미워하게 만들고, 나아가 더 끔찍한 결과를 빚게 하지요."

스티브가 말했다. "이렇게 멋진 주제로 일주일을 시작하게 해 줘서 참 고맙수다. 난 나만 비참한 신세라 생각했었지 뭐요." 모두들 웃었다. 스티브는 정색하고 말했다. "시기하지 말라고 말하기는 쉽지요. 그런데 어떻게 그 말을 실행합니까? 말 그대로, 어떻게요?"

존이 대답했다. "글쎄요, 이웃이 가진 것을 시기하는 것이 여러 면에서 해롭다는 것은 자명한데, 그런데도 우리는 계속 탐을 내지요. '시기하라, 탐내라'라는 유혹이 사방에 도사리고 있는데, 어떻게 해야 '시기하지 말라'라는 말을 따를 수 있을까요?" 존은 잠시 멈추었다가 말을 이어 나갔다. "이건 수사학적 질문이 아닙니다. 시내 산 기슭에 모여 있던 노예들을 공동의 이익을 생각하는 하나님의 백성으로 변화시키기 위해서 이 열 개의 계명이 주어졌다면, 그들은 어떻게 실천했을까요? 우리는 그 계명을 체화體化할 수 있을까요? 이걸 한번 생각해 봅시다. 제가 오늘 점심때 식당 앞에 오토바이를 세우면서 옆에 서 있는 탐나는 나이트 트레인을 보지 않으려면, 그리고 주문할 때 오토바이 주인인 주방장에게 퉁명스러운 말투를 내뱉지 않으려면 저는 뭘 해야 할까요?"

윌이 대답했다. "G. K. 체스터턴G. K. Chesterton이 이렇게 말했죠. '충분히 소유하는, 또는 가진 것에 만족하는 방법은 두 가지다. 하나는 계속해서 더 많이 모으는 것이고, 다른 하나는 덜 원하는 것이다.' 물론 덜 원하는 것이 어렵기는 하겠지요."

릭도 입을 열었다. "분한 마음에 대해 얘기하자면, 제가 AA 모임에서 배운 걸 말해 볼게요. 감사할 것들 목록을 한번 만들어 봅시다.

'고마운 것 떠오르는 대로 다섯 가지 말하기' 같은 것 말고요. '차분히 앉아서 감사해야 할 모든 것의 목록 적어 보기'를 하는 겁니다. 저는 저의 분노에도 감사해야 한다는 것을 배웠어요. 그리고 그 목록에 들어간 항목들과 연관된 다른 감사한 것들도 생각해 보세요."

스티브가 턱을 어루만지며 말했다. "릭이 말한 것을 내가 제대로 이해하고 있는지 모르겠는데, 그러니까 다음에 옆집 재규어를 보고 탐이 날 때면, 빗속에 길가에 서서 버스를 기다리고 있는 사람을 보면서 그 사람은 내가 타고 있는 고물 차라도 감지덕지겠구나 생각하면 도움이 될 거라 이건가요?"

릭이 말했다. "그렇죠. 말이 나왔으니 말인데, 이번 주에 한번 시험 삼아 그렇게 해 보고 우리에게 어떻게 됐나 알려 줘요."

"일주일 갖고 될지 모르겠는데 어쩌나! 내가 그 차를 보면서 하루이틀 군침 흘린 게 아니란 말요." 스티브가 말했다.

"하여튼 한번 해 보시지요. 잘 안 되더라도 너무 상심 마시고." 카를로스도 말을 보태고는 릭을 쳐다보았다.

"맞아, 카를로스. 우리 늙은이들 말을 잘 듣고 있었나 보군." 릭은 모임 멤버들을 둘러보았다. "내 AA 스폰서*가 항상 이 질문을 던지더군요. '내일 아침 일어났을 때 오늘 감사히 여겼던 것들만 남아 있다면 어떻겠나?'"

샘이 대답했다. "우리 집은 거의 텅 비겠는걸요. 감사 목록 같은 건 만들어 본 적이 없는 것 같아요. 하지만 오늘은 꼭 만들 생각입니다."

---

* 신입 회원에게 짝지어 주는 경험 많은 회원. 멘토 역할

세라도 말했다. "여동생이 새로 산 물건들을 탐낼 시간에 내가 갖고 있는 수많은 구두를 생각하면 사실 감사한 일이지 뭐예요. 나는 이 '만족하기 실험'을 꼭 해 볼 필요가 있겠어요."

존은 시계를 보았다. "릭, 좋은 제안을 해 주어서 고맙습니다. 십계명을 몸에 익히는 가시적인 실천 방안들을 찾아낼 수 있기 바랐는데, 아주 좋은 출발점을 찾은 것 같아요. 와 주신 여러분 모두에게도 감사드립니다. 매주 월요일 여러분을 만나는 것이 굉장히 즐겁겠어요. 이 모임에서 얻게 될 것들이 저희 교회 성도들에게도 큰 도움이 되겠어요."

샘은 잠시 생각에 잠긴 듯했다. "예수님이 '온유한 자는 복이 있나니 그들이 땅을 기업으로 받을 것임이요'라 하셨는데, 저는 항상 그 뜻이 잘 이해가 안 갔어요. 그런데 오늘 여러분의 얘기를 듣고 생각해 보니, 소유에 집착하지 않는 사람을 가리키는 것은 아닌가 하는 생각이 드는군요."

제니의 눈이 빛났다. "제가 만나는 어떤 아이가 그런 것 같아요. 항상 저를 수목원에서 만나고 싶어하는데, 아름다운 나무와 꽃들에 둘러싸여 있는 게 좋아서래요. 하지만 단 한 번도, 자기 정원에 하나 갖다 놓고 싶다는 말은 하지 않아요. 그 애는 그저 거기 가 있는 것만으로 만족하는 것 같아요. 지금까지 그렇다는 생각을 못 했었는데, 지금 보니 그러네요."

"봐서 아시겠지만, 난 마지막 발언 하는 걸 좋아합니다. 그래서 하나 생각해 냈지요. 자동차 잡지 구독을 끊어야겠어요. 그 잡지를 보는 게 재미있긴 하지만, 그만큼 내 차에 대한 불만에 불을 지르는 것 같아서 말이죠. 그 때문에 이웃 사람이 가진 것에 대해 분한 마음도 더불어 커진다고 생각합니다."

"스티브 씨, 그 말을 받아 적어야겠어요. 고마워요."

존은 일어서며 말했다. "다들 일하러 가셔야 할 테니 이번 주 모임은 이쯤에서 마치기로 하죠. 앞에 펼쳐진 도로가 제게 손짓하는군요. 제가 쉬는 날이라고 저를 시기하진 말아 주세요." 존의 말에 여기저기서 탄식이 터져 나왔다. "다음 주에는 제9계명에 대해 이야기를 나눌 텐데요, 이웃에 대한, 또는 이웃을 향한 거짓말에 관해서입니다. 우리 생활과 문화의 어떤 부분에서 거짓을 찾을 수 있는지 생각을 좀 해 옵시다. 다음 주에 뵙겠습니다."

가죽 재킷 지퍼를 올리는 존에게 윌이 다가와 말했다. "만족하지 못하는 우리에게 가르침을 주는 것이 있어요. 이미 많이들 하고 있는 것이죠."

"그게 뭐죠?"

"주의 만찬, 성체 성사라고도 불리는 성찬식 말이에요. 우리 문화는 탐나는 것을 취하라고 하지요. 꽉 잡으라고, 움켜쥐라고요. 하지만 성찬식 테이블 앞에 설 때마다, 진정으로 우리의 배고픔을 채워 줄 것을 받으러 열린 빈손으로 오라 초대받습니다. 놀라운 것은, 우리가 그 작은 떡 한 조각과 포도주 한 모금을 성대한 '만찬'이라 부른다는 점이지요. 성찬식에 대해 생각해 보면, 우리가 오늘 저녁 마주할 식탁에서의 일반적인 식사 경험이 어쩌면 달라질 수도 있겠습니다. 어쨌거나 목사님이 이웃을 자신만큼 사랑한다면, 그 주방장이 나이트 트레인을 갖고 있다는 것에서도 기쁨과 만족감을 찾을 수 있을 거예요." 윌은 얼굴 가득 미소를 지었다. "그러지 않는다면, 그 사람이 요리한 점심은 먹는 둥 마는 둥하고 평소처럼 부러움에 비참한 기분이 되겠지요."

존은 윌의 어깨를 두드리며 말했다. "그러죠. 다음 월요일에 만나면, 어떻게 됐는지 보고할게요." 이번엔 제발 한 방에 시동이 걸리기를 고대하면서 존은 배낭을 둘러메고 헬멧을 썼다.

2

기만에서 진실됨으로
제9계명

사람들은 말하네. 보이는 것은 반만 믿으라고

얘야, 들리는 것은 하나도 믿지 마라

– 마빈 게이 Marvin Gaye의 노래 "I Heard It Through the Grapevine(풍문으로 들었네)" 중에서

네 이웃에 대하여 거짓 증거 하지 말라

– 출애굽기 20장 16절

스티브가 카페에 도착하니 에스프레소 머신이 유쾌한 부글부글 소리를 내고 있었다. 그는 카페 안을 둘러보며 토론 모임 멤버들을 찾았는데, 이미 모두 와 있었다. 세라와 눈이 마주친 스티브는 그녀에게 손을 흔들고는, 커피만 주문하고 자리로 가겠다는 뜻으로 커피 마시는 시늉을 해 보였다. 카페 건너편의 사립 고교 학생들이 옆 테이블에 자리잡고 있었는데, 이 시간에 흔히 보는 광경은 아니었다. 스티브는 커피를 받아 들고 학생들에게 다가갔다.

"여기서 뭣들 하고 있는 거냐?" 스티브가 물었다.

"이따가 중요한 시험이 있어서 공부하는 건데요." 한 남학생이 대답했다.

테이블을 내려다보고 스티브가 다시 물었다. "그런데 책은 다 어딜 가고?"

"딱 걸렸네!" 여학생 하나가 웃음을 터뜨렸다. "사실 그냥 쪽지 시험 같은 건데, 집에는 중요한 시험이라서 공부하러 나와야 된다고 했어요. 학교 가기 전에 모여서 수다 좀 떨고 라떼 한 잔 하고 싶어서요."

존은 미소를 띠고 의자 하나를 빼 주며 스티브를 불렀다. "스티브 씨, 이리 와요. 늦었잖아요."

"아저씨 아줌마들은 뭐 하시는 거예요?" 한 여학생이 물었다.

"우린 조촐하게 토론 모임을 하고 있지."

"아 진짜요? 뭘 토론하는데요?"

스티브는 잠시 주저하다가 말했다. "의자를 이쪽으로 돌려 앉고 우리가 무슨 얘기를 하는지 들어 보지 그러냐? 다시 그 중요한 공부를 해야 되는 게 아니라면 말야."

여학생은 웃으며 옆에 앉은 친구를 쿡 찔렀다. "나랑 저 토론 모임에 껴 볼래?" 친구는 당황한 표정을 지었지만 거절하지 못했다. "그럼 그렇지. 하고 싶은 거지?" 여학생은 친구 의자까지 돌려 모임에 끼었다. 그녀는 스티브에게 물었다. "됐죠? 뭘 가지고 토론하는 거예요?"

"뭐든 절차가 있는 법이야, 얘야." 세라가 말했다. "자기 소개부터 해야지. 나는 세라야."

모두 돌아가면서 자기 이름을 말했고, 두 신입 차례가 되었다.

"저는 엘리예요. 얘는 야스미나고요. 자 이제 알려 주세요. 토론 주제가 뭐예요?"

스티브는 존에게 대답을 떠넘겼다. "존 목사님, 엘리에게 우리가 뭘 하고 있는지 말해 줘요."

존이 설명하자 엘리가 물었다. "그렇군요. 오늘은 그 중에 어떤 계명에 대해 얘기하나요?"

스티브는 씩 웃어 보였다. "음, 너희들한테 특히 재미있는 주제일 거야." 엘리는 모르겠다는 표정을 지었고, 스티브는 존에게 말했다. "엘리에게 오늘의 계명이 뭔지 알려 줍시다. 엘리더러 읽으라고 하는 것도 좋겠는데요." 존은 엘리에게 성경을 건네주며 제9계명을 가리켰다. 엘리는 그 부분을 읽었다.

"너희 이웃에 대해 거짓말하지 마라"[1]

그녀는 이마를 찡그리더니 스티브를 쳐다보았다. "그러니까 오늘 거짓말에 대해 얘기한다 이거예요?"

"야 뭐야……." 야스미나가 말했다.

엘리의 볼이 붉어졌다.

"엄밀히 말하면 거짓말이라기보다는 기만에 대해서 얘기할 거다. 엘리, 어때, 아직 토론에 동참할 생각 있냐?" 스티브가 물었다.

엘리가 둘러보니 다들 아직 얼떨떨해 보였다. "손해 볼 건 없을 것 같네요, 맞죠?" 엘리의 쓴웃음에 스티브는 미소로 답했다.

"당연하지." 스티브가 말했다. "자 목사님, 오늘은 무슨 얘기를 준비해 오셨나 들어 봅시다."

아직 어리둥절한 상태로 존은 토론을 시작했다.

"아홉 번째 계명인 '너는 네 이웃에 대하여 거짓 증거 하지 말라'입니다. 그냥 재미로 묻겠습니다. 재판에서 진짜로 증인석에 서 보신 분 계세요?" 아무도 대답하지 않았다. "그렇습니다. 그런 상황에 처하는 일은 흔치 않지요. 하지만 내가 혹시 정말 증인석에 선다면 나는 사실대로 말할 거라고 생각하지요. 즉, 우리는 자신이 기본적으로 정직한 사람이라고 믿습니다. 물론 가끔씩 선의의 거짓말을 할 때도 있지만, 그게 누구한테 해를 끼친다거나 문제가 되지는 않을 거라 생각하니까요. 그렇지요?"

엘리는 자세를 고쳐 앉았다.

존은 말을 이어 나갔다. "하지만, 우리는 스스로 정직하다 생각하는데, 남들에 대해서는 어떻게 생각할까요? 다른 사람들이 우리에게 언제나 진실을 말할 거라고 생각하십니까?" 사람들은 멍한 눈빛을 보였다. "자 그러면, 예를 들어 보지요. 다음과 같은 말을 들으면 어떤 생각이 드시죠?" 존은 잠시 끊었다가 이렇게 말했다. "'하나도 안 아플 거예요.'" 모두 박장대소했다. "제 말이 무슨 뜻인지 아시겠죠? 다른 예를 들어 보실 분 계세요?"

스티브가 벌떡 일어나더니 분필을 쥐고 칠판에 적으면서 말했다. "지난주에 한 영업 사원이 이렇게 말했지요. '이 차 제가 갖고 온 가격보다 싸게 드리는 겁니다.'"

세라도 코웃음 치며 하나 보탰다. "좋은 예가 있지요. '프리 사이즈'라는 말이요."

너도나도 한마디씩 했고, 스티브의 목록은 점점 길어졌다.

'도움이 필요하시면 불러만 주세요.'
'숙제 다 했어요.'
'경관님, 오늘은 술 한 방울도 입에 안 댔다고요.'
'이게 왜 여기 있는지 도통 모르겠어.'
'수표 이미 부쳤는데, 도착 안 했어요?'

짧은 침묵 후에 엘리가 말했다. "사랑하고말고. 진짜야." 그녀의 목소리에는 옅은 씁쓸함이 묻어 있었다.

존이 이어서 말했다. "사람들이 '내 말 믿어요' 하면서 말을 꺼낼 때, 얼마나 그 사람의 말에 믿음이 갑니까? 이런 농담이 회자되는 데에는 이유가 있어요. '정치인이 거짓말을 하는지 알 수 있는 방법은? 입술이 움직이고 있으면 거짓말이다.'" 모두 웃어 젖혔다. "보세요. 짠 것처럼 동시에 웃게 되죠? 진실을 말하라고 뽑아 놓은 국회 의원들도 믿을 수가 없기 때문이지요. 그러니 다른 사람들을 믿을 수가 있겠어요? 우리는 자신은 진실하다고 생각하지만, 타인에게는 그다지 진실을 기대하지 않아요. 그럴 만한 이유도 분명히 있고요. 올해 초 조지프슨 윤리 연구소*에서 실시한 여론 조사 결과를 요약한 것을 읽었는데, 이런 불신을 확인시켜 주더군요."

그는 적어 온 메모를 보며 말했다. "미국 고교생 59퍼센트가 지난 일 년간 시험 부정행위를 했다고 말했고, 21퍼센트는 부모나 친척에게서 돈이나 물건을 훔쳤고, 80퍼센트는 부모에게 뭔가 심각한 것에 대해 거짓말을 한 적이 있습니다. 하지만 92퍼센트의 학생이 자신의 윤리관이나 성격에 문제가 없다고 생각한답니다."[2] 그는 두 학생을 바라보았다.

"사실인 거 같네요." 야스미나가 어깨를 움츠리며 말했다.

존이 말했다. "그렇지만, 청소년들만 이런 자기기만을 보이는 것은 아닙니다. 어른들은 어떤 상황에서 '아주 정직하지는 않은' 반응을 보일까요?"

"이력서를 살짝 부풀려서 경쟁 심한 취업 시장에서 돋보이려는 노력이 있겠죠. 또는 경력 설명에서 창의성을 발휘한다든지." 스티브가 말했다.

---

*법학 교수 출신인 마이클 조지프슨이 설립한 비영리 기관. 1992년부터 2년 단위로 미국 청소년의 윤리관을 조사하여 발표함

"업무와 관련 없는 식사 비용을 살짝 더해서 소요 경비를 허위로 부풀리는 건요?" 릭이 말했다. "보험금 청구할 때 뭔가 더 보태는 것도 있죠."

존이 고개를 끄덕였다. "이런 행동들은 명백히 기만적이지만, 흔히 묵인하죠. 어쨌거나, '다들 그러는걸 뭐!', '별것도 아니잖아!', '사람들이 그걸 원해.' 이런 태도로요."

"대형 식품 회사들도 우리가 그걸 원한다고 믿는 것 같아요." 제니가 말을 꺼내자 시선이 그녀에게 쏠렸다. "유기농 식품을 찾는 사람들이 많아지고 있는데, 아 물론 우리 조부모님 세대에는 모든 음식이 다 유기농이었겠지만요. 어쨌든 기업식 농업을 표방하는 대형 업체들이 유기농 유행이라는 시류에 편승하고 있어요. 생산물의 화학 성분을 없애거나 줄여서 유기농 대열에 동참하고 있을까요? 아니면 산업적 영농 방식을 바꾸나요? 아닙니다. 그저 똑같은 제품의 포장을 조금 바꾸고 '내추럴'이라는 단어를 상표에 넣을 뿐이에요." 제니는 일행들을 한번 둘러보고 말을 이었다. "'유기농'과 '내추럴'은 비슷하게 들릴지 모르지만, FDA 규정상으론 전혀 다른 개념입니다. 하지만 기업들은 소비자 대부분이 그것을 모른다는 사실을 믿고 있지요. 어쩌면 우리가 알고자 하지 않는 것일지도 모르고요."

스티브가 말했다. "그걸 인정할 수 있게 예를 하나 들려줄래요?"

제니가 알았다고 고개를 끄덕였다. "가장 확실한 예는 닭고기예요. 예전엔 그냥 '닭고기'라고만 표기하여 팔던 똑같은 제품을 요즘은 '100퍼센트 천연 닭고기 – 스테로이드, 항생제 무첨가!' 따위의 표현을 동원해서 판매하는데, 그 문구 뒤에 작은 별표가 달려 있지요. 그 별표에 딸린 정보를 찾아보면 포장지 어딘가에 깨알만 한 글씨로 이렇게 적혀 있어요. 'FDA는 가금류에 스테로이드, 항생제 첨가를 승인하지 않습니다.' 새로운 포장의 문구를 보면 마치 자기들은 다른 회사들이 하는 해로운 뭔가를 하지 않는다는 것처럼 느껴지지만, 사실은 법적으로 원래 하지 못하게 되어 있는 것뿐이에요."

야스미나가 제니의 발언을 보충했다. "우리 엄마도 그런 것 같아요. 식품점에서 달걀을 고를 때 '자연 방사란'이라고 적힌 것이 있으면 열광하시죠. 아마 그걸 살 때 엄마 머릿속에는 농가 헛간을 자유로이 드나드는 행복한 닭들이 그려질 테지만, 사실상 한 번이라도 햇빛을 보는 닭은 극소수죠. 우리에 갇히지 않았다고는 하지만, 우리에 갇힌 닭들이나 비슷한 크기의 공간에서 자기 분변이 내뿜는 유독 가스를 마시며 다친 부리로 사료를 쪼아 먹으면서 길러지지요."

세라가 끼어들었다. "엄청 큰 봉지에 '트랜스지방 제로!', '콜레스테롤 없음!'이라고 쓰여진 감자칩은 어때요? 그 지방덩어리 과자가 갑자기 건강식품이라도 된 것처럼 들리잖아요! 솔직히 난 기꺼이 속아 넘어가 주지요."

존이 다시 나섰다. "그렇다면 이런 대형 식품 회사들은, 우리보다 더 냉소적이고 엉큼하고 부정직하고 어쩌면 좀 더 잔인하기까지 한 걸까요? 그 대형 양계 회사의 마케팅 부서 직원들 중에, 자기 가족에게 신선한 달걀을 먹이기 위해 뒷마당에 닭을 키우는 사람이 있을 겁니다. 그리고 분명히 그 뒤뜰은, 그 회사에서 파는 수백만 마리 닭들이 자라는 환경과는 180도 다르겠죠." 스티브가 크게 끄응 소리를 냈다.

월도 대화에 동참했다. "그걸 보면, 자신이 하는 일의 실상과 자신을 철저히 분리해서 생각하는 인간의 놀라운 능력을 알 수 있지 않습니까? 아주 놀라운 수준까지 자기기만이 가능합니다. 목사님이 말한 것과 같은 양계 회사 마케팅 직원이 하나 있다고 치고, 그 직원이 자기 회사 공장을 방문하고는 사무실로 돌아가서 몹쓸 환경을 개선하여 마케팅 방향에 부합하게 만들고자 궁리할 리는 없을 것 같습니다. 그러기는커녕 회사 양계 농장에 발끝도 딛지 않겠지요. 그의 업무는 회사 제품을 가능한 한 최고의 조명 하에 배치하여 매출과 주주들의 이익을 극대화하는 것뿐입니다. 사회문화적 동향에 주의를 기울이고, 유기농 계육 생산자들 사이에서 차지하는 시장 점유율을 늘리는 데 집중하지요. 회사가 닭을 키우는 방식에 대한 근본적인 질문을 던지는 대신에, 아 물론 그건 그의 업무가 아니니까요. 대신 그는 상표 외에는 아무것도 실제로 바꾸지 않으면서 내추럴 푸드라는 유행의 바람을 탈 수 있는 포장 아이디어만을 고안해 냅니다."

제니가 월의 뒤를 이어 말했다. "그렇게 해서 그는 자신의 이웃에게 거짓 증거를 하는 것이죠. 우리를 속이는 겁니다." 제니는 잠시 말을 멈추고 손톱을 물어뜯었다. "하지만 그가 그럴 수 있는 것은 우리를 자기 이웃이라 생각하지 않기 때문이 아닐까요? 그에게 우리는 어디까지나 소비자에 지나지 않겠죠. 혹시나 아주 잠깐 양심에 찔릴지 모르지만, 자기가 하는 짓이 별거 아니라고 굳게 믿을 겁니다. 어쨌든 사람들은 가장 저렴한 닭고기를 구매할 것이고, 최소한 새로운 포장 문구 덕에 조금은 괜찮은 상품을 산 듯한 기분을 느낄 수 있어요. 어쩌면 그 마케팅 직원은 소비자들에게 호의를 베푸는 거라고 자위할 수도 있을 겁니다. 실제로 그런지도 모르고요.

우리는 모두 결국 소비자들입니다. 그런 식으로 속아 넘어갈 준비가 되어 있는 소비자들이요. 그 이유는, 사실 우리는 앞에 말했던 가상의 마케팅 직원이 자기 닭들을 키우는 식으로 기른 닭에 걸맞은 높은 가격은 지불하고 싶어하지 않기 때문이죠."[3]

"그런 식으로 사람을 속이는 것이 농축산업에만 국한되는 것은 아니에요." 샘이 말했다. "우리에게 '거짓 증거를 하는' 회사들이 수도 없이 많을걸요."

야스미나가 나섰다. "그게 바로 오큐파이 운동의 담론 아니었을까요? 대다수의 주요 은행들은, 부실 대출에 이어 복잡한 파생 상품 속에 부채를 끼워 넣어 그럴듯한 투자처라 속여서 판매한 다음 그 상품의 투자가 실패한다는 쪽에 베팅함으로써 엄청난 부를 축적했지요. 그에 저항한 것이 오큐파이 운동이죠." 엘리는 입을 딱 벌리고 자기 친구를 쳐다보았고, 야스미나가 대답했다. "왜? 우리 아빠가 은행에 계시긴 하지. 그리고 우리 강의도 들었잖아."

"학생 말하는 거 보니 강의를 한두 번 들은 게 아닌가 보네." 스티브가 말했다.

야스미나가 얼굴을 붉혔다. "뭐 그렇죠. 어쨌든, 이 사상누각沙上樓閣이 무너지면서 전 세계적 불황을 야기한 주범인 은행들은 그들의 이웃인 우리 납세자들의 세금으로 긴급 구제 혜택을 받았지요. 하지만 그 납세자들 중 상당수는 은행의 기만적인 사업 행태 때문에 살 곳을 잃었다고요." 그녀는 존 쪽을 향하고는 열을 내며 말했다. "그러니까 자기기만을 자행하는 것이 청소년들만은 아니에요. 이 사단을 낸 금융계 종사자들은 아직도, 일상적인 비즈니스 행태였을 뿐이라며 범죄 사실을 부인하고 있어요. 바꾸어 말하면, 자신들의 직업윤리에 부끄러움이 없다는 거죠. 한마디 덧붙인다면, 그들은 지금도, 그 행동의 대가로 넉넉한 보상을 받고 있어요."

존이 고개를 끄덕이며 말했다. "야스미나, 맞는 말 했어요. 좋습니다. 이제 화제를 약간 바꿔 볼까요? 자신이 99퍼센트의 다수에 속한다고 생각하는 사람이라면, 심각하게 공동 선을 훼손하는 기만행위에 가담한 1퍼센트를 헐뜯는 것이 어렵지 않을 겁니다. 하지만 이 아홉 번째 계명을 좀 더 가까이 들여다 본다면 어떨까요? 제9계명의 핵심이라고 보이는 특정한 기만행위에 대해 이야기해 봅시다. 우리가 이웃에 대해 거짓 증거 하기 쉬운 행동, 바로 험담입니다." 그는 토론 그룹을 둘러보았다.

세라가 손가락을 까딱거리며 말했다. "목사님, 방금 전까지는 그냥 같이 이야기하는 것 같았는데, 이제 막 말을 끊고 주제도 바꾸시네요?" 카페 안은 웃음바다가 되었다.

존이 이어서 말했다. "험담에 대한 정의로는 이 말이 최고라고 생각합니다. '좋아하지 않는 사람에 대해 뭔가 재미있는 이야기를 들었을 때 하는 행동.'[4] 그 이야기의 진위 여부나 그 말이 나온 맥락, 그 정보의 출처 따위를 점검하지 않고 다른 사람에게 들려주는 것이죠. 아니, 직접 말로 하기보다는 '세상에, 그 얘기 들었어?'로 시작하는 문자를 보내거나, 받은 이메일을 전달하는 경우가 더 많죠. 블로그 링크를 공유하거나 페이스북 담벼락에 공유하는 것도 간단한 방법이고요. '뉴스피드'라고들 부르는 것에서 이것저것 덧붙여져서 그 뒷담화는 더욱 장황해집니다.[5] 그는 책 한 권을 들어 올렸다. "엘즈워스 칼라스는 이렇게 썼어요. '거짓 증거, 중상모략, 명예 훼손보다 더 널리 퍼진 죄악은 아마 없을 것이다. 우리 모두가 거기에 쓰는 무기를 갖고 있기 때문이기도 하고, 또한 그것이 즉시 꺼내 쓸 수 있는 무기이기 때문이다.'"[6]

세라가 말했다. "앨리스 루스벨트 롱워스*의 독특한 표현도 있지요. '누군가에 대해 좋은 말 할 것이 하나도 없는 사람은 내 옆에 와서 앉으세요.'"

세라의 말에 또다시 웃음이 터졌다.

존이 고개를 끄덕였다. "그런데 우리는, 그런 행동을 대수롭지 않게 생각하는 편 아닌가요? 특히, 알려진 인물에 대해 이야기하고 있을 때 말입니다. 소위 공인이라 일컬으며 그들 이야기를 즐겨 하지요. 직접 이야기하는 것보다는 조금 나을지 모르지만, 케이블 연예 뉴스나 라디오 방송에서 공인에 대해 떠드는 것을 듣는 것도 다들 좋아합니다. 발언 내용이나 동영상을 부분적으로 편집하여 우리와 의견이 다른 사람들을 나쁜 방향으로 조명하기도 하지요. '객관적인' 보도 정

---

* Alice Roosevelt Longworth. 미국의 26대 대통령 시어도어 루스벨트의 딸. 가쓰라-태프트 밀약 추진을 위한 연막작전의 일환으로 1905년 대한제국을 방문

신이라는 명목하에 그들의 동기를 의심하고, 고정 관념으로 규정짓고, 비아냥대고, 그들에 대해 경멸조로 말합니다."

윌이 발언하려 나섰다. "MSNBC 방송에 출연하여 티 파티 운동의 좌절을 이해하는 이유를 설명하면 수구 우익 꼴통 소리를 듣게 될 겁니다. 폭스 뉴스에 출연해서 오큐파이 운동가들의 좌절을 이해하는 이유를 설명한다면 좌익 빨갱이 꼴통 소리를 듣겠지요.* 뉴스를 보며 불쾌할 수도, 고개를 끄덕일 수도 있겠지만, 우린 어디까지나 구경할 뿐이에요. 뉴스를 방송하는 언론사들은 어떻게든 시선을 끌기만 하면 되지요. 그렇게 해서 회사의 존속에 필요한 광고 수익을 담보해 주는 관객을 얻게 되는 것입니다. 존이 정의해 준 '험담'을 즐기는 인간의 성향 때문에, 미국 내의 정치 담론 양극화가 가속화되고, 국민이 분열되고 있어요. 그런데도 우리는 '그게 무슨 대수야?' 이런 태도지요. 그 점에 있어서 우리 자신을 스스로 하찮게 여기는 겁니다."

존은 가방에서 책 한 권을 더 꺼냈다. "데이비드 해조니라면 윌의 생각에 동조할 겁니다."

험담은 히브리어로 라숀 하라^{lashon hara}, '사악한 혀'라고 하며, 랍비들은 험담이 최악의 반사회적 범죄 중 하나라고 믿었다. 탈무드에 따르면 신은 "사악한 혀'를 말하는 그 누구와도 같은 세상에 살 수 없다"고 한다.[7]

존은 모두를 둘러보았다. "어떤가요? 데이비드 해조니가 과장한다고

---

* ① 미국 내에서 MSNBC은 민주당 지지/진보파 성향, Fox News Channel은 공화당 지지/보수파 성향 방송이라 할 수 있다. ② 티 파티 운동: 오바마 정부의 경기부양정책과 세금 인상 정책에 반대하는 보수파의 조세 저항 운동

생각하세요? 정말 험담하는 것이 최악의 반사회적 범죄에 포함된다고 보십니까? 욕 좀 한다고 해서 그게 정말 피해를 주는 행동일까요?"

샘이 말을 꺼냈다. "초등학교 때 다른 아이들의 놀림에 눈물을 흘리며 집으로 돌아온 기억 있으세요?" 몇 명이 천천히 고개를 끄덕였다. "그때 위로한답시고 어른들이 들려주던 속담 같은 게 있었죠?"

세라가 노래하는 듯한 목소리로 말했다. "막대기와 돌덩이는 내 뼈를 부러뜨릴 수 있지만, 말은 절대로 나를 해치지 못한다."

"그래서 그걸 들으니 나아지던가요? 아이들이 또다시 상처 주는 말을 하고 헛소문을 퍼트리고 모욕적인 말을 했을 때, 도움이 되긴 했었나요?"

"전혀 아니었죠." 야스미나가 말했다. "오히려 그런 말들을 곱씹게 되더군요. 몇 안 되는 내 친구들이 내 편을 들어 주길 바라면서요. 하지만 친구들은 나서지 않았어요." 그녀는 고개를 떨궜다. "쓰디쓴 경험에서 배운 건 이거예요. 막대기와 돌덩이는 내 뼈를 부러뜨릴 수 있지만, 말은 내 가슴을 갈기갈기 찢어 놓을 것이다."

야스미나는 뻣뻣하게 앉아 고개를 떨어뜨린 채 무릎 위에 올린 두 손만 바라보고 있었고, 엘리가 다가가 그런 친구를 두 팔로 감싸 안았다.

얼마간 침묵이 흐른 뒤, 존이 다시 데이비드 해조니의 책을 들어 읽기 시작했다.

수 세기 동안 내려온, 타인 폄훼에 대한 기독교와 유태교의 가르침을 우리가 얼마나 간과해 왔는지 놀라울 정도다. 인생의 가치와 사유 재산 중시에는 엄청난 신경을 쓰는 반면, 남을 깎아내리는 것에는 거침이 없다. 그 이유는 무엇인가?

가장 뻔한 이유는 무엇일까? 강도나 절도 같은 범죄에서는 피해 사항이 명확하고 잘 분류되지만, 남을 좋지 않게 말한다 할지라도 나쁜 결과 따위는 없을 거라고 쉽게 자위하기 때문이다. 특히 사적으로 험담한 경우에는 죄의식을 느끼지 못한다.

랍비들은 이렇게 말했다. "험담하는 자는 로마에서 말하고 시리아에서 살인한다."[8]

샘이 입을 열었다. "게다가 우리가 싫어하는 사람들에 대해서만 험담하는 것이 아니잖습니까? 우리는 좋아하는 사람들에 대해서도 험담을 합니다. 우리 교회에서는 이것을 일컬어 '타인의 걱정거리를 공유하여 다른 사람들도 그를 위해 기도할 수 있게 하는' 것이라고 하지요." 그는 고개를 저었다. "예수님이 요한을 잡아끌어 이렇게 말씀하셨을 리는 없지 않은가요? '우리끼리 얘기고, 기도 때문에 말해 주는 건데, 베드로 얘기 들었어?'"

릭이 말했다. "험담하는 것에 대해 저는 이렇게 생각하곤 했습니다. 특정 문제나 그 해결책과는 아무 상관도 없는 사람들에게 사적인 정보를 자꾸 말해 퍼뜨리는 거라고요."[9]

윌이 질문을 던졌다. "자신의 친구나 이웃에 대한 소문을 듣고 놀라고, 충격 받고, 심지어 분개했을지라도, 그 이야기를 들은 직후 다른 사람에게 말하고 싶은 충동을 느껴 본 분 있습니까?" 몇 명이 그렇다고 했다. "그 충동을 실행에 옮겨 보신 분은? 말을 옮기다가 머릿속에서 울리는 '이러면 안 되는 거 아냐?' 하는 양심의 잔소리를 무시해 본 분은요?" 월은 잠시 말을 멈췄다가 다시 질문했다. "그런 다음에, 내 등 뒤에서도 사람들이 내 뒷말을 하겠구나 생각한 적이 없으신가요?

저는 SNS를 비롯한 소셜 미디어가 우리 서로를 보는 시각을 송두리째 바꾸어 놓지 않았나 생각해요. 이제는 유명하지 않아도 쉬이 사람들 입에 오르내릴 수 있어요. 누구에게나 열려 있는 페이스북이나 트위터에서는 우리 모두 공인입니다. 한편 그 SNS가 절친한 친구들과 우리 사이에 거리감을 형성하기도 했지요. 친구의 약점이나 실패담이 페이스북에 올라오면, 친구만이 함께 아파해 줄 수 있는 걱정거리가 아닌 온 세상 사람들이 다 볼 수 있는 것이 되니까요. 간단히 댓글을 남기거나 '좋아요'를 표시할 대상이 되는 겁니다. 세상에, 좋은 일도 아닌데 '좋아요'라니요!"

엘리가 대꾸했다. "옛날에는 쉬는 시간에 운동장에서 놀 때 말고는 잔인해질 때가 없었을 텐데, 그 시절은 기억도 나지 않네요."

스티브도 말했다. "여러 가지 농담도 마찬가지 아닌가? 각 부류의 사람들을 고정 관념화하는 농담들 말이우. 우리 사무실에 한 달에 한 번씩 창문 닦으러 오는 호세라는 녀석이 있는데, 말수는 적어도 사람은 좋아요. 그런데 걔가 왔다 가면, 꼭 우리 직원 하나가 멕시코 사람에 대한 농담을 하거든? 딱히 나쁜 농담은 아니고요. 그저 크게 해가 되지 않는 재밋거리라고 생각하고 싶은데, 안 그래요? 한 주의 끝자락에 웃을 거리가 되는 거니까. 그 농담 중에 한두 가지는 나도 기억해 뒀다가 써먹기까지 했어요." 그는 머그컵을 손 안에서 돌렸다. "그런 농담을 하면 내가 이상한 사람입니까?" 스티브는 커피를 한 모금 마시고는 눈을 들어 먼 산을 바라봤다. 다른 사람들은 모두 의도적으로 카를로스를 쳐다보지 않으려 애썼다.

"스티브 씨, 그런 농담 하는 사람은 널렸어요." 이제 모두 카를로스를 바라보았다. "감방에서 지내면서, 옆 방 사람들을 갖고 농담하면서 웃어 댄 밤이 몇 번인지 셀 수도 없어요. 감옥에서는 인종별로 수감하곤 하거든요. 그런 농담으로 남들을 깎아내리고 조금의 우월감을 느끼기 위해서 그러는 거죠. 그런데 실은, 나는 마약을 하고 환각 상태에서 운전하다 체포될 만큼 덜떨어졌기 때문에 감방에 앉아 있는 거잖아요. 누워서 침 뱉기죠."

제니가 말을 꺼냈다. "아버지는 포커 치다가 친구들하고 이렇게 떠들어 댔어요. '남자가 있어야 할 곳은 바로 부엌이지. 여자가 일을 제대로 하는지 감시해야 하거든.' 그러면 대단히 재미있는 말을 들었다는 듯이 다들 왁자하게 웃지요. 그걸 듣는 기분도 비슷해요. 만약 엄마가 일을 제대로 못하고 있다고 생각되면 아빠가 무슨 짓을 하는지 난 잘 알고 있는데 말이에요." 그녀는 손에 쥔 냅킨을 꼬았다. 세라는 제니의 손 위에 자기 손을 가만히 올렸다.

존은 한숨을 쉬었다. "제9계명이 우리에게 말해 주는 뭔가가 있는 것 같네요. 어떤 식으로 이루어지든, 거짓 증거는 신뢰를 갉아먹습니다. 그 형태가 광고일 수도 있고 험담일 수도 있으며 인종 차별주의적 농담일 수도 있겠죠. 이렇게 서로에 대한 신뢰가 무너진다면, 어떻게 진실한 의사소통이 이루어질 수 있겠습니까? 어떻게 타인과 의미 있는 관계 형성이 가능하겠어요?" 존은 또 다른 책을 집어들었다. "'진실을 말하는 것은 조화로운 관계 유지의 필수 요소이지 일반적인 덕목이 아니다. 진실하게 말한다는 것은, 하나님에 대한 사랑과 이웃 사랑을 명징하게 보여 주는 것이다.'"[10]

그는 책을 내려놓고 말했다. "지금 우리 사회에 신뢰의 위기가 닥쳤다는 것에 의심의 여지가 있습니까? 우리 삶의 모든 분야 구석구석에 닥친 위기 말입니다. 우리는 민주 사회에 살고 있다는 것을 중시하지만, 지난주에 제가 읽은 한 연구 결과에 따르면 투표에 참여한 사람들 중 89퍼센트는 정부를 불신한다고 합니다. 정부가 옳은 일을 한다고 생각하지 않는다는 거죠.[11] 미국인 열 명 중에 아홉이나 정부를 신뢰하지 않는다는 사실, 어떻게 생각하세요? 우리가 직접, 우리를 위해 일하라고 뽑은 정부인데도요. 매번 선거철이 되면, 같은 당에서 출마한 후보들이 최후의 1인이 남을 때까지 서로에게 흙탕물을 튀기는 것을 보게 됩니다. 패배한 자들은 승자 뒤에 줄지어 서서 현직 인사에게 진흙을 던질 준비를 하고 있지요. 제가 과장하는 것으로 보이십니까? 지역 신문에 실리는 '감시자'라는 칼럼을 다들 보셨겠지요. 텔레비전의 정치 광고와 토론 중에 나온 발언 등을 분석하고 그 주장의 진위를 밝혀 내는 칼럼이죠. 거기서 '진실'이라는 결과가 나온 적이 몇 번이나 있던가요?"

스티브가 코웃음 치며 말했다. "있기나 했나 모르겠네. 거의 항상 '부분적으로 진실' 아니면 '대체로 거짓'이었죠."

"그렇습니다. 하지만, 진실을 말하지 못하고 신뢰를 잃어버리는 것이 정치 집단만은 아니지요. 우리의 결혼 생활이나 우정, 직장과 교회에서도 마찬가지입니다. 완전히 새빨간 거짓말을 한다는 뜻이 아니에요. 우리는 우리 목적에 맞추어 진실에 색을 입힙니다. 그렇게 하는 게 상대방에게 이롭기 때문이라고 자위할 수도 있지만, 우리 자신에게 솔직할 수 있다면 그것이 바로 우리 자신을 위한 윤색이라는 것을 인정하게 됩니다. 떳떳하지 못한 행동을 감추기 위해서건, 불순한 동기를 숨기기 위해서건, 상대방에게 느끼는 죄책감을 떨쳐버리기 위해서건, 또는 무수한 다른 이유에서건 간에, 진실을 말하지 못할 때가 너무나 많습니다."

샘은 리필을 요청하며 바리스타에게 잔을 건넸다. 존은 이야기를 계속했다.

"과거에 진실을 말했다가 혹독한 대가를 치른 기억 때문에 사실대로 말하기를 꺼리게 된 사람들도 있을 겁니다. 기만, 거짓말, 험담, 중상모략 같은 것으로 서로의 관계를 갉아먹는 불신의 문화를 만들어 낸 것이죠. 서로 더 이상 이웃이 아니게 되고, 삶을 공유하고 공동 이익을 생각하는 다양한 사람들로 타인을 인식하지 못하고, 서로 상대방을 두려워하는 것을 배웁니다. 한번 쓱 훑어보고는 수상하고 위협적인 존재라 규정지어 버리죠. '저런 사람들은······' 하는 식으로 말하기 때문에, 별 고민 없이 '외국인', '불법', '테러리스트' 같은 꼬리표를 붙여 버립니다. 교회에서 잘 쓰는 '이단'이라는 꼬리표도 있지요. 이웃에게 거짓 증거 하는 것이 우리에게 뿌리 깊은 영향을 주었다는 것은 자명합니다."

존은 두 팔을 벌리고 허탈하게 웃었다. "하지만 이것도 사실 새삼스러운 일이 아닙니다. 이웃에 거짓 증거 하는 것은 인간의 역사만큼이나 오래됐지요. 성경에 가장 처음 등장하는 대화가 바로 뱀의 거짓 증거니까요. '하나님이 참으로 너희에게 동산 모든 나무의 열매를 먹지 말라 하시더냐?'[12]라는 말로 이 장면이 시작되지요."

존은 테이블에 모여 앉은 토론 그룹을 둘러보고 말했다. "지난주에도 이 부분을 살펴봤는데요, 뱀은 하나님의 말을 틀리게 인용해서 실제로 금지하신 것보다 하나님을 훨씬 더 야박한 분으로 만들었지요. 실제로는 단지 딱 한 나무의 과실, 선악과만을 먹지 말라 하셨는데 말이죠."

샘이 거들었다. "뱀은 거짓 증거를 했습니다. 그래서 요한계시록에서 뱀을 '온 세계를 속여서 어지럽히던'[13] 자라고 했죠."

"맞습니다." 존이 이어서 말했다. "자, 이 시점까지 아담과 하와는 하나님과의 관계도 좋았고 그 둘 사이의 관계 또한 좋았습니다. 벌거벗었으나 수치심은 느끼지 않았고요. 자기 방어력 따위는 없었지만 그게 문제되지 않았죠. 그러나 이제 뱀이 그들에게 의심을 심어 줍니다. '하나님을 정말 신뢰할 수 있겠어? 그가 진심으로 너희를 위하는지 어찌 알아? 이걸 너희에게 감추고 있는데 말이야.' 그래서 그들은 선악과 나무로 다가가죠. '정말 괜찮아 보여. 먹어도 좋을 것 같고. 먹어서 현명해진다는데, 한 입 먹어 보는 것도 좋겠지.' 뱀의 말은 절반은 거짓이었고, 그 말은 이내 쓰디쓴 열매를 맺었습니다. 한 입 물자마자 죽지는 않았지만, 그 순간 아담과 하와 내면의 어떤 것이 죽었지요. 자신들이 무슨 짓을 했는지 깨닫고는 그들의 치부를 무화과 잎사귀로 가리려 했습니다. 하나님이 부르시자 그들은 숨었습니다. '네가 어디 있느냐?'"

엘리가 불쑥 말했다. "마치 모르시는 것처럼 물으셨죠!"

존은 미소 지으며 물었다. "하나님의 이 물음이 노엽게 들리시는 분 계세요?" 몇 명이 고개를 끄덕였다. "어린 시절 부모님 목소리가 기억나서 그럴지도 모르겠네요. 하지만 제 생각에는, 하나님은 부드럽고 편안하게 물으셨을 것 같습니다. 솔직하게 말할 기회를 주려고요. 하나님의 말씀은 우리를 향한 초대일 수도 있으니까요. 하지만 사실대로 털어놓는 대신, 아담은 이렇게 말하죠. '내가 벗었으므로 두려워하여 숨었나이다.'[14] 그러자 다시 물으십니다. '누가 너의 벗었음을 네게 알렸느냐 내가 네게 먹지 말라 명한 그 나무 열매를 네가 먹었느냐'[15] 아담이 풀숲에 숨어 뭐라고 대답했죠? '하나님이 주셔서 나와 함께 있게 하신 여자 그가 그 나무 열매를 내게 주므로 내가 먹었나이다.'"

"대단해요 대단해. 마누라 탓을 하는군요." 세라가 중얼거렸다.

"맞아요. 하지만 하와도 돌아서서 뱀 탓을 하지요." 샘이 말했다.

존이 계속해서 말했다. "이렇게 해서 인류 최초의 공동체가 분열되고 맙니다. 아름답고, 부끄러움을 느낄 필요가 없던 열린 관계가 깨진 거죠. 따지고 보면 아담과 하와는 사실을 말했습니다. 그러나 자신의 행동에 대해 책임지기를 거부하는 과정에서, 아담은 자기가 한 선택을 부인 탓으로 돌림으로써 자신의 이웃이기도 한 부인에게 거짓 증거를 하지요."

야스미나가 물었다. "그러면, 풀숲에서 나와서 이렇게 말했다면 어떻게 됐을까요? '하나님께서 금지하신 일을 해서 두렵고 부끄러워 숨었습니다.'"

존이 대답했다. "인류의 역사가 완전히 달라졌을지 모르죠. 하지만 그들은 그렇게 하지 않았어요. 대신에 풀숲에 숨은 채로 자기 행동에 대해 상대방을 탓했고, 거기서부터 모든 것이 잘못되었죠. 말 한마디에서 모든 것이 시작된 겁니다."

윌이 말을 꺼냈다. "그리고 역시 말에 의해 사건이 계속됩니다. 여기저기서 절반만 사실인 말, 작은 기만, 작은 의심이 싹트고, 험담하는 사람들이 생겨나고, 합리화를 하다 보면, 제대로 된 관계에 필요한 신뢰가 무너져 갑니다. 모든 것이 붕괴되기 시작하지요. 기만적인 말은 대가를 치르게 됩니다. 거짓말, 절반의 거짓말, 사실과 다른 모든 이야기들이요.

여기에 우리 상황의 모순이 있습니다. 우리가 이웃에 거짓 증거를 할 때마다, 우리는 그 이웃이 피해를 보리라고 생각하지요. 그래서 그런 행동을 하는 거고요. 우리는 사실을 말했을 때 벌어질 일을 피하고 싶어서 거짓말을 하고, 좋지 않은 대가를 다른 사람이 치를 거라고 생각합니다. 하지만 사실은, 우리 자신이 그 대가를 치르게 돼요."

존은 커피 잔을 잠시 내려다보더니 낮은 목소리로 말했다. "거짓말이라면 내가 잘 알고 있습니다. 문제 상황을 벗어나기 위해 거짓말을 시작했어요. 내가 저지른 일을 형 탓으로 돌렸죠. 그러다 원하는 것을 얻기 위한 거짓말도 하게 됐어요. 여자 친구를 사귀기 위해서 거짓말을 한 적이 꽤 있었어요." 존은 슬픈 눈으로 엘리를 바라보고는 시선을 거뒀다. "진짜 나보다 더 낫게 나 자신을 포장하고, 내 행동으로 사람들에게 상처를 준 후 그게 그들의 잘못 때문이라고 생각하게 만들기도 했어요. 이웃에 거짓 증거 하는 행동을 여러 번 되풀이했고, 그로 인해 힘들었어요. 더 이상 누구도 신뢰하지 못하게 되더군요. 자주 거짓말을 하다 보니, 무의식적으로 다른 사람들도 마찬가지일 거라고 가정하게 되었습니다. 남들이라고 나랑 다를 리가 있을까? 거짓말을 하면서 진실한 것에 대한 감을 잃었습니다. 실제로 일어난 일, 실제로 들은 말, 내가 실제로 생각하고 느낀 것들……." 그는 주위를 둘러보았다.

"그리고 내가 진짜로 누구인지조차도요.

저는 그게 별 문제 아니라고 생각하려고 했습니다. 그러나 거짓은 마치 차의 경고등을 못쓰게 만드는 것과 같아서, 차가 갑자기 끼익 소리 내며 멈추기 전까지는 아무 문제 없이 잘 달리고 있다는 환상을 심어 주지요." 존은 다시 고개를 떨구었고, 사람들은 뭐라 해야 할지 몰라 한동안 침묵했다. 존은 고개를 들어 후회 어린 미소를 보이고는 다른 책을 꺼냈다.

"대체 그 안에 책을 몇 권이나 넣고 다니시는 거예요?" 세라가 물었고, 그 한마디가 사람들의 긴장을 풀어 주어 모두 함께 웃음을 터뜨렸다.

"아, 이제 한두 권밖에 안 남았어요." 존이 대답했다. "조앤 치티스터는 이렇게 썼습니다. '이제는 나도 모르겠다. 내 말이 실제로 일어난 일인지, 아니면 벌어지기 원하는 일인지, 일어날까봐 두려워하는 일인지, 또는 그런 일이 생겼다고 남들이 믿기를 바라는 것인지.'"[16]

세라가 말했다. "어디서 많이 들어 본 말 같은데요. 링컨이 그러지 않았어요? '거짓말을 성공적으로 할 만큼 기억력이 좋은 사람은 없다'라고요."[17]

"맞아요. 이야기를 꾸며 내다 보면 누구에게 어느 선까지 어떻게 얘기했는지 잊어버리게 되지요. 어떻게 계속해 나갈 수 있겠어요? 누구도 완벽하게 거짓말을 계속할 만큼 기억력이 좋지는 않습니다. 그런데, 사람들은 그걸 하려고 애쓴다 이겁니다. 말에는 엄청난 힘이 있고 심지어 신성하기 때문에 어떤 말을 하는가가 무척 중요하지요. 하나님이 우주를 창조하실 때에도 말씀으로 하셨습니다."

샘이 말했다. "사도 요한이 성경에 이렇게 적었죠. '태초에 말씀이 계시니라 이 말씀이 하나님과 함께 계셨으니 이 말씀은 곧 하나님이시니라' 그리고 '그 말씀이 살과 피가 되어 우리가 사는 곳에 오셨다.'"[18]

"옳습니다. 말은 하나님이 하시는 일을 본뜬 것이기에 신성합니다. 우리도 말로 우리의 세상을 창조해요. 말로 생명을 주기도 하고 빼앗기도 하지요. 물론 슬프게도 생명을 빼앗을 때가 많습니다만." 존은 고개를 저으며 말했다.

"거짓된 언사는 많은 것을 파괴합니다. 신뢰를 갉아먹고, 공동체를 붕괴시키며, 신용도를 추락시킵니다. 거짓말이 들통 나고 나면, 그 이후에라도 그 사람의 말을 믿을 수 있을까요? 하지만, 진실과 진실한 말은 그 반대로 작용합니다. 사람들 사이에 신뢰가 생겨나게 하지요. 우리의 말이 진심 그대로이고 행동과도 이어지면 서로를 신뢰하게 되고, 그렇게 공동체가 건설됩니다. 지속적으로 진실을 말하면 주위 사람들이 우리를 믿을 만한 사람으로 생각하겠지요.

다시 조앤 치티스터의 글입니다. '진실이 그 자체의 보상이다. 진실하기 위해 무언가를 애써 기억할 필요가 없다. 공들여 해명할 필요도 없다. 공모자와 입을 맞출 필요도 없고, 무엇보다 탄로날까 두려워할 일이 없다.'[19] 진실을 말하면 자유로워집니다.

이런 자유를 누리며 살고 싶지 않습니까? 전에 했던 대화, 누구에게 무엇을 말했는지 기억할 필요도 없고, 신뢰가 바탕이 되었기에 남이 나에 대해 뭐라 말할지 궁금하지도 않은 생활 말입니다. 타인에 대한 험담을 옮기는 것을 거부하고 진실한 내용만을 말하는 것이지요. 가끔씩이 아니라 항상 그렇게 한다면 우리 삶은 어떻게 변할까요? 진실을 말하면 우리 가족, 결혼 생활, 우정, 정치에 어떤 일이 생길까요? 우리가 겪고 있는 신뢰의 위기를 타개하는 시발점으로 진실을 말하는 실천을 한다면 어떨까요? 한 번에 하나씩, 한마디 말부터, 정치 광고 하나, 닭고기 포장 하나부터 시작하는 겁니다."

"내 귀에는 무슨 계획같이 들리네요." 샘이 말했다.

"계획 이상인데요." 릭이 말을 보탰다. "생활 방식이죠." 그는 존을 보고 말했다. "아니면 실천, 행동 강령인가요? 생활 윤리? 그런 식으로 불렀던 것 같은데요." 릭은 자기가 가져온 AA 빅북*을 들어 카를로스에게 건넸다. "나 대신 58쪽 좀 펼쳐 줘." 그는 일행 모두를 향해 말했다. "AA 모임에 가면 매번 시작할 때마다 듣는 겁니다. 카를로스, 첫 번째 문단을 좀 읽어 주게."

우리 방침을 철저히 준수한 사람이 실패한 것을 본 적이 거의 없습니다. 회복하지 못한 사람들은 이 간단한 계획에 전적으로 몰두할 수 없거나 하지 않는 사람들로 대개는 그들 자신이 천성적으로 정직하게 될 능력이 없는 남녀들입니다. 다시 말해서 그렇게 태어난 것 같습니다. 그들은 철저히 정직이 요구되는 생활 태도를 갖고 성장시키는 데 자연히 무능하며, 가망은 평균보다 희박합니다. 극심한 감정과 정신적인 혼란 때문에 고통을 받는 사람들도 있지만, 그들에게 정직해질 능력만 있다면, 그들 중 대다수가 고칠 수 있습니다.[20]

"이런 겁니다. 철저하게 정직이 요구되는 생활 태도라 했지요. 자기기만이야말로 우리를 죽이는 것이기 때문입니다. 이웃에게 거짓 증거 하는 것만이 아니라 스스로에게 거짓말하는 것도 짚고 넘어가야 해요."
"오 과연! 훌륭한 지적입니다." 존이 감탄하며 자기 책에 메모를 적었다.
"이제 진실을 말한다는 추상적인 개념에는 우리 모두 동의하는 것

---

* 단주 생활을 지킨 첫 100명 멤버들의 경험이 담긴 《익명의 알코올 중독자들》의 다른 제목

같아요. 우리 모두가 진실을 말하는 것이 사회에 왜 이로운지 이해할 수 있습니다. 그러나 찬찬히 생각해 봤는데, 많은 사람이 진실을 밝히기 꺼리는 부분 하나가 남아 있는 것 같아요. 우리가 누구인가에 대한 진실 말입니다."

"어머, 또 목사님 맘대로 주제 바꿔요?" 세라가 말했다.

"그럴걸요! 자, 저 풀숲에 숨었던 최초의 인간들처럼, 얼마나 많은 사람들이, 애써 자신을 감추고 타인들에게 진짜 자기 모습을 숨기고 있나요? 스스로 생각하는 자신에 대한 진실을 드러내지 않는 사람이 얼마나 많습니까?" 존은 야스미나를 바라보고 말을 이었다. "다른 사람에게 들어서 믿게 된 자신에 대한 진실도 숨기려 하지요. 기억하시죠? 말은 힘이 세다는 것, 생명을 줄 수도, 빼앗을 수도 있는 힘이 있다는 것을요. 우리의 정체성, 우리가 과연 누구인가에 관여할 때에 말의 힘이 가장 크게 작용합니다. 성경의 도입부에 나와 있기로는 우리는 하나님의 형상대로 만들어졌습니다만, 하나님과 닮은 모습을 잃어버린 사람들이 너무나 많아요. 그 이유가 무엇일까요?"

제니가 답했다. "그건 사람들이 우리 삶에 대해 이러저러한 말을 해 왔기 때문이지요. 우리가 사랑하고 신뢰하는 사람들, 즉 부모, 친구, 친척, 선생님들, 그리고 감히 말하자면 목사님들까지요. 제가 데리고 일하는 아이들은 이런 말들을 들으며 커 왔어요. '가망 없다. 쓸모없다. 뚱뚱하다. 삐쩍 말랐다. 커서 뭐가 되겠냐. 글러 먹었다. 완전 바닥이다. 왜 사냐.' 오랫동안 이런 말을 듣게 되면, 그 말을 내면화하게 되고, 그게 진짜 자신의 실체가 되어 버려요."

존은 서글프게 고개를 끄덕였다. "아름답다는 말을 듣고 싶지 않나요? 가치 있는 사람이라고, 무언가에 재능이 있다, 사랑받고 있다는 말을 듣고 싶지요? 교회를 다니면서 자란 사람이라면, 자신이 하나님 아버지의 아들딸이며 하나님의 모습으로 창조된 존재라고, 그리고 하나님 나라가 자기 것이라고 믿고 싶을 겁니다. 그러나 우리가 자주 접하는 메시지는 그렇지 않죠. '아니야, 너는 이런 사람이야. 너는 저런 사람이야.' 우리는 타인들이 말로써 강요하는 정체성을 받아들입니다. 우리가 정말로 누구인지에 대한 심도 깊은 진실이 아닌 다른 사람이 평가한 나의 모습을요. 우리가 그것을 받아들이면 그 잘못된 모습이 우리를 변형시켜서, 결국은 제니가 말한 것처럼 우리의 진짜 모습이 되어 버립니다. 안타깝게도 이런 거짓 증거 행태가 너무나 널리 퍼져 있지요."

꽤 여러 명이 자기 커피 잔을 내려다보고 있었다. 세라가 조용히 입을 열었다. "그리고 우린 그 가짜 정체성을 띠고 살아가요. 우리가 느끼는 고통을 감추어 보려고 별별 짓을 다 하고요. 그러다 자신과 타인에 대한 이야기를 지어내기 시작하고, 급기야 자기의 진짜 모습을 알지 못하는 지경에 이르지요."

카를로스는 몸을 돌려 릭을 보며 말했다. "누군가가 말해 주기 전까지는 그렇죠. 내 경우에는, 가족과 친구들이 방 안 가득 모여 앉아 돌아가며 내 음주 문제가 그들에게 무슨 짓을 했는지 나한테 말해 줬어요."

엘리가 눈을 동그랗게 떴다. "우와, 그건 어떤 기분이었어요?"

카를로스는 고개를 저었다. "으, 전혀 고맙지 않았어요! 최소한 그때는 그랬죠. 내가 직시하지 않으려던 진실을 그들이 말하고 있었는데, 그 순간에는 그런 메시지를 듣고 싶지 않았어요. 솔직히 말하면 그 메시지를 전하는 사람을 죽여 버리고 싶었어요."

"그게 문제죠." 존이 말했다. "진실을 말하는 것이 중요하다는 것에는 모두 동의해요. 그렇게 해야만 건강한 인간관계와 건강한 사회에 없어서는 안 될 신뢰를 되찾을 수 있다는 것은 모두 인정합니다. 하지만, 2천 년 전에 살았던 로마인 통치자의 말마따나, 진리가 무엇입니까?"* 존은 카를로스를 향해 물었다. "십계명으로 우리가 자유로워질 수 있다면, 카를로스를 자유로이 풀어 주는 진리란 뭔가요?"

카를로스는 조금도 주저하지 않고 대답했다. "내가 알코올 중독자라는 사실과 내 삶을 스스로 통제할 수 없다는 사실이었죠. 인간의 힘으로는 나의 알코올 중독을 치유할 수 없다는 것이요. 그리고 하나님만이 나를 중독에서 구하실 수 있고, 하나님을 갈구한다면 기꺼이 그렇게 해 주신다는 진리였습니다."[21]

존은 모두를 향해 말했다. "두 종류의 진실이 존재하는 것은 아닐지 생각해 봅니다. 현실을 있는 그대로 묘사하는 진실이 있고, 현실을 다른 형태로 바꾸는 진실이 있는 것이죠." 그는 시계를 흘끔 보았다. "이제 정리할 시간이 가까워지고 있는데요, 마지막으로 하나만 짚고 넘어갈까 해요. 요즘 저는 피터 롤린스의 《How (Not) to Speak of God 하나님에 대해 말하는/말하지 않는 법》[22]을 읽고 있습니다. 이 책에서 그는

---

* 요한복음 18장 37-38절에서 본디오 빌라도의 말

거짓 증거에 관한 윤리적 난제의 고전이라 할 수 있는, 2차 세계 대전 중 유태인을 숨겨 주는 행위에 대해 말합니다."

제니가 한마디 보탰다. "대학에서 철학 개론 시간에 그 주제를 다룬 기억이 나요. 독일 병사가 문을 두드리며 유태인이 집에 숨어 있는지 물으면 어떻게 대답해야 하는지에 대해서요. 없다고 하면 거짓말이 되지만 목숨을 살릴 수 있고, 반대로 유태인이 잡혀가 총살 당할 것을 알면서 사실대로 숨어 있다고 말할 수도 있는데, 어떻게 하는 것이 옳은지에 대해 이틀 동안 논쟁을 했어요."

"맞아요. 롤린스는 이에 대해 이렇게 말했습니다. 오직 두 가지 행동 중에서 선택해야 한다는 말부터 틀렸다고요. 사실을 말해서 나치군이 유태인을 끌고 가 죽이도록 하는 것이 하나요, 유태인의 생명을 구하기 위해 거짓말을 하는 것이 다른 하나라고 보는 것은 제9계명을 오해한 것이고, 또한 진실이라는 말의 뜻을 오해한 것이라고 롤린스는 말했습니다. 세 번째 선택이 있다는 것이죠. 집에 유태인을 숨기고 있느냐는 물음에 아니라고 대답하면서 진실을 말하는 것이 그 세 번째 선택이라는 겁니다. 그 진실은 현실을 묘사하는 것이 아니라 현실을 변화시키는 것이기 때문이죠. 당신이 숨기고 있는 사람을 병사들이 끌고 가도록 한다면, 그 유태인이 죽게 됨은 물론이요 병사들도 자신의 인간성에 심히 반하는 행동을 하게 된다는 점을 당신이 알고 있기 때문입니다. 현실을 변화시키는 진실은, 유태인을 숨기고 있지 않다고 대답하는 것이고, 그렇게 말함으로써 거짓 증거 하지 말라는 계명을 지키고 있다는 것을 스스로 아는 것입니다."

척 보기에도 혼란에 빠진 엘리는 세라를 처다보았는데, 세라 역시 빙긋 웃으며 어깨를 으쓱해 보일 뿐이었다. 존은 계속 말을 이었다.

"공동체 지도자들 중에 비슷한 윤리적 난제의 중심에 예수님을 놓으려 한 자들이 있었어요. 예수님이 안식일에 회당에 가셨는데, 날 때부터 손이 불구인 사람을 만납니다.[23] 바리새인들은 '안식일인데 그를 고치겠소? 그러면 율법을 어기는 것이니 당신을 고발하겠소' 하며 예수님을 주시했지만, 예수님은 진실을 말씀하셨죠. 현실을 묘사하는 진실이 아닌, 현실을 변화시키는 진리를 말하셨어요. 이런 내용으로 말씀하셨죠. '율법을 지키는 것이 어느 쪽인지 말해 보아라. 안식일이라 하여 이 사람의 고통이 지속되게 하는 것이 옳으냐, 아니면 내가 그를 고칠 수 있고 하나님이 그가 온전해지기를 바라시니 지금 그를 고치는 것이 옳으냐?' 바리새인들은 아무 대답도 하지 못했는데, 그것은 그 순간 그것이 진리임을 알았기 때문입니다."

존은 앞으로 더 나서서 말을 이었다. "예수님은 그들의 마음이 굳어 있는 것을 보고 화가 나셨습니다. 왜냐하면 그들은 율법의 글귀에만 집착했지, 율법의 전체적인 의도는 간과하고 있었기 때문이죠. 율법의 의도는 우리를 얽매는 모든 것에서 자유롭게 풀어 주는 것입니다. 하나님이 인간을 만드실 때에 의도하신 것보다 못한 존재로 만드는 모든 것에서 우리를 자유롭게 하는 것이 율법의 존재 이유였어요. 예수님이 그 손 마른 자를 고치실 수 있음에도 바리새인들은 단지 그날이 특정 요일이라는 이유만으로 예수님을 막으려 했습니다. 말이 되나요? 그러거나 말거나 예수님은 그 사람을 치유하셨는데, 바리새인들이 어떻게 했는지 아십니까? 그들은 밖으로 나가 예수님을 죽이자고 외쳤어요." 여기까지 말하고 존은 의자에 기대앉았다.

"그들은 한 사람의 삶이 변화하는 것을 보고도 자기 눈앞에서 벌어진 기적에 기뻐할 수 없었습니다. 그들은 변화하는 진실을 감당하지 못했기 때문이죠. 우리들 대부분이 그렇듯이, 듣고 싶지 않은 진실을 전하는 사람을 죽이고 싶어지는 것입니다. 바리새인들은 결국 정말로 예수님을 죽이고 말았죠. '나는 진리다'라고 말씀하신 예수님을 향해, 그들은 '진리를 죽입시다'라고 말했습니다. 증언해야 하는 상황에서나 우리 이웃에 대해 이야기할 때 우리는 진실을 말해야 합니다. 이것이 아홉 번째 계명을 실천하는 것인데, 현실을 그저 묘사하는 진실이 아니라 현실을 변화시키는 진실을 말하는 것입니다. 다시 말해서, 내가 하는 말이 타인을 해친다는 것을 알면 때로는 하고 싶지 않은 말을 하기도 하고, 하고 싶은 말을 하지 않을 수도 있다는 것입니다. 그 말이 설령 '진실'일지라도 말이지요."

스티브가 말했다. "이번 주 설교문은 벌써 결론까지 완성해 버리신 것 같은데, 일요일까지 심심해서 어쩝니까?"

모두 웃었지만, 그중에서 존이 가장 크게 껄껄 웃었다.

"아직은 아녜요, 스티브 씨. 아직은요. 하지만 여러분과 함께 이 주제에 대해 이야기한 것은 확실히 도움이 많이 됐어요."

엘리는 야스미나를 잡아끌며 말했다. "저희는 이제 가야 해요." 그러고는 스티브에게 물었다. "다음 주에도 와도 돼요?"

스티브는 미소 지으며 존을 보고는 대답했다. "나야 좋은데, 부모님에게 사실대로 말하고 온다면야."

엘리는 기쁜 표정으로 대답했다. "당연하죠! 라떼 마시러 가는데 거짓말할 필요는 없겠죠, 히히. 다음 주 주제는 뭔가요?"

스티브는 대답 대신 존을 바라보았다.

존이 말했다. "도둑질."

3

절도에서 관대함으로

제8계명

삶의 모든 정황을 고려해 세상을 본다면,

그것은 단지 엄청난 도적들로 가득 차 있는

거대하고 넓은 시장일 뿐이다.

- 마르틴 루터, 대교리문답

도둑질하지 말라

- 출애굽기 20장 15절

존이 메모해 온 것을 훑어보는 동안 멤버들이 모여들었다. 가장 쾌활한 사람은 단연 엘리였다. 모두 자리에 앉아 인사를 나누고 커피를 마시기 시작하자 존이 질문을 던졌다. "자, 다들 지난 주에 얘기한 대로 철저하게 정직한 생활을 실천하고 계신가요?"

엘리가 첫 테이프를 끊었다. "그날 오후에 엄마가 학교로 데리러 나오셨을 때, 아침에 시험에 대해 거짓말했었다고 말했어요. 내가 갑자기 고백한 것에 놀라셨는지 화내는 것도 잊어버리셨지 뭐예요."

왁자지껄한 웃음이 잦아들자 엘리는 말을 이었다. "그런데 말이죠, 한번 사실을 말하고 보니, 제가 지금껏 생각보다 훨씬 자주 거짓말을 하거나 사실을 왜곡했다는 것을 알게 됐어요. 숨겨진 본성이었는지도 모르겠어요. 하지만 평소 제가 거짓말쟁이라고 생각한 적은 전혀 없었거든요." 엘리의 목소리가 진지해졌다. "그래서 제가 또 어떤 식으로 스스로를 속여 왔는지 생각해 보게 됐지요. 그리고 저나 제 친구들이 서로에게 얼마나 치사하게 굴 수 있는지에 대해 신경을 쓰지 않았던 것 같더라고요. 마치 게임을 하듯이, 오늘은 누구를 도마 위에 올려 볼까 하는 거죠." 그녀는 야스미나의 눈길을 느꼈다. "솔직히 말해서, 이번 주에 오지 않으려고 했어요. 모르는 게 약이라잖아요." 엘리는 컵을 들면서 웃었다. "하지만 라떼는 마시게 됐으니까 오길 잘한 것 같아요."

다른 사람들도 각각 저마다의 '사실대로 말하기' 실험의 결과를 이야기했다. 스티브가 물었다. "목사님은 어떠셨수? 일요일 예배 설교는 잘하셨고? 신도들이 거짓말을 용서해 달라고 제단 앞에서 울부짖으며 하나님을 찾게 만들었어요?"

존이 웃었다. "그러진 않았어요, 스티브. 하지만 예배 마치고 나가면서 흥미로운 대화를 많이 나눴습니다. 이번 설교가 확실히 사람들의 아픈 데를 건드리는 것 같았어요."

"다른 사람들도 그렇다니 기분이 좋네요. 난 진짜 많이 찔리더라구요." 세라가 말했다.

"자, 이번 주에는 제8계명에 대해서 얘기해야죠. 기억을 더듬어 오늘 주제를 읊어야겠습니다."

존은 잠시 쉬었다 말했다. "도둑질하지 마라."[1]

그는 일어서서 꾸벅 인사를 했다. "사실 이번 주 내내 이 내용을 탐구했어요."

스티브는 끙 소리를 냈다.

"혹시 여러분도 도둑질에 대해 생각을 좀 해 보셨다면, 어떤 이야기를 꺼내 보실 수 있을까요?"

샘이 가장 먼저 목소리를 높였다. "글쎄요, 우리 대부분 자신이 도둑이라고 생각하지 않겠지만, 누구나 어떤 식으로든 조금씩은 도둑질을 한다고 단언할 수 있습니다. 물론 그런 행동을 도둑질이라 부르지는 않지만요. 여러 가지 다른 이름을 붙이죠. 제가 어렸을 때에는 '찾는 사람이 임자요, 잃어버린 사람이 바보지'라고 했고, '허락 안 받고 빌리는 것'이라고도 불렀어요."

스티브가 벌떡 일어나더니 분필을 잡았다. "좋아요, 훔친다는 말 대신 어떻게 표현할 수 있나 써 봅시다!"

다섯 손가락으로 할인 받기

필요 없어서 남은 것

다음에 갚으려고 했어

어차피 쟤들한테는 없어도 아쉽지 않을걸

토지 수용* – 정부는 도둑질을 이렇게 부르죠.

해외 계좌**를 활용한 창조적인 회계

존이 말했다. "그래요. 잠깐 새에도 줄줄이 나오죠? 우리 모두 해본 적이 있어서 그런 겁니다. 어쩌면 지금도 하고 있을 걸요? 하지만 샘이 말했듯이, 우리가 도둑이라는 생각은 하지 않아요. 왜일까요? 제가 이론을 하나 만들어 봤는데, 이것 외에 다른 것에도 적용할 수 있지요."

존은 토론 모임을 빤히 쳐다보고는 말했다. "'설치류 털 개수' 이론입니다."

사람들은 멍한 표정으로 존을 바라봤다.

"FDA가 애플버터의 판매를 중단하는 기준이 설치류의 털이 100그램당 네 개 이상 나와야 한다는 것이라는데, 알고 계셨습니까? 아니면 벌레가 다섯 마리 이상 발견되어야 하는데, 진드기와 진딧물은 괜찮답니다. 쥐 털 세 개, 또는 벌레 네 마리가 들어 있는 애플버터는 우리가 오늘 아침 베이글에 발라 먹었을 수도 있다는 거죠. 지금 마시는 커피는 어떨까요? 원두 중 10퍼센트가 벌레 먹었거나 곰팡이가

---

* 정부가 사유지를 몰수할 수 있는 권한
** 탈세나 보안을 목적으로 해외에 개설한 계좌

피었으면 못 팔아요.² 하지만 9퍼센트라면?" 엘리는 자기 라떼를 내려다보고 얼굴을 찡그렸다. "핫도그도 그렇겠죠, 아아, 핫도그는 얘기하고 싶지 않네요. 온갖 거슬리는 것들을 다 따진다면 먹을 게 하나도 남아나지 않을 겁니다!"

"진짜 궁금해서 그러는데, 커피 원두에 곰팡이 핀 것하고 도둑질하고 뭔 상관입니까?" 스티브가 물었다.

"질문 잘하셨어요. 제 말은, FDA의 식품 관리 기준은 벌레나 곰팡이 등의 오염 물질이 일절 없는 절대적인 청결을 요구하지 않는다는 것입니다. 먹어도 죽지 않을, 허용 가능한 불순함의 정도를 어떤 공무원들이 설정해 놓은 것이죠." 존은 몸을 앞으로 더 내밀고 말했다. "우리도 그런 비슷한 선을 정해 놓고 생각하는 건 아닐까요? 예를 들어서, 제8계명에서 제시된 '도둑질하지 말라'라는 절대적인 기준을 지키는 대신에, 자신을 도둑이라 생각하지 않아도 될 정도의 '허용 가능 절도 수준'을 정해 놨다는 겁니다. 그리고 우리 생활의 거의 모든 영역에서 같은 짓을 하고 있는 거죠. 아닌가요?"

"사실 '나도 모르는 새에' 도둑질을 하는 건 아니에요. 양심이 말해 주기 때문이죠. 하지만 우리는 자신의 행동을 합리화합니다. '진짜 도둑질은 아니야. 이게 없다고 해도 그들에겐 아쉽지 않아.'" 칠판에 적힌 것들을 슬쩍 바라보며 존은 말을 이어갔다. "저 리스트에 있는 여러 다른 말로도 정당화를 할 수 있죠. 결국에는 양심도 무뎌져서, '집에서 회사 일을 할 때 쓸 수 있으니까' 하며 사무실에서 펜 한 박스를 들고 와도 아무렇지 않게 되는 겁니다. 그러면서, 말만 안 했지 업무상

보너스 같은 거라고 스스로에게 말을 하죠. 진짜 도둑질은 아니고."

존은 등받이에 등을 기대고 말했다. "제가 간단하게 조사해 본 바와 최근의 연구 결과들을 종합해 보면, 다섯 명 중 네 명은 자기 고용주의 소유물을 훔쳐도 괜찮다고 생각한다고 해요. 셋 중 한 명은 가게에서 물건을 훔쳐 본 경험이 있고요. 미국 국세청은 한 해에 대략 30억 달러*가 탈세된다고 합니다. 이 모두가 '이건 진짜 도둑질은 아니야'라는 태도에서 비롯되는 거죠."

"듣다 보니 예전에 들은 이야기가 생각나네요." 샘이 말했다. "누군가 국세청에 익명의 메모와 함께 100달러** 지폐를 보냈어요. '양심에 가책을 느껴 잠을 잘 수가 없습니다. 100달러를 동봉하오니 확인해 주십사 합니다. 이것으로 제 불면증이 치유되지 않는다면, 나머지도 보내겠습니다.'" 모두들 웃음을 터뜨렸다.

"그런데, 우리가 양심의 수위를 계속적으로 점점 낮춘다면 대체 얼마나 돈을 지불하게 될까요? 쥐 털을 몇 개까지 허용할 수 있을까요?" 존이 물었다.

윌이 몇 마디 추가했다. "그리고 여러분 양심의 쥐 털과 제 쥐 털을 합치면 어떻게 되는 거죠? 다른 사람들 것도 합하면? 이 카페에 있는 사람, 이 도시에 있는 쥐 털들, 텍사스 주 전체, 전 미국으로 범위를 넓히면요?"

스티브가 신문을 집어 들더니 도로 테이블 위로 내려놓았다. "이 신문에도 도둑질과 관련된 기사들이 많이 있을 거외다."

* 한화 약 3조 3천억 원
** 한화 약 11만 원

세라가 목소리를 높였다. "도둑 말고 도둑질의 피해자도 있잖아요? 도둑 당한 경험을 얘기해 보면 어때요?"

야스미나가 대답했다. "5학년 때 샐리 존스가 매일 제 점심값을 훔쳐 갔어요."

"재활 시설에서 지낼 때 말이죠." 카를로스가 말을 꺼냈다. "어떤 녀석이 자꾸 내 담배를 훔쳐 가는 거예요. 도대체 어떤 자식인지 알 수가 없었는데, 정말이지 열 받더라고요. 서로 돕기는커녕 남의 물건을 훔치면 되냐고요."

"저는 최근에 꽤 큰 돈을 사기당했습니다." 존이 말했다.

모두 존을 주목하지 않을 수 없었다.

"신학 대학에 다닐 때, 나이지리아에서 온 목사를 하나 알게 됐어요. 한동안 소식을 듣지 못했는데, 뜬금없이 그 사람에게서 페이스북 친구 신청이 왔죠. 페이스북엔 사진 몇 장과 출강하는 학교 정보 같은 것이 좀 있었어요. 그러다 몇 주 전에 이메일을 받았는데, 부인이 위독해서 급히 치료를 받아야 한다더군요. 돈을 모을 수는 있는데, 그래도 입원 치료에 몇천 달러가 더 필요하고, 병이 악화되는 것을 막기 위해 비싼 약을 처방받고 있어서 돈을 빨리 구할수록 좋다는 거였어요."

"설마 멍청하게 돈을 부친 건 아니죠? 제발 안 부쳤다고 해요." 스티브가 말했다.

존은 멋쩍은 웃음을 지었다. "바로 부치진 않았죠. 당연히 의심을 했지만, 정말 그 사람 같았어요. 내가 병원으로 직접 송금하겠다고 했더니 그가 자기에게 직접 부치라 하기에 잠시 의아하게 생각하긴 했지만, 나는 아프리카에 가 본 적도 없어서 그곳 실정을 모르니 그에게 보내는 게 더 간단하겠다고 짐작해 버리고 말았죠." 그는 고개를 흔들었다. "전신 송금 담당자가 수취인을 잘 아는지 확인까지 했는데도 말이에요. 다음날 비용이 늘어났으니 돈을 더 부치라는 연락이 페이스북 메시지로 왔고, 이내 속이 쩌르르 아파 오면서 당했다는 걸 알아챘어요. 얼마나 복장이 터지던지! 그 사기꾼이 내 돈을 훔친 것도 그렇지만, 내 친구를 아는 놈이라는 것도 기가 막혔어요. 친구의 가짜 페이스북 계정을 만들 수 있을 만큼 그에 대해 알았던 거니까요. 저는 페이스북 담벼락에 경고문을 올렸고, 그의 계정에 있는 '함께 아는 친구'들 모두에게 메시지를 보냈어요. 하지만 전부 다 그 게시물을 삭제하고 저를 즉시 '친구 끊기' 해 버렸지요."

"그래 지금은 그 일에 대해 어떻게 생각해요?" 스티브가 물었다.

"어리석었다, 그 생각이 제일 많이 들죠. 정말 그게 내가 아는 친구인 줄 알았거든요. 하지만 그러고 나니, 교회에 나타나 대출금이나 공과금을 보조해 달라는 사람들을 맞닥뜨리면 일단 주저하게 됩니다. 전보다 의심이 많아졌죠." 여럿이 공감하며 고개를 끄덕였다.

"우리 집에 도둑이 든 적 있어요." 이번에는 모든 시선이 샘을 향했. "십 년 전쯤이었나? 밤늦게 집에 왔는데 집이 캄캄한 거예요. 원래 불을 한두 개 켜 놓고 나가니까 뭔가 이상하다 싶었죠. 전기가 나갔나 생각했지만, 다른 집들은 멀쩡했으니 그건 아니었고요. 일단 문을 열고 스위치를 올려 봤지만 그대로였죠. 어두운 집의 뒤쪽으로 가다가 깨진 유리를 밟았어요." 샘은 한숨을 쉬었다. "침입하려고 뒷문 유리를 깬 거죠. 두꺼비집은 집 밖에 나와 있었고요. 경보 장치나 움직임 감지 장치 같은 것이 있을까 봐 모든 전원을 차단하려고 한 것 같은데, 그런 건 애초에 달지도 않았었죠. 그런 것들이 필요할 거라는 생각 자체를 해 보지 않았거든요."

"도둑맞은 게 많았어요?" 세라가 물었다.

"별로요. 무언가에 겁을 먹고 달아난 것 같았어요. 집 안의 서랍이란 서랍은 다 빼 놓고 물건들을 뒤집어 놓긴 했어요. 침대 매트리스까지 뒤집혀 있었으니까요. 하지만 컴퓨터 장비 조금, 나와 있던 잔돈 몇 푼밖에 없어지지 않았어요. 경찰 말로는 마약이나 총을 찾았던 게 아니겠느냐던데요."

엘리가 샘의 팔뚝을 어루만졌다. "많이 짜증 나셨죠?"

샘은 괜찮다고 엘리의 손을 토닥였다. "솔직히 말해서 굉장히 화가 났지. 그 이후로는, 집에 주차할 때마다 그놈들이 또 온 건 아닌지 신경이 쓰였어요. 귀가할 때마다 조금 겁을 먹는 증상에 꽤 오래 시달렸지요. 그리고 불청객이 내 집에 머물렀다는 것에 대한 화가 풀리는 데에도 시간이 필요했죠. 모르는 사람이 내 물건을 건드리고 엉망으로 만들어 놨다는 사실에요. 웬만한 경우보다 피해가 적었다는 건 나도 알죠. 도둑맞은 것 중에 다시 구할 수 없는 건 없었거든요.

하지만 그 후론 동네에서 돌아다니는 사람들을 좀 더 눈여겨보게 됐어요. 아는 사람이 아니고 어딘가 수상해 보이면, 차로 그 사람들을 따라가 보기도 했어요. 무슨 나쁜 짓을 하려는 게 아닌지 보려고요." 샘은 우울하게 고개를 저었다. "그런데 결국은 그만뒀어요. 그렇게 두려움과 불신에 가득 차서 살 수는 없으니까요."

"그게 제 경우가 될 수도 있었겠네요." 카를로스가 말했다. "AA 모임에 여러 번 나가다 알게 된 점은, 알코올 중독이 나를 이끄는 대로 계속 흘러가다 보면 결국 술 마실 돈을 구하자고 남의 집이나 가게를 터는 신세가 된다는 것이었어요. 더 심한 짓도 할지 모르죠. 젠장, 사실은 이미 좀 훔치고 있었어요. 화장실 쓰면서 남의 약장에서 진통제를 훔치고, 홈 바에서 술병도 더러 슬쩍했죠. AA 12단계 중 네 번째 단계에서 자기가 한 일을 쭉 써 보는데, 그때까지는 자기가 어떤 짓을 했는지도 몰라요. 5단계에서는 그걸 릭한테 읽어 줬는데, 그제야 내가 여러 가지 다른 방법으로 도둑질을 해 왔다는 걸 알게 됐죠."

"그게 무슨 뜻이에요?" 엘리가 물었다.

"나는 내가 그 목록을 빠짐없이 작성했다고 생각했거든요? 근데 그걸 읽어 내려갔더니, 릭이 그걸 다 듣고는 그러더군요. '음, 그게 자네가 훔친 물건들이라 이거지. 그 외에 훔친 건 안 적나?' 나는 뭔 소린가 했더니, 릭이 설명해 줬죠. '자네가 알코올 중독에다 낭비한 시간이 얼마나 되는지도 생각해 봤으면 해. 술을 마시느라 쓴 시간, 알딸딸한 상태로 흘려 보낸 시간은? 숙취에 시달려서 정상적인 인간 구실을 못한 시간들도 생각해 봐. 파티하면서 보내 버린 시간이나, 언제 또 퍼마실까 약속을 잡는 데에도 시간을 썼지. 감방에 갇혀서 낭비한 시간은? 그건 자네 가족에게서 자네가 훔친 시간이야. 친구들에게서 훔친 시간이고, 자네가 다닌 회사와 자네가 속한 공동체에 참여하지 못했으니 회사와 공동체의 시간도 훔친 거지.'"

"릭이 그것들도 다 포함해서 새로 목록을 적어 보라고 했어요. 전 재활 센터로 돌아와 몇 시간 동안 앉아서 목록을 만들었죠. 그렇게 내가 주위 사람들에게 얼마나 많은 시간을 훔쳤는지 깨달은 순간 나는 무너졌어요. 그건 내가 훔친 물건들을 돈으로 환산해 다 합친 것보다 훨씬 나쁜 짓이었어요. 물건에 대해서는 뭔가를 할 수 있죠. 보상을 하면 돼요. 하지만 내가 빼앗은 시간을 우리 가족에게, 친구들에게 돌려줄 수는 없어요. 하나님께도요. 하나님은 나한테 너무 많은 시간을 주셨는데 내가 다 낭비해 버린 거예요."

카를로스가 빈 잔 바닥을 말없이 내려다보자 토론 모임도 어색한 침묵에 빠졌다. 그 침묵을 깬 것은 스티브의 걸걸한 목소리였다. "어이, 카를로스, 자네 얘기를 듣고 있자니 나도 자네와 다를 게 없다는 생각이 들어." 카를로스는 고개를 들어 스티브를 쳐다보았다. "아, 내가 친구의 버번 위스키를 훔치거나 했다는 건 아니에요. 알코올 중독도 아니고요. 하지만 나도 내 가족에게서 엄청나게 많은 시간을 훔쳤어요." 그는 이야기를 더 풀어 나갈지 말지 고민이라도 하듯이 잠시 주저했다. 그러다 뭔가를 기대하는 카를로스의 얼굴을 보고는 말을 이었다.

"여기 계신 분들은 대부분 저를 아시겠죠. 최소한 제가 운영하는 회사는 아실 겁니다. 내가 이뤄 낸 것에 대해 자부심이 있다는 걸 숨기고 싶진 않아요. 30년 전에 빈손으로 시작했는데 지금은 회사 규모도 제법 되고, 쓸 만한 직원들을 데리고 있어요. 우리가 만드는 제품에 대한 확신도 있습니다. 우리 가족은 나에게 아무것도 요구하지 않았고, 애들은 좋은 학교를 나와서 한 놈 빼고는 내가 일군 가업에 종사하고 있지요.

하지만 정말 솔직히 말하자면, 내가 내 애들을 정말로 알고 있는 건지 모르겠어요. 애들이 어릴 때에는, 애들이 잠에서 깰 때쯤 집을 나서서 출근했고 일주일에 겨우 한두 번만 저녁 식사에 맞춰서 퇴근할 수 있었죠. 주말에 애들 야구 시합에 데리고는 갔지만, 머릿속은 신상품 생산 라인이나 물류 문제로 가득 차 있었으니 같이 시간을 보냈다고 할 수가 없습니다." 그는 고개를 흔들었다. "나는 내가 아이들에게 최선을 다하고 있다고 생각했고, 그게 사실일지도 모르지요." 그는 카를로스와 눈을 마주쳤다.

"그렇지만 내가 카를로스처럼 목록을 만들어 본다면 큰 충격을 받을 것 같네요. 다른 직원들 출근 전과 퇴근 후에 내가 사무실에서 보낸 시간들, 집에 있으면서 사업 생각만 했던 시간들, 고객 접대하며 보낸 밤 시간 모두 내가 가족한테서 훔친 시간들이니까요. 그걸 다 합치면 어마어마하겠죠." 그의 어깨가 축 처졌다. "아니, 별로 놀랍지 않을 수도 있겠군요. 마음 한편으로는 내가 뭘 하고 있는지 알았던 것 같아요." 스티브가 고개를 들자 야스미나의 연민 어린 표정이 눈에 들어왔다. 그는 자세를 바로 하고 말했다. "아, 우리 애들은 잘 자랐습니다. 자주 나하고 집사람에게 저녁 먹으러 오라고도 하는 걸 보면 나한테 별 원망 없는 거 아니겠어요?" 그는 잠깐 껄껄 웃더니 다시 눈을 내리깔았다. "그런데 내가 걔들한테 줄 수 있는 걸 다 줬다고 해도, 그렇게 물질적으로 해 주기 위해서 애들에게서 훔친 건 뭐냐 이겁니다."

"고맙네요, 스티브 씨." 카를로스가 말했다. "솔직하게 말해 주신 것 감사해요." 모두 동의하며 고개를 끄덕였다. "자기 스스로 사실을 인정하는 것도 다른 사람에게 고백하는 것만큼 힘들지요. 그러니까, 감사합니다." 그는 컵을 들어 올렸다. "커피 리필 받을 건데요, 누구 뭐 필요하시면 갖다 드릴게요."

스티브가 말했다. "난 담배가 필요해."

"좋습니다." 존이 말했다. "잠깐 쉬고 5분 있다 다시 시작합시다."

모두 자리에 돌아와 앉자 존이 질문을 던졌다. "그러면 왜 사람들은 도둑질을 할까요? 훔치는 행위를 여러 가지로 돌려 말함으로써 정말 훔치는 것은 아니라고 스스로를 속이는 작태에 대해 얘기해 보았습니다. 그런데 사실은, 누가 봐도 뻔한 도둑질도 정말 많이 일어납니다. 왜일까요?"

엘리가 얼른 대답했다. "원하는 것이 있는데 그럴 돈은 없어서요?"

"그래요." 존이 말했다. "하지만 왜 돈이 생길 때까지 기다려서 사지 않죠? 아니면 도저히 살 수 없다면 그것을 포기할 수도 있는데, 왜 훔치는 걸까요?"

"그건, 가끔은 최신 어그 부츠를 손에 넣지 않고는 못 견딜 때가 있거든요." 엘리가 잘라 말했다. "그런데 부모님이 안 사 주시면……."

"과시적 소비 말이군요." 제니가 말했다. "'가장 많은 장난감을 소유한 사람이 최후의 승자다$^{\text{The one who dies with the most toys wins}}$'라는 말도 있기야 하죠."

윌이 말을 꺼냈다. "러디어드 키플링이 한 명문 의대 졸업반 학생들에게 이렇게 말했다죠. '여러분은 이 학교를 졸업하고, 아마 큰 돈을 벌게 될 겁니다. 그러다 어느 날, 여러분이 버는 돈 정도는 우습게 여기는 누군가를 만나겠죠. 그때 여러분은 자신이 얼마나 가난한지 알게 될 겁니다.'"[3]

존이 불쑥 끼어들었다. "제 생각엔, 그 말이 문제의 핵심을 꿰뚫는군요. 두 번째 계명에 등장하는 우상 숭배에 대해 몇 주 후에 이야기할 테지만, 제가 볼 때 우상 숭배와 도둑질은 직접적으로 연관되어 있습니다. 우상이라고 하면 원시 시대 사람들이 깎아 만든 목재 조각상이 떠오를지 모르지만, 사실 우리가 숭배하는 우상은 그와는 상당히 다를 겁니다. 우상이라는 것은, 우리가 하나님 대신에 섬기는 어떤 그럴듯한 것을 말하죠. 우리 문화에서 가장 큰 우상이라면 단연 돈, 또는 부富를 꼽을 수밖에 없다는 것에 이견을 가질 분은 없을 겁니다. 우리는 삶에서 물질을 최우선시하고 그것을 위해 무엇이든 기꺼이 희생할 만큼 궁극적인 가치를 부여하는데, 이것이 바로 물질을 숭배하는 것이지요. 더 많이 소유하고자 하는 동기의 출발점은 우리가 이미 갖고 있는 것이고, 그 생각에 온 마음을 빼앗기기도 합니다."

샘이 말했다. "예수님이 '너희가 하나님과 재물을 겸하여 섬기지 못하느니라'⁴는 말을 하실 수밖에 없었네요."

"그렇죠." 존이 말을 이었다. "하나님과 재산을 같이 섬길 수는 없어요. 아마도 이것이, 도둑질하지 말라는 말 속에 숨은 기본적인 금기 사항일 겁니다. 또한 훔치는 행위에는 속이는 행위도 포함된 것이 아닐까 생각해 봅니다. 왜냐하면 그 물건이 궁극적으로 누구의 것인지 이해하지 못한 것이니까요. 시편에는 이렇게 나와 있습니다. '땅과 거기에 충만한 것과 세계와 그 가운데에 사는 자들은 다 여호와의 것이로다.'⁵

우리 중에 창조주의 존재를 믿는 사람들조차도, 자신이 가지고 있는 것이 자신의 소유라고 생각하는 것 같아요. 내가 원하는 대로 처분할 수 있는 나의 사유 재산이라고요. 더 독실한 신자라 자부하는 사람은, 마치 팁 주듯 10퍼센트를 하나님께 십일조로 바칩니다. 물론 세금 떼고 나서 계산하지만요."

샘은 몸을 앞으로 기울이고는 말했다. "오래 전에 그것에 대한 훌륭한 설교 말씀을 들었어요. 그 목사님은 십일조에 대해 말하다가, 성경을 꺼내어 이스라엘 백성이 어떻게 하나님께 10퍼센트를 바치게 되었는지에 대한 구절을 읽어 주셨어요. 수확한 것뿐 아니라 가축과 포도주 등 모든 것의 10퍼센트를 바쳤다고 하는데, 그 성경 말씀을 계속 들어 보니 글쎄 그 음식과 술을 가지고 그들은, 예루살렘에서 성대한 잔치를 열어야 했더라고요."⁶

스티브가 듣더니 코웃음치며 말했다. "그 설교를 지금 다니는 교회에서 들은 건 절대 아니겠죠, 아무렴!"

"웬걸요, 우리 교회에서 들었어요. 우리 목사님이 그분을 초청했습니다. 아마 꽤 유명한 목사님이었을걸요. 아쉽게도 그분이 우리 교회에서 설교한 건 그게 처음이자 마지막이었죠." 그러면서 샘은 웃었다. "하여튼, 그분이 말씀하시길 우리가 전후 관계를 잘못 알고 있다는 거예요. 우리는 10퍼센트를 하나님께 드리고 나머지 90퍼센트는 우리 것이라고 생각을 하는데, 목사님 말론 그 모두가 하나님 것이고 이스라엘 백성은 필요한 것을 주신 하나님을 찬양하기 위해 10퍼센트로 잔치를 열었다는 겁니다. 하나님이 그들에게 하나의 나라를 이루고 살아가기에 충분한 만큼 주셨고, 서로를 배려하는 한 모두가 충분히 누릴 수 있었기 때문이에요. 가난한 자도 굶지 않고, 이주민들도 소외되지 않고, 사제들의 몫도 보장되도록 해야 했지요. 각 가정이나 특정 마을이 성공하고 부유해지는 것과는 별개로, 하나님이 영토를 맡기시며 함께 나누어 쓰라고 하셨다는 것을 그들은 이해하고 있었습니다. 누군가가 농사를 망치면 그의 이웃이 그에게 먹을 것을 주었어요."

릭이 목소리를 높였다. "그래서 내가 주기도문을 좋아한다니까요. 예수님이 이렇게 기도하라 하셨으니까요. '오늘 우리에게 일용할 양식을 주시옵고…….' 대부분 사람들이 이 부분을 읊을 때 사적으로 해석한다는 것은 압니다. 하나님이 자기 자신이나 자기 가족에게 필요한 것을 돌보아 달라는 뜻으로 기도하지요. 그런데 하나님이 말하신 '우리'가 '우리 모두'를 뜻하는 것이라면 어찌 되나요? 하나님이 우리, 즉 전 세계 모든 사람에게 살아가는 데 필요한 것을 다 주신 거라면?

내 창고가 가득 차 있는데 배고픔에 시달리는 사람들이 있다면 그건 과연 무슨 의미죠? 내게 있는 빵이 사실 누구의 것인지 자문해 봐야 하지 않을까요?"

세라도 거들었다. "내 신발장에 있는 구두는 누구 거지?"

이번에는 윌이 이야기를 시작했다. "아마 성 바실리우스가 한 말 같은데, 이런 말이 있지요. '누군가 남의 옷을 훔치면 그는 도둑이라 불린다. 헐벗은 자를 입힐 수 있음에도 그리하지 않는 자에게도 같은 이름을 붙여야 하는 것이 아닌가? 네 찬장의 빵은 배고픈 자의 것이요, 네가 입지 않고 옷장에 걸어 놓은 옷은 헐벗은 자의 것이다.'"7

"아저씨는 테이블 아래 스마트폰에서 이걸 다 찾아보시는 건가요, 아니면 걸어다니는 인용구 사전이라도 되세요?" 엘리가 이렇게 묻자 모두 신나게 웃었다. 윌은 미소 지으며 빈 손을 들어 올려 보였다.

존이 말했다. "몇 년 전 주일 예배에서 이 주제로 설교를 했는데, 그 다음 주 예배가 끝나고 한 젊은 여자분이 찾아와 생전 처음 교회에 온 거라고 하더군요. 그래서 어떤 계기로 그날 교회에 왔는지 물었더니 이렇게 대답했어요.

그녀는 연방 교도소에서 장기 복역하고 출소한 지 얼마 되지 않은 상태로, 석 달 동안 갱생 보호 시설에서 머물게 되어 있었죠. 그곳에서 우리 교회 주일 예배 시간에 맞춰 차량이 운행되었어요. 출소하여 갱생 보호 시설에 왔을 때 그녀가 가진 거라곤 입고 있던 옷 한 벌뿐이었대요. 그런데 그녀와 같은 방을 쓰는 친구가 교회에 가서 설교를 듣고 돌아와서는 자기 옷장을 열고 몇 벌 되지도 않는 옷을 두 무더기로 나누어 자기 옷 절반을 그녀에게 주더랍니다. 왜 나에게 이걸 주느냐고 그녀가 물었더니, 룸메이트는 '우리 교회에서 이렇게 하래'라고 답했대요. 그 한마디를 듣고 호기심이 생겨 교회에 나왔다는 거예요."[8]

"정말 놀라운 이야기네요." 야스미나가 말했다.

"그렇죠. 겸허한 태도를 갖게 만드는 이야기이기도 하고요. 그날 오후 집에 가서 내 옷장을 열어 보고는, 꼭 필요하지 않은 것을 사느라 얼마나 많은 돈을 썼는지 처음으로 깨달았습니다. 그리고 내가 누리는 것들을 접할 수 없는 사람들에게 베풀지 않고 있다는 것도 알게 됐지요."

윌이 다시 입을 열었다. "이번 주에 제8계명에 대해 생각하면서, 에베소서에서 바울이 교회에 쓴 편지를 다시 찾아봤습니다. 거기에 우리가 지금껏 얘기한 것들이 잘 정리되어 있다고 생각해요." 그는 미소를 지으며 엘리를 바라보았다. "그건 외우고 있지 않으니 엘리가 좀 읽어 주겠어요?" 윌은 성경을 건네주며 해당 구절을 가리켰고, 엘리가 책을 받아 들고 읽어 내려갔다. "도둑질하는 자는 다시 도둑질하지 말고 돌이켜 가난한 자에게 구제할 수 있도록 자기 손으로 수고하여 선한 일을 하라."[9]

윌은 엘리에게 고맙다는 표시를 하고 이야기를 계속했다. "바울이 공동체 내의 도둑들에게 이야기한 것이 상당히 흥미로워요. '일거리를 찾아서 스스로 먹고 살 궁리를 하라'라고 하지 않았죠. 대신 '일을 하여 다른 이를 도울 수 있도록 하라'라고 했습니다. 바울은 우리가 이야기하고 있는 두 가지 도둑질을 다 언급하고 있어요. 그것은 '하지 말아야 할 것을 한 죄'와 '해야 할 것을 하지 않은 죄'이지요. 훔치지 않는 것만으로는 부족합니다. 갖고 있는 것을 필요한 사람들에게 주지 않는 것도 도둑질이에요. 자신의 것이 아닌 것을 취하지 않기로 했다 해도, 곳간에 쟁이는 것에 대해 말하자면 우리 대부분 갈 길이 멉니다. 필요한 사람들에게서 우리가 가진 것을 훔치는 행동이니까요."

"기독교 정신이라기보다는 사회주의 이념 같은데?" 스티브가 말했고, 윌은 웃었다.

"그렇게 들린다는 것 압니다." 그러고는 윌은 심각한 표정이 되었다.

"정말 슬픈 것은, 교회에 다니는 우리 교인들이 예수님 말씀을 진지하게 받아들인다면, 기독교 정신의 탈을 쓴 사회주의 아니냐고 하는 사람들이 있다는 거죠."

한동안 조용히 시간이 흘렀고, 제니가 입을 열었다. "사람들에게서 훔치는 것이긴 하지만 그렇게 보이지는 않는 것들도 있어요."

"무슨 뜻이죠?" 엘리가 물었다.

제니는 엘리 쪽으로 고개를 돌려 말했다. "옷 가게에서 가격표를 보면서 이런 생각 해 본 적 있어요? '어떻게 이런 가격에 팔 수가 있지?' 너무 싼 가격을 봤을 때요."

"그럼요. 특히 세일 기간에는."

"맞아요. 그러면 그렇게 싸게 팔 수 있는 이유를 알아내려 한 적도 있어요?"

"아뇨, 거기까지는 생각해 보지 않은 것 같네요."

"그건 그 옷을 아이들이 만들기 때문이에요. 하루 16시간씩 일하고 돈은 쥐꼬리만큼 받지요. 아니면 열악한 환경에서 아무 권리도 보장받지 못하는 공장 노동자들이 만들겠죠. 실수라도 하면 그 적은 급료조차 받을 수 없고, 휴식 시간은 턱없이 부족하고, 하루 중 햇빛을 한 번도 못 볼 때도 있을 겁니다. 도둑을 막겠다며 소방 비상구를 쇠사슬로 폐쇄해 둔 공장이 많은데, 열악한 전선 작업과 노후 장비 때문에 불이라도 나면 노동자 수백 명이 아비규환 속에 죽어 갈 수밖에 없어요.[10] 그렇게 생산된 제품들인데, 엘리나 나는 '바겐세일'이라는 표시를 보고 몇 번 입지도 않을 필요 없는 옷을 사들여 옷장을 채우겠죠. 매장에서 물건을 슬쩍하지 않고도 이미 우리는 남에게서 뭔가를 훔치는 거예요. 그런 옷을 구입할 때마다 사람들의 존엄성을 훔치고 정당한 노동의 대가를 빼앗는 거죠. 현대판 노예라 할 수 있을 거예요."[11]

존이 한마디 했다. "지금 이야기하고 있는 것이 어쩌면, 가게에서 물건을 훔치는 것보다 '도둑질하지 말라'라는 말의 뜻에 더 가깝겠습니다. 흥미롭지 않나요? 랍비 전통에서는 물건을 훔치는 것 외에 사람을 납치하는 것도 제8계명에 포함됩니다.[12] 율법의 다른 부분에는 사람을 훔치는 것이라고 나와 있어요." 존은 성경을 집어 들었다. "예를 들어 신명기 24장 7절에는 이렇게 나와 있죠. '사람이 자기 형제 곧 이스라엘 자손 중 한 사람을 유괴하여 그를 부려 먹거나 판 것이 발견되면 그 도둑을 죽일지니.'"[13]

그는 성경을 내려놓고 다른 책을 펼쳐 원하던 페이지를 찾았다.

"'누군가의 자유를 훔치는 것은 사실상 경제의 문제다. 자유를 도둑맞는 대상은 오직 제품 생산을 위해 존재하는 살아 있는 기계로 취급된다. 이것은 경제적인 이득을 위해 사람을 갈취하는 절도 행위다.'[14] 십계명 이야기는, 형들이 요셉을 노예로 팔아넘기는 것으로부터 시작합니다. 형들 중 한 명이 이렇게 묻지요. '우리가 우리 동생을 죽이고 그의 피를 덮어 둔다고 해서 우리에게 무슨 이득이 있겠냐 그냥 팔아 버리자.'[15] 요셉은 결국 애굽에서 노예가 되었고, 400년이 지난 후에 그의 후손이 노예 신분에서 해방되어 이 계명을 받은 것인데, 풀어 말하면 '더 이상 금전적 이득을 위해 사람을 갈취하지 말라'가 되는 것이죠."

"노예처럼 사람을 부리는 일이 없어져야 하고요." 야스미나가 말했다.

"물론이죠. 그 문제를 해결하려면 수천 년은 걸리겠지만."

제니가 덧붙였다. "미국에서 노예 제도가 한창일 때와 비교해도 오히려 오늘날 노예처럼 사는 사람의 수가 더 많다는 점을 잊으면 안 돼요."

존은 슬픈 표정으로 고개를 저었다. "우리는 여전히, 사람을 소유물처럼 지배하고 착취하며 인간성을 말살시키고 있어요. '도둑질하지 말라'라는 명제가 뻔한 뜻이라고 생각할지 모르지만, 그 시작은 노예를 삼는 것에서 비롯됐죠. 재미있는 것은, 십계명에서 '도둑질하지 말라'에 대한 목적어가 없다는 점입니다. 랍비들이 율법에 적을 때 목적어로 '사람들'을 넣기는 했지만, 이 제8계명에 목적어가 없다는 것은 그 대상이 인간성을 침해당하는 사람 외에도 더 다양한 의미를 가질 수 있는 여지를 남깁니다. 다른 사람의 소유물이나 목숨을 갈취하는 모든 행동도 금지하게 되지요. 특히 그 소유물이 생계 수단일 경우엔 더 중요하고요." 존은 성경을 다시 펼쳤다.

"자, 몇 장 뒤에는 황소나 양, 즉 팔거나 먹기 위해 키우는 동물들을 훔쳐서는 안 된다고 나와 있습니다. 가축을 훔치다 잡힌 도둑은 금전적으로 보상해야 합니다.[16] 그 외에도 정당한 급료를 지불하지 않거나 임금을 체불하는 등 자신이 부리는 사람의 것을 도둑질하는 것도 금하는 모든 규정이 나와 있어요."[17]

야스미나가 질문을 던졌다. "오늘날에는 어떻죠? 남의 황소를 훔치고, 직원들의 것을 훔치는 행위가 어떻게 이루어지고 있지요?"

제니가 다시 입을 열었다. "아까 말했듯이, 상점에서 싼 물건만 찾는 것도 그 중 하나죠. 미국을 세운 것은 청교도들이고, 프로테스탄트 직업윤리와 검약의 미덕에 대해서도 모두 들어서 알고 있어요. 우리의 DNA 속에 청교도적 금욕 정신이 들어 있다고 할 수 있죠. 그 덕분에 최대한 낮은 가격에 상품과 서비스를 구입할 수 있는 거대 쇼핑몰에서 쇼핑을 합니다. 생산자들은 인건비가 가장 싼 나라를 찾아내기 때문에 그 가격에 물건을 팔 수 있어요. 아동 노동력을 착취하든 어떻게 하든 해서요. 비용을 증가시키는 노동법이나 환경 보호 규제법이 없어 제품을 훨씬 싼 값에 만들 수 있는 나라의 제품을 구입합니다. 그러면 그 거대 쇼핑몰은 다른 어느 곳보다 싼 가격에 물건을 팔 수 있고, 우리는 거기서 소비함으로써 절약했다는 생각에 기분이 좋아지죠. 하지만 우리가 돈을 아낄 수 있는 이유는 우리가 속해 있는 시스템이 제8계명에서 금하는 모든 것을 자행하고 있기 때문이에요." 제니는 잠시 숨을 가다듬고 계속했다. "아마 목사님 교회에서 그것에 대해 생각하는 사람은 거의 없겠죠."

존은 고개를 끄덕였다. "그럴 것 같네요, 제니. 하지만 이번 주 설교가 끝나면 달라지겠죠!"

샘이 눈을 반짝이며 말했다. "설교 제목을 하나 제안할까 하는데요."

샘은 스티브를 향해 눈을 찡긋하며 말했다. "'예수님은 사회주의자.'"

존은 웃음을 터뜨렸다. "아니면, 최소한 이건 사실이니까, '모세는 사회주의자였다' 어때요?"

그는 다시 제니를 보며 말했다. "방금 제니가 말한 것을 꼭 포함시키고 싶어요. 정말 중요한 내용이라고 생각합니다. '도둑질하지 말라'라는 계명에 대해 설교를 시작하면 신도들 대부분이 사적 소유물을 훔치는 것에 대해 생각하겠지요. 하지만 제니가 말한 것처럼, 이 계명은 훨씬 넓은 의미를 담고 있습니다. 그리고 사실을 말하자면, 뼛속까지 부당한 세계 경제 체제에 우리 모두가 연루되어 있어요. 저는 동의할 수 없지만, 설령 이것이 현실적으로는 최선의 시스템이라 해도, 최소한 교회만큼은 다른 대안을 제시해야 하지 않겠습니까? 하지만 애석하게도 그러지 못하고 있지요."

존은 시계를 슬쩍 내려다보았다. "오 이런, 오늘 아침 시간도 금방 흘러가 버렸군요. 이제 정리를 해야겠어요. 최근 몇 년 동안 알게 된 건데, 설교를 하면서 해결해야 하는 가장 중요한 질문은 이겁니다. '그래서 어쨌다는 거죠?'라는 질문이요. 그 질문에 답하는 것이 문제가 아니라, 설교가 끝난 뒤 사람들이 그 질문을 하면서 집으로 향하게 하는 것 말이죠. 자, 이제 시간이 얼마 남지 않았는데, 이야기해 볼 것이 두어 가지 있습니다. 우리가 토론했던 바와 같은 의미로 제8계명을 지키지 않았을 때 어떤 결과가 빚어질까요? 또, 이 계명을 지키기 위한 노력으로는 어떤 것을 실천해야 할까요? 도둑질하는 행위를 완곡하게 표현하여 양심의 가책을 줄이는 것에 대해서는 이미 이야기했는데, 그 외에 다른 어떤 일이 생길까요?"

세라가 첫 번째로 발언했다. "손님이나 점원이 가게에서 범하는 도둑질 때문에 물건의 판매 가격이 오르겠죠."

스티브도 한마디 보탰다. "의료 보험 사기도 있지요. 일 년에 4천억 달러* 정도의 규모라지 뭐요."[18]

샘도 말했다. "아까 말했지만, 집에 도둑이 든 이후로 동네에서 마주치는 낯선 사람들을 의심하게 됐어요. 돈 있는 사람들이 보안이 철저한 빌라 단지에 사는 이유가 이런 거겠죠. 입구에서 경비원들이 외부인 출입을 차단하고요. 하지만 남들을 의심하면서, 절도의 대상이 될까 두려워하면서 살고 싶지는 않아요. 존이 말했던 것이 맞는 것 같아요. 우리는 경제적으로 궁핍한 이웃들의 안녕에 대한 책임을 져야지, 그들을 차단하는 벽을 세워서는 안 될 겁니다."

제니가 샘의 말에 동조하며 말했다. "맞아요. 절도는 신뢰를 무너뜨려 사회적 유대를 약화시키죠. 로비스트들이 수백만 달러를 써 가며 규제 기관들을 허수아비로 만들고, 환경 보호 정책을 축소하고, 기업

---

*한화 약 440조 원

들과 그들의 부유한 고객의 감세 조치를 확대할 때, 우리 사회는 막대한 비용을 부담해야 하지요. 즉, 민주적으로 구성된 공공 기관을 신뢰하지 못하게 되고, 공동체를 결속시키는 여러 사회 구조에 대한 불신이 자라나는 거예요. 정직하게 행동하는 것이 이롭지 않다고 믿게 되면, 누구라도 '나도 한몫 챙기자'라는 생각을 하지 않겠어요? 이런 것들도 여덟 번째 계명을 어겼을 때의 결과에 포함되겠죠?"

"아멘." 존이 대답했다. "우리가 무얼 할 수 있는지에 대한 논의를 시작하기 전에 한 가지만 짚고 넘어갈까 합니다. 제8계명을 다룬 글들은 거의 다, 그 계명을 지키지 못하여 발생하는 불공평한 부의 분배에 대해 말했더군요. 미국 내에서나 전 세계적으로나 끝없이 커져가는 빈부격차의 시작점을 찾아보면, 오늘 이야기했던 모든 이유들 때문에 이 여덟 번째 계명의 실천을 거부하는 것이 직접적인 원인이라 할 수 있습니다. 모든 사람이 동의할지는 모르겠습니다만.

자, 이제 정말 중요한 것에 대해 말해 볼 때가 됐습니다. 제8계명을 지키기 위해 우리는 무엇을 할까요? 어떤 실천 방안을 채택할 수 있을까요?"

릭이 앞으로 나섰다. "목사님도 사기를 당해 만신창이가 된 경험 때문에, 재정적 도움을 구하러 교회에 온 사람들을 부정적으로 보게 됐다고 하셨잖아요. 저도 AA 모임에서 내가 도왔던 사람들에게 몇 번이나 갈취를 당했는지 말도 못해요. 그렇게 당하고 나서 냉소적으로 변해서, 더 이상 회복 초기 단계의 사람들을 돕는 위험을 감수하지 말자는 생각도 했었어요. 하지만 나를 도와주었던 스폰서가 이렇게 말해 주었죠. 누가 내게서 뭔가를 훔쳐 갈 때마다, 재정적으로 지원할 다른 사람을 찾아야 하는 거라고요. 왜냐하면, 갈취당하는 것보다 더 나쁜 것은 그 도둑 때문에 베풀려는 욕구를 잃어버리는 것이니까요. 이웃을 도우려는 욕구를 도둑맞는 것, 타인을 신뢰하는 능력을 도둑맞고, 신에 대한 믿음을 도둑맞는 것이 더 나쁘다는 것이죠."

"우와, 대단하네요. 진짜로 그렇게 하고 계신 거예요?" 야스미나가 물었다.

"아, 물론 가끔은 힘이 들지만, 결국은 스폰서를 계속하고 있어요. 나를 위해서도 그게 좋거든요. 남들 돕는 것을 그만둔다면 예전의 이기적이고 자기중심적인 릭으로 돌아가게 될 거고, 그렇게 사는 것이 결코 나 자신에게 좋지 않았으니까요."

카를로스도 입을 열었다. "내가 과거에 저지른 일에 대해 배상하는 것이 저에게 도움이 돼요. 나한테 도둑맞은 사람들에게 그걸 갚아 주는 거요. 내가 훔쳤다는 걸 인정하고 어떻게 갚을지 계획을 세우는 건데, 시작할 때 가진 것이 많지 않으면 정말 힘들죠."

카를로스는 존을 향해 물었다. "그 재활 시설에서 지낸다는 여자 얘기 있잖아요, 그거 진짜 찡해요. 나보다 덜 가진 누군가가 항상 존재한다는 거요. 난 늘 나보다 훨씬 가진 게 많은 놈들을 보면서 나는 진짜 가난하다는 생각을 하는데 말이에요. 나도 그렇게 사는 법을 배우고 싶어요." 카를로스는 손가락이 쭉 펼쳐지게끔 손을 폈다. "그래서 하나님에게 받기만 하지 않고, 내 손을 통해서 내가 받은 은혜가 필요한 사람들에게 흘러가도록 하고 싶어요." 그는 이번에는 주먹을 꽉 쥐고 말을 이었다. "지금까지 너무 오랫동안 이렇게, 내가 가진 얼마 되지도 않는 것을 꽉 움켜쥐고 살아왔어요." 그는 세라를 바라보았다. "저도 '내 신발장에 있는 구두는 누구 거지?'라는 질문을 해야 해요."

제니가 말했다. "구매하는 물건에 대해 생각하는 것도 우리가 할 수 있는 가장 중요한 일 중 하나예요. '이건 왜 이렇게 싸지? 내가 이 제품을 사면 누군가의 생계를 유지할 급여, 건강한 작업 환경, 기본적인 인간의 존엄성 같은 권리를 훔치는 것 아닐까?'와 같은 질문을 던지는 것이죠." 그녀는 손 안의 커피 잔을 들어올렸다. "공정무역 커피나 직거래 커피를 선택한다든지, 가능하면 지역 사업자의 제품을 산다든지, 이웃 주민을 고용하고 직원들에게 잘 대해 주는 사업장을 지원하는 식으로 실천할 수 있어요. 여기 계신 스티브의 회사가 그 좋은 예이지요."

"그러니까 얼굴이 달아오르려고 하네." 스티브가 말했다. "제니의 말은 고맙지만, 그게 항상 말처럼 간단한 문제는 아니죠. 우리가 사는 싼 물건들이 착취당하는 노동력을 이용해 만들어진다는 것은 맞지만, 그에 대한 대안은 뭔가요? 우리가 싼 물건을 사지 않기로 하면, 그 노동자들의 자녀들과 가족은 어떻게 되겠습니까? 그런 악덕 사업장이 인력 수급에 어려움을 겪지 않는 이유가 있어요. 하루에 1달러 정도밖에 벌지 못하는 사람들에게, 하루 3달러라면 엄청난 수입 향상이거든요. 불공정한 계약 조건이거나 말거나요." 제니가 다시 끼어들려는 것을 눈치채고 스티브가 재빨리 말을 이었다. "그런 업주들을 두둔하는 건 아닙니다. 흔히 생각하듯이 그렇게 자로 잰 듯 딱 떨어지는 문제는 아니라는 얘기를 하고 싶은 것뿐이니까."

존이 말했다. "아, 새로운 대화 주제가 등장했군요. 스티브가 여기 있어서 이런 중요한 물음들에 대해 생각할 수 있어요. 정말 고맙습니다." 그러고는 제니를 향해 말했다. "누가 나의 이웃인지를 규정하는 데에 거리가 더 이상 문제되지 않는 거라면, 우리는 제니가 말한 질문들을 항상 해봐야만 합니다. 이 지구가 정말 하나님이 만드신 것이고 이 땅 위의 모든 사람이 잘 살아가기에 충분히 주신 거라면, 우리는 '내 신발장에 있는 구두는 누구 거지?'라는 질문과 '그들이 자기 구두를 갖지 못하는 이유가 뭘까?'라는 질문을 던져야만 해요."

존이 이번에는 카를로스를 향해 말했다. "그리고, 손을 펼치고 삶을 대하는 이미지가 정말 좋습니다. 성찬식에서 제가 좋아하는 부분도 그것이죠. 빈손으로 테이블 앞에 다가가잖아요. 부유한 사람도 가난해 보이는 효과가 있죠. 그뿐만 아니라 실제로 가난한 사람과 같이 서서, 오직 하나님만이 주실 수 있는 것을 받으러 나오지요. 여기서 찾을 수 있는 의미 중에는 이런 것도 있을 겁니다. 누구든 하나님이 주시는 빵 한 덩이에서 자기 몫을 받아 먹는다는 점과, 그 빵 한 덩이를 잘 나누면 우리 모두가 먹기에 충분하다는 점을 깨달을 수 있는 거죠."

그는 의자를 뒤로 밀고 일어섰다. "좋습니다. 마지막으로 한 가지 제안할까 하는데요, 이번 주 안에 각자 시간을 내서 집안을 둘러보며 정직하지 않게 얻은 물건을 모아 보는 것이 어떨까요? '다들 그러는걸' 하면서 집으로 들고 온 회사 비품 같은 것 말입니다. 질문을 던져 보지도 않고 구입한, 있을 수 없는 저렴한 가격의 물건도요."

"그럼 어떻게 할 건데요?" 엘리가 물었다. "진짜로 다 집에 가서 우리가 훔친 물건들을 찾아내어 다음 주에 이리로 가지고 오면 그걸 어떻게 하죠?"

"그걸 다 어쩔 건가요, 정말?" 스티브도 물었다.

"제가 굿윌*에 갖다 주죠."

스티브가 웃으며 말했다. "우리가 다 가져오면 목사님 오토바이 뒤에 다 못 실을 텐데요!"

"아마 그럴 테죠? 한 가지 아이디어일 뿐인 걸요. 십계명에서 금하는 것 중에서 잘못을 되돌릴 수 있는 것은 몇 개 안 되는데, 제8계명은 그 중 하나예요. 우리가 훔친 것을 주인에게 돌려줄 수도 있고, 아니면 꼭 필요한 사람들을 위해 희사할 수도 있지요."

세라가 자리에서 일어섰다. "난 가져올게요. 그리고 집에서, 훔치지 않은 물건들도 살펴보고 스스로 질문해 보는 건 어떨까요? '저 물건은 정말 누구에게 있어야 하는 걸까?' 그리고 시간을 들여 그것이 정말 필요한 사람에게 주는 거죠. 이웃을 네 자신처럼 사랑하라고 하잖아요. 목사님, 맞죠?"

"전 좋은 생각이라고 봐요, 세라."

엘리가 물었다. "저, 다음 주에는 무슨 이야기를 하나요?"

"섹스에 대해."

---

* 기업들과 개인에게서 지속적으로 후원과 기증을 받아 재판매하며 장애인 등의 사회 취약 계층 일자리 창출과 자립을 위한 직업 재활을 돕는 비영리 기관

야스미나와 엘리의 표정이 심상치 않자 존은 서둘러 고쳐 말했다. "아, 일반적인 성생활이 아니고, 간음에 한정 지어 얘기할 거예요." 자신을 바라보는 눈초리를 느끼고 얼굴이 붉어지는 것을 느끼며 존은 두 학생에게 말했다. "부모님께 허락한다는 메모를 받아 오라고 해야 할 것 같군요." 그 말을 듣자마자 엘리가 웃음을 터뜨려 존은 그녀가 마시던 라떼를 뒤집어쓸 뻔했다.

"목사님, 안 그래도 될 것 같아요."

학생들이 떠나자 세라가 존에게 손을 내밀며 말했다. "파리 한 마리가 되어 오늘 저녁 엘리네 집 벽에 붙어 있을 수 있으면 좋겠는데요." 존은 어리둥절한 표정으로 세라를 쳐다보았고, 세라는 씩 웃으며 말했다. "어머, 벌써 들리는 것 같아요. '얘야, 오늘 아침에 토론 모임은 어땠니?' '재밌었어요, 아빠. 집 안을 뒤져서 우리가 훔친 것을 싹 챙겨서 다음 주에 가져가야 되고요, 그때 목사님하고 섹스에 대해 얘기를 나눌 거예요.'"

모두들 큰 소리로 웃었고, 스티브는 존의 등을 찰싹 치며 말했다. "월요일마다 이렇게 재미날 줄은 미처 몰랐네!"

4

배신에서 신의로

제7계명

20마일 밖에서 그녀가 홀로 나를 기다리네

그런데 그녀를 떠올리려 하니

그녀가 아닌 네가 보인다

- 델 아미트리Del Amitri의 노래 "Be My Downfall" 중에서

간음하지 말라

- 출애굽기 20장 14절

카페 한구석에 쌓인 갖가지 생필품 한 무더기가 카페에 들어서는 존을 반겼다. 스티브는 입이 귀에 걸리도록 웃음을 지으며 자리에서 일어섰다.

"어때요, 목사님? 죄책감과 양심이 잔뜩 쌓여 있는 걸 보신 소감이?"

"우리 일행이 저 많은 걸 다 가져왔다고요?"

"아니올시다. 목사님 생각이 꽤 괜찮은 것 같아서, 일주일 내내 이 커피숍에 들르는 단골들한테 내가 얘기를 했죠. 카페 사장님에게 저쪽 구석에 물건들을 놔두겠다고 양해를 구했더니 흔쾌히 허락해 줬고요. 물건이 하나둘 모이니까 소문이 퍼져서 저렇게 많이 쌓였군요. 저걸 보니 결국 우리는 도둑 떼에 지나지 않는가 봅니다!"

존은 가득 쌓인 사무용품, 옷, 수건, 해적판 DVD 같은 것들을 들추어 보고는 고개를 저었다. 스티브는 폭신한 목욕 가운을 걸치고 있는 마네킹의 어깨에 팔을 올려놓았다. "이런 목욕 가운, 저도 참 좋아하는데요."

"오호, 진짜 좋아 보이네요."

"우리 직원을 몇 명 불렀어요. 이따 와서 이 물건들을 레스큐 미션* 중고 상점에 갖다 주라고요. 거기서 이걸로 뭔가 좋은 일을 하라죠 뭐!" 스티브가 내뱉듯이 말했다.

존이 일행이 앉아 있는 곳으로 가려 하자 스티브가 팔을 들어 존을 막아섰다. "잠깐, 어딜 가시나? 뭐 잊은 거 없수?"

존은 멍하니 스티브를 쳐다보았다. "아, 목사님이 훔친 물건들은 어

---

* Rescue Mission. 지역 기독교 단체의 빈민층 지원 프로젝트

디 있느냐고요. 설마 훔친 게 하나도 없다는 겁니까?"

"아, 있죠 물론. 제 물건들은 이미 굿윌에 갖다 줬습니다. 오늘 아침에 오토바이에 전부 싣고 오기는 힘들겠더라고요."

"뭘 싸 갖고 오는지 보고 싶었는데!"

"그냥 거의 다 옷이었어요. 옷장 앞에 서서 '이게 다 누구 셔츠지?' 하고 자문한 결과물이죠. 사실 어디서 가지고 왔는지 알 수 없는 것들도 굿윌로 보내는 상자에 넣어 버렸어요."

스티브는 존의 등을 철썩 쳤다. "그 말을 들으니 기분이 좋군요, 우리 목사 양반. 이제 가서 섹스 얘기를 해 봅시다."

존이 자리에 앉자 엘리가 말했다. "물건이 저렇게 많이 모일 줄 아셨어요? 저도 학교 친구들에게 말했거든요. 저 중에 DVD 같은 건 거의 제 친구들이 내놓았을 거예요. 완전 귀여운 저 치마들도요. 완전 대박이에요!"

세라도 말했다. "말 안 해도 저 구두 대부분이 내가 가져온 거라는 건 알겠죠?" 그녀는 릭을 보았다. "저 아이들을 여기로 데려오기 전에 애도식 같은 걸 하지 않을 수 없었어요. 구두 상자를 쌓아올릴 때에는 평온을 위한 기도를 몇 차례 했고요. 생각보다 훨씬 힘들지 뭐예요." 세라는 소리 내어 웃었다. "이젠 단주를 위한 12단계 중 10단계 실천*을 해야 할까 봐요."

존은 커피를 한 모금 마셨다. "바로 시작하죠. 괜찮죠? 질문부터 나갑니다. 지금 카페 안에 있는 사람들에게 십계명 중 아무 계명이나 하나 말해 보라는 즉석 투표를 해 본다면, 어떤 대답이 제일 많이 나올까요?"

샘이 첫 번째로 대답했다. "살인하지 말라."

존은 고개를 끄덕였다. "달리 생각하는 분?"

"'간음하지 말라' 아닐까요?" 제니가 말했다.

"그렇겠죠? 이 두 가지 계명이 먼저 떠오르는 이유가 뭐라고 생각하십니까? 예를 들어 '도둑질하지 말라'나 '네 이웃에 대하여 거짓 증거 하지 말라'가 먼저 생각날 수도 있잖아요."

"최근에 흔히 벌어지는 일이기 때문일지도 모르죠." 세라가 말하며 존을 향해 자세를 고쳐 앉았다. "결혼 생활 절반이 이혼으로 끝나는 미국에서, 이혼 사유가 외도인 경우가 얼마나 많겠어요?"

존은 메모해 온 노트를 이리저리 들춰 보더니 말했다. "연구 결과들이 조금씩 다르기는 해요. 미국인 다섯 명 중에 한 명, 전 세계적으로 보면 다섯 명 중 두 명이 혼외 관계를 갖는다고 합니다만, 이건 본인이 시인한 경우를 바탕으로 한 통계니까, 실제로는 그보다 많다고 보는 게 맞겠죠."

엘리가 말을 꺼냈다. "제 친구들이 하는 얘기들이 진짜 자기 집에서 일어나는 일이라면, 목사님이 하신 말씀이 맞을 거예요. 이젠 그게 그리 새삼스러운 일도 아니에요."

* "인격적인 검토를 계속하여 잘못이 있을 때마다 즉시 시인했다."

"별일 아닌 건 아니죠." 제니가 말했다. "최소한 여기 미국에서, 성추문이 불거진 정치인들에게 물어 보세요. 그 사람이 관여한 입법안이 보도되기도 전에, 성 추문이 곧바로 굵직한 뉴스거리가 되잖아요."

샘도 입을 열었다. "하지만 그것도 중요한 겁니다. 어떤 사람인지를 말해 주니까요. 그런 사람이 요직을 장악한다면 어떻겠어요?"

"아마 미국 국민들도 샘과 같은 생각일 거예요." 제니가 대꾸했다. "하지만 그렇지 않은 나라들도 있죠. 한 프랑스 전직 대통령 회고록을 읽은 기억이 나는데, 재임 중에 사무실에서 가졌던 온갖 성적인 만남에 대해 자세히 묘사해 놨더군요. 프랑스 대중의 반응이라는 것도 그냥 '어 그래?' 정도였고요. 최근 사임한 이탈리아 총리의 어이없는 성 추문은 거의 만화 수준이지만, 그것 때문에 선거에서 낙선하지는 않았어요."

"사실 이건 새로운 문제도 아닙니다." 샘이 말하자 모두 그를 주목했다. 샘은 어깨를 으쓱해 보이며 말을 계속했다. "성경에 나오는 인물들이라고 해서 썩 나을 것도 없었어요. 이번 주에 옷장을 정리하는 사이사이 제7계명에 대해 생각해 봤습니다. 어이없게도 성경에 등장하는 인물 중에 그 계명을 지킨 사람이 거의 없더군요. 솔로몬 왕을 볼까요? 부인을 700명 두었죠. 첩도 몇백 명 있었고요."[2]

엘리는 하마터면 마시던 라떼를 카를로스에게 뿜을 뻔했다. "뭐라고요? 그게 가능하긴 해요?" 그녀는 잠시 말을 잇지 못했다. "아니, 그게 어떻게 가능한지 알고 싶지도 않네요. 우웩!"

"선왕인 다윗 왕은 자기 휘하의 장군에게서 부인을 빼앗고 그 일을 감추기 위해 그 장군을 죽게 했어요.[3] 아브라함은 부인인 사라를 여동생이라며 애굽 왕에게 주었죠. 그 후 사라는 자기 몸종 하갈을 아브라함에게 첩으로 주었습니다. 야곱은 친자매 둘을 다 부인으로 삼았고, 이스라엘 열두 지파는 약속의 땅에 입성하는 과정에서 자기들이 전투에서 죽인 가나안 남자들의 부인을 취했어요. 이 지경이니 모세가 산에서 내려와 이 계명을 전한 거죠. '간음하지 말라'라고요.

"샘 말이 다 맞습니다." 존이 말했다. "하지만 사족을 붙인다면, 방금 샘이 말해 준 그런 방만한 성생활의 기록이 제게는 오히려 성경을 진지하게 받아들일 또 하나의 이유가 된다는 것을 알게 됐어요. 우리는 성경 속 인물의 좋고 나쁜 이야기를 낱낱이 듣게 됩니다. 거의 모든 인물이 결정적 약점을 갖고 있지요. 거룩한 성경에서 그런 문란한 사람들이 영적 거인으로 비춰진다는 것은 좀 의외인데, 하나님께서 성경의 이야기들을 깔끔하게 손보셨더라면 좋았겠다 싶을 정도죠! 하지만 이게 오늘 할 얘기는 아닌 것 같네요."

존은 제니의 말에도 동조했다. "제니도 맞는 말을 했어요. 보수적인 미국 바깥에서는 외도도 삶의 일부일 뿐이라고 받아들여지는 것 같아요. 모든 나라가 프랑스 같다는 건 아니지만요. 완전히 정반대로 생각하는 나라도 있습니다. 중동 일부 국가에서는 간통을 범한 사람이 돌에 맞아 죽는다는 사실을 간과해선 안 돼요. 사실 '사람'이라고 했지만 그건 여자들에 국한되는 일이죠. 바람을 피우는 것이 이곳에선 경솔한 행동 정도로 넘어가기도 하는 반면에, 어떤 나라에서는 그 이유로 남자가 여자를 죽입니다."

"그건 성경 인물 이야기는 아니군요." 샘이 말했다.

"그렇죠. 샘이 언급한 주제는 잠시 후에 다시 다룰 생각입니다. 우선은 제7계명의 본래 의미에 집중해 보고 싶어요. 오늘날 통상적으로 생각하는 외도의 개념과는 조금 다른 것 같아서요."

"옳으신 말씀이에요." 제니가 동의를 표했고, 모두 그녀를 향했다. "제가 조사를 좀 해 봤거든요. '성경 속 간음에 관한 율법'을 인터넷에서 검색하고 이것저것 읽어 봤는데, 혼란스럽더라고요."

"상당히 궁금하군." 스티브가 말했다.

제니가 이어서 말했다. "외도라 하면, 반드시 일부일처제도에 반하는 성적인 문제가 얽히는 것으로 대부분 생각하지요. 그렇죠? 그러나 그 옛날 십계명을 처음 받아 든 사람들은 일부일처제 자체를 몰랐던 것이나 마찬가지였어요. 한 남자가 여러 부인을 거느리는 것이 당연했으니까요. 제가 읽은 바로는, 고대 근동 지역*에서는 결혼이라는 것이 감정에 얽힌 일이라기보다는 사업에 가까운 일이었다고 해요. 부인은 남자가 소유한 재산에 속했죠. 부인들은 남편의 아이를 잉태하여 그가 물려받은 혈통을 보존하고 종족의 소유권을 유지시키는 역할을 했어요. 한 남성이 남의 부인과 성관계를 갖는다면 자신의 자식을 임신시킬 가능성이 있으니, 간통은 가계의 정통성만이 아니라 부족의 번영까지도 위협하는 행위였던 것이죠."

여기까지 말하고 제니는 존에게 물었다. "이게 맞나요? 간음이라는 것이, 배우자를 배신한다는 것보다 타인의 재산을 훔치는 것이라는

---

* Ancient Near East. 오늘날의 중동에 해당하는 지역. 메소포타미아, 수메르, 이집트 등 고대 문명의 발상지

의미가 더 큰 건가요?"

"아주 좋은 질문이고, 성경의 첫 다섯 권인 토라, 즉 모세 오경에 나온 것을 고려해 볼 때 매우 적절한 질문입니다." 존은 턱을 긁적거리며 말했다. "제니의 질문에 다른 질문으로 답해 볼까요? 성경의 율법에서 여성이 남성의 소유물로만 비춰졌다면, 간음이라는 문제는 제8계명에 포함되었겠죠? '도둑질하지 말라'라는 말이면 충분했겠지요. 자 그렇다면, 무엇 때문에 별도의 계명으로 적시했을까요? 제가 조사해 온 것이 도움이 될 것 같네요." 존은 책 한 권을 꺼냈다. "결혼한 남녀에게 성생활이 그 관계의 핵심이며, 이를 간과해서는 안 된다는 점이 이 계명에 드러나 있다."[4]

"이런 관점에서 쓴 것을 읽어 보니, 이것이 단순히 다른 남자의 소유물을 취하는 것에 대한 이야기가 아니라는 생각이 들었습니다. 부부의 성적인 관계를 조명해 보는 계명이라는 것이지요. 저는 이웃의 결혼 생활을 지켜 주기 위해서 제7계명을 주신 것이 아닐까 생각합니다. 결혼의 신성성을 확고하게 하고 결혼 관계의 중심이 성이라는 것을 주지시키는 것입니다. 이 계명을 들으면 우선 자신의 결혼 생활을 떠올리겠지만, 사실은 이웃의 안녕에 대하여 책임감을 가지라는 권고가 아닐까요? 이웃의 안녕에 대한 책임감을 강조하는 것으로 지금까지 다루었던 다른 계명들, 즉 '네 이웃의 소유를 탐내지 말라', '네 이웃에 대하여 거짓 증거 하지 말라', '도둑질하지 말라'에 더하여 '네 이웃의 배우자와 잠자리를 갖지 말라'가 추가되는 거죠.

십계명이 내려지게 된 큰 그림을 잊지 않는 것도 중요합니다. 노예

생활을 하던 한 무리의 사람들이 공동체를 이루고, 자기중심적인 욕구를 채우는 것을 넘어서서 공동의 이익을 위해 함께 일하는 과정이요. 우리 중 기혼이신 분들은 이 일곱 번째 계명을 듣고 자신의 결혼 생활을 지키는 것에 대한 계명이라고 생각할 수 있겠죠. 엇나가서 나의 결혼을 망치지 않으려는 나 자신의 필요를 생각할 것입니다. 그러나 궁극적으로 나의 결혼을 지켜 주는 것은 내 이웃이 이 계명을 지켜 내 배우자와 통정하지 않는 것이고, 나 역시 그래야 하겠죠. 한 사회, 한 공동체가 탄생하는 것은 구성원들이 이웃을 지켜 줄 때에 가능합니다. 특히 이웃의 배우자와 통정하지 않음으로써요."

"그런데 배우자가 그걸 상관하지 않으면 어떻게 되나요?" 엘리가 물었다. "아니면 부부 둘 다 바람을 피운다면요? '개방 결혼'이라는 게 최근 추세라잖아요. 남편과 아내 둘 다 외도를 하면 아무도 배신당하지 않는 거잖아요? 상처받는 사람이 없다면, 그게 정말 잘못된 행동인가요?"

샘이 불편한 티를 냈다.

"제 말은요," 엘리는 말을 잇고자 했지만, 윌이 먼저 나섰다.

"그런 말을 자주 하지요. '아무도 상처받지 않는다면 괜찮다.' 글쎄, 상대가 상처를 받는지 알 수 있을까요? 내 경험상 우리는 서로에게, 또 자신에게 얼마나 큰 상처를 입히는지 깨닫지 못하고, 긴 시간이 흐른 뒤에야 알게 돼요."

세라도 한마디 했다. "외도의 후폭풍은 당사자들뿐 아니라 다른 사람에게까지 영향을 줘요. 그 일로 남편이나 아내의 세상이 뒤흔들린다면, 그 파도는 자녀들에게도 똑같이 거세게 닿겠죠. 양쪽 집안, 친구들, 이웃들에게까지 충격이 퍼져 나가요. 사무실이나 교회에서 그런 사건이 일어난다면, 사건 이후에는 전에 없던 파벌이 생기겠죠. 사람들이 두 배우자 중 한 쪽 편을 들어 대립할 테니까요."

"그러면 왜들 바람을 피우는 걸까요?" 샘이 의문을 던졌다. "오늘날뿐 아니라, 성경의 등장인물들도 왜 그랬을까요? 인간은 왜 외도를 범하는 것일까요?"

존이 말했다. "지난주에 그에 대한 대답이 될 만한 것을 들었습니다." 그는 토론 모임 구성원들을 둘러보았다. "지난 목요일에 레스큐 미션에 들러 점심을 같이 했어요. 동석한 테이블에 같은 아파트 주민 셋이 있었는데, 대화에 끼게 됐어요.

그 셋 중 한 명이, 며칠 전 마을을 뜬 이웃 사람 이야기를 꺼냈어요. 그 사람의 부인에게 남자 손님 두어 명이 찾아오는 걸 알아챘는데, 그의 표현에 따르면 이랬대요. '남편 친구 같지는 않았어. 뭔 말인지 알지?' 그리고 좀 수상하다고 생각이 들었대요. 그 말을 듣더니 같이 식사하던 친구 한 명이 이렇게 응수하더군요. '성경에서 그런 여자들에 대해 뭐라 하는지 알아? 이린 말로 약한 남자들을 꾀잖아.

> 내 침상에 몰약과 침향과 계피를 뿌렸노라
> 오라 우리가 아침까지 흡족하게 서로 사랑하며
> 사랑함으로 희락하자
> 남편은 집을 떠나 먼 길을 갔[노라]'"[5]

"목사님이 지어낸 얘기죠!" 세라가 말했다.

"아뇨." 존이 대답했다. "그냥 그 특정 구절을 외고 있다는 것이 놀라웠다는 말을 하고 싶었던 겁니다. 그리고 그 이유가 정말 궁금했죠. 그런데 그의 말은 거기서 끝난 게 아니었어요. 그에 이어서 이렇게 읊었어요. '음녀의 자취도 그러하니라 그가 먹고 그의 입을 씻음 같이 말하기를 내가 악을 행하지 아니하였다 하느니라.'[6]

"그러니까, 역시 잘못은 여자들이라는 얘기군요?" 야스미나가 말했다. "의지박약한 가엾은 남자들이 나쁜 여자의 '향료'를 거부하지 못하는 것처럼, 남자들이 바람을 피우는 이유가 여자 때문이라는 거다 이거잖아요?"

"그날 제가 같이 밥을 먹은 사람들 생각엔 그런가 봅니다."

"그리고 그 말은 성경에서 인용한 거고요?"

"그렇긴 합니다. 성경에서 말하려는 것은 분명 훨씬 넓은 것인데 그 중에서 교묘하게 뽑아낸 것이지만요." 존은 토론 모임 전원에게 질문을 던졌다. "그 사람들은 그렇고, 우리 생각은 어떤가요? 외도 너머에는 무엇이 있는 걸까요? 사람들은 왜 그런 짓을 할까요?"

이번처럼 제법 긴 침묵은 흔치 않았다. 그러다 카를로스가 한마디 툭 던졌다. "어……, 집에서는 충분히 만족을 못해서 그러나?"

세라가 팔을 뻗어 테이블 건너편에 앉은 카를로스의 머리를 찰싹 때렸다. 카를로스는 발끈했다. "왜요? 내가 뭘 어쨌다고!"

세라는 옷매무새를 고치고 자리에 앉았다. "이봐요 총각, 여기 여자들도 있다고요." 샘은 터져 나오는 웃음을 숨기려 헛기침을 했다.

릭이 말했다. "카를로스, 자네 얼굴 빨개지는 거 같아."

불편해진 카를로스는 다소 방어적으로 말했다.

"그, 사람들이 바람을 피우는 이유가 그거 아니에요?"

"세라는 자네 의견 자체가 아니라 그걸 말한 방식을 문제 삼은 것 같네만."

그제야 카를로스는 세라에게 사과했다. "아, 죄송합니다."

"여기 계신 여자분들을 대표해서 카를로스의 사과를 받아들이겠어요." 카를로스가 눈길을 피하기 전에 세라는 그에게 윙크했다. 카를로스도 멋쩍은 미소로 답했다.

세라가 모두에게 의견을 말하기 시작했다. "카를로스가 자신의 대답을 말한 방식은 마음에 안 들지만, 사실 많은 남자들이 그런 식으로 자기 행동을 정당화한다고 생각해요. 얼마 전 미용실에서 머리를 하면서 유명인 가십이나 읽으려고 잡지를 본 생각이 나는데요, 우리가 제9계명에 대해 이야기하기 한참 전이었어요." 그녀는 존을 보고 말했다.

"그렇군요." 존이 말했다.

"이혼 소송 중인 한 남자 배우가 외도를 인정했는데, 뭐라든가, '책임감 감소로 인한 외도'라든가? 한 여자와 살기에는 그의 성적 충동이 너무 강했나 봐요."

야스미나도 덧붙였다. "그리고 그의 자제력은 분명 너무 부족했겠죠."

세라가 고개를 끄덕였다. "같은 생각이 내 머리를 스쳤어요."

존이 말했다. "좋습니다. 그러면 사람들이 간통을 범하는 한 가지 이유는 결혼 생활에서 섹스가 부족하기 때문이라는 거죠? 다른 건 무엇이 있을까요?"

"지겨워서요." 릭이 말하자 모두의 시선이 그에게 옮겨 갔다. "결혼 후 몇 년쯤 지나면 흥분도, 새로움도, 탐색의 욕구도 줄어들고 섹스도 반복적인 일상이 되어 버리는 게 아닐까 싶어요. 심지어 꼭 하고 싶어서가 아니라 의무적으로 하는 행위가 되기도 하지요. 열정과 열의 같은 것이 온데간데없어지는 것 같고요. 애들까지 생기면 더 그렇죠. 순간순간은 여전히 좋을 수도 있지만, 그런 좋은 기분을 느끼는 간격이 점점 길어지고, 그러다 보면 몇 달 동안 아예 관계가 없는 지경에 이르고 말죠.

그래서 나는, 외도가 항상 욕정에서 비롯되는 건 아니라고 생각합니다. 그리움, 갈망이 문제일 때도 많다고 생각해요. 데이트 초기의 흥분, 열정, 열의 같은 것에 대한 갈망이요. 새로운 사람을 알아 가고 구애하는 과정에서 느끼는 흥분, 호기심을 그리워하죠. 거리에서 만난 매력적인 낯선 사람이 미소라도 보여 주면 이런 그리움의 홍수에 압도되어 그런 흥분이 자극을 받는 겁니다. 돌아서서 그 사람에게 다가가서, 뭐랄까, 커피 한 잔을 나누며 인생 이야기를 듣고 싶게 만드는 열망 말입니다." 릭은 사람들을 둘러보았다. "외도라는 것이 꼭 섹스를 수반하는 건 아닙니다. 최소한, 그 출발점이 늘 섹스인 것은 아니죠."

릭의 말이 끝나고 어색한 침묵이 흘렀다. 정적을 깬 것은 스티브였다.

"그게 말입니다, 내가 원래 가던 카페는 여기가 아니었어요." 모두 스티브를 쳐다보았다. "시내에 있는 다른 커피숍에서 아침 일찍 커피를 마시곤 했었죠. 나 말고도 단골이 여럿 있었어요. 그 중에 젊은 여자도 하나 있었는데, 나처럼 출근 전에 들러 신문을 보며 커피 한 잔을 마시러 옵디다." 그는 천천히 모두와 눈을 맞추고는 말을 이었다.

"아시겠지만, 난 신문 머리기사에 대해 얘기하는 걸 좋아합니다. 그 여자도 그렇더군요. 같이 얘기를 하게 됐어요. 주변 사람들 험담을 하며 웃기도 하고, 사람들이 서로에게 하는 좋지 않은 짓들에 대해 함께 화도 냈지요. 어느새 그녀를 만나는 걸 고대하게 되고, 여러 일들에 대해 그녀의 의견을 듣고 싶어한다는 걸 발견했어요." 그는 잠시 숨을 골랐다. "결국 나는, 그녀를 보고 싶어하고 있더군요. 하루 종일 그녀를 생각하고 있었고, 그녀 생각을 하다 잠드는 적도 있었습니다."

릭이 뭔가 기대된다는 목소리로 물었다. "그래서 어떻게 됐습니까?"

스티브는 릭의 얼굴을 빤히 보며 말했다. "마누라한테 말했수다."

"뭐라고요!" 엘리가 소리쳤다. "부인이 뭐라고 하시던가요?"

스티브는 엘리를 보고 대답했다. "커피 마시는 곳을 바꾸라고 하더라."

"우와." 야스미나가 감탄했다.

"그러게, '우와'지." 스티브가 조용히 말하고는, 커피 잔을 들더니 평소의 호통치는 말투로 말했다. "확실히 이 집 커피가 훨씬 맛있다니까!"

스티브의 말이 끝나고 한동안 모두 조용해졌다. 그러다 엘리가 말했다. "이건 가벼운 얘기가 아니네요."

"하지만 좋은 이야기였어." 야스미나가 말했다. "스티브 아저씨, 잘 들었어요."

스티브는 어깨를 으쓱했다.

이번에는 릭이 조용히 입을 뗐다. "거짓말하지 말라는 제9계명도 오늘 주제에 포함되는 것 같습니다. 외도라는 것은 여러 형태의 기만을 수반하지요. 어디에 갔었고 누구와 있었는지 같은 거짓말뿐만 아니라요. 자기기만도 관련이 있어요. 우리가 자기 잘못을 합리화하고, 정당화하고, 양심의 소리를 잠재우기 위해 스스로에게 말하는 것들이요. 그저 한바탕 난리법석? 잠깐 한눈 판 것? 조금 즐겼을 뿐 해로울 건 없다고? 외도에 대해 그렇게 말할 수는 없습니다. 아무것도 아니라고 한다면 그것도 사실이 아니지만, '진정한 사랑'이라 할 수도 없어요. 결코 추악하지 않고 아름다운 것이라고 자위하려 하지만, 그렇지 않아요. 이건 배신이고, 상처를 주는 행위이고, 온전한 관계를 갉아먹는 일이에요."

또다시 침묵이 이어졌다.

"꼭 상대가 있어야만 외도가 성립되는 것은 아닐지도 몰라요." 야스미나가 말했다.

"엥, 뭐라구?" 카를로스가 어이없어했다.

야스미나는 카를로스를 향해 말했다. "일이나 승진, 취미나 스포츠, 뭔가에 대한 집착 같은 것이 외도의 대상이 될 수도 있다고 생각하지 않으세요? 남편이나 아내가 자신의 감정이나 에너지를 배우자 외의 다른 대상에 쏟아붓느라 옆에 있는 사람은 안중에도 없다면, 성적인 문제보다 더 해결하기 어려울 것 같아요. 표면적으로는 잘못된 것이 없으니까요."

"그것도 참 일리 있다, 야스미나." 세라가 한쪽 눈썹을 올려 보이며 말했다. 야스미나는 잠시 세라를 빤히 쳐다보다 눈길을 돌렸다.

세라는 곧 제니에게 말을 걸었다. "제니는 아까부터 무슨 생각을 그렇게 해요? 얘기 좀 해 봐요."

"솔직하게 얘기할까요?"

"물론 그래야죠."

"두세 가지를 생각하고 있었어요. 우선, 여러분이 이런 개인적이고도 어쩌면 고통스러울 수 있는 이야기를 기꺼이 풀어놓는 것에 놀랐어요. 그리고 제가 이 토론 모임에 들어왔다는 것이 참 감사한 일이라는 생각도 하고 있어요." 그녀는 고개를 살짝 젖히면서 눈을 깜박거렸다. "두 번째로는, 우리 문화가 외도를 부추기는 점이 있지는 않나 생각했어요."

그녀는 본격적으로 이야기를 시작했다. "외도는 신의의 문제죠. 서로에게 한 맹세를 깨고, 약속을 저버리는 것이니까요. '죽음이 우리를 갈라놓을 때까지', '무슨 일이 있더라도 곁에 있겠다' 같은 약속은, 헌신하고 책임지겠다는 서약이죠. 아닌가요? 문제는 여기서 생겨요. 제가 볼 때 우리 문화는 점점 더 책임지는 것을 두려워해요."

"계속해요, 제니." 세라가 말했다.

"제 친구들만 봐도 그래요. 절대 책임지는 법이 없어요. 지역에서 프로젝트를 구상해서 페이스북으로 참가 신청을 받으면, '참석'보다는 '불확실'에 클릭하는 경우가 월등히 많아요. 혹시나 그보다 나은 일이 생기면 빠지겠다는 거죠. 그 '혹시나'를 위해서 애매한 태도를 취하려고 해요. 제 친구 하나는 정말 멋지고 좋은 남자를 5년째 사귀고 있는데, 이 남자가 늘 결혼하자고 하는데 제 친구는 계속 거절하고 있어요. 얘가 미친 건 아닐까 싶어서 왜 결혼을 피하냐고 물었는데 그러더군요. '청혼을 받아들이고 나서 더 괜찮은 사람이 나타나면 어떡해?'"

"그래서 사람들이 혼전 합의서 같은 것을 쓰는 것 아니겠어요?" 샘이 물었다. "죽음이 우리를 갈라놓을 때까지, 단 혹시라도 이런 일이 생기면……."

스티브가 끼어들었다. "변호사, 검사 놈들이 90년대부터 결혼이라는 것에 돈을 결부시켰지요. '결혼'인지 '결돈'인지 원……."

제니는 한숨을 쉬며 스티브에게 살짝 미소를 보이고는 샘에게 물었다. "샘 선생님, 은퇴하셨지요?"

"했죠."

"그 직장에서는 얼마나 오래 근무하셨나요?"

"어디 보자……, 딱 40년째에 그만둔 것 같은데요."

"그러면 그 전에는 몇 가지 다른 일을 하셨을까요?"

"고등학교 졸업하고 두 가지, 세 가지쯤 알아봤지요."

"그래요. 저의 어떤 친구들은 제가 속옷 갈아입는 것보다 더 자주 일자리를 옮기더군요." 그녀는 세라를 보고 말했다. "세라, 이런 표현 좀 그런가요?"

"아니 괜찮아요. 하지만 과장한 것이길 바라요! 그리고 말이 나와서 말인데, 내 친구 중에는 교회를 되게 자주 옮기는 애들이 있어요.

'전에 다니던 곳은 나랑 잘 맞지 않았어'라면서요."

"정말요? 세상에. 어쨌든, 우리는 일자리를 찾아 다른 도시로, 다른 지방으로 떠나겠지요. 진짜 친구가 생길 때쯤이면 다니던 직장을 떠나요. 새 직장이 더 나을 거라 생각해서, 아니면 최소한 그렇기를 바라면서, 또는 급여가 더 높거나 더 안정적이거나 이력서를 더 돋보이게 해 줄 거라는 생각으로요."[7]

스티브가 뭔가 반박하려는 것을 눈치챈 제니는 얼른 손을 흔들며 말했다. "네, 네, 알아요. 아무 선택권이 없는 사람들도 있지요. 그렇지만 많은 사람들이, 있던 곳에 그대로 있을 수 있는데도 불구하고 다른 곳으로 옮기는 결정을 하거든요." 제니는 모임 멤버들을 둘러보았다. "결혼도 이것과 다를 바가 없어요. 저는 우리가 불륜의 시대에 살고 있다고 봐요. 울타리 너머의 풀이 더 푸른 것 같으면 그냥 바로 뛰어넘어요. 정치 얘기로 넘어가면 끝이 없을 테니 그러고 싶진 않네요."

스티브가 재빨리 말했다. "오 제니, 그냥 해요!"

제니는 피식 웃었다. "알았어요. 못 말리겠네요. 선거 때마다 수많은 공약을 내놓는 정치가들이, 일단 유권자들이 그들과 한 침대를 쓰게 되면 곧바로 뛰쳐나가서 자신이 만든 약속을 어기는 경우가 얼마나 많은지요!"

"잘 들었습니다." 존이 나섰다. "지금까지 들은 이야기를 제가 제대로 요약하고 있나 볼게요. 사람들이 외도를 하는 이유는 배우자와 성관계가 없거나, 부부 사이의 성생활에 만족하지 못하거나, 처음 사귀는 단계에서의 강렬한 느낌을 그리워하는 것, 그리고 헌신하고 책임지지 않는 문화의 영향을 받아서다. 이렇게 말하면 될까요?"

"잘 정리한 것 같네요." 샘이 말하고 존을 바라보았다. "목사님은 수년간, 외도 때문에 결혼 생활이 파탄 지경에 처한 신자들을 상담하면서 수많은 사례를 들으셨을 겁니다. 그걸 우리에게 들려주실 수는 없겠지만, 제가 확신하건대 그 사람들은 자신의 외도를 정당화하려 갖가지 시도를 했겠지요. 집에서는 채워지지 않는 성적 욕구 때문이었다고 말한 사람이 얼마나 되던가요? 그게 아니면, 자기 배우자와는 달리 자기 이야기를 잘 들어 주는 사람을 만났는데 그게 진정 자기가 원하던 것이었고 어쩌다 보니 잠자리까지 하게 됐다고 하지 않던가요? 그런 변명들을 했을 겁니다."

윌이 샘 쪽으로 몸을 기울이며 말했다. "가장 슬픈 것은, 그들의 변명이 사실이라는 점입니다. 성적인 욕구가 채워지지 않아서 섹스 없이 결혼 생활을 이어 가는 경우도 있고, 소통하려 하지 않는 배우자와 함께 살면서 자신을 이해해 주고 이야기를 들어 줄 사람을 간절히 원하는 경우도 있어요. 육체적인 애정을 갈구하지만 배우자가 그것을 충족시켜 주지 않는 경우도 있고요. 이 모두가 타당한 욕구입니다. 나나 샘 세대에서는 젊은 층보다 이혼율이 낮지만, 한 가지는 분명히 해 두고 싶네요. 우리 세대에서도 상당수가 그런 욕구를 갖고 있었지만, 그저 묻어 두고 참았기 때문에 비참한 결혼 생활을 했다는 것이오. 지금도 그렇게 살고 있는 부부가 많고요. 은혼식이니 금혼식이니 하지만, 단순히 결혼 생활을 오래 지속했다는 것 말고는 축하할 거리가 많지 않아요."

엘리가 질문을 꺼냈다. "그럼 뭔가요? 저도 언젠가 결혼을 할 텐데, 어떤 욕구를 갖게 되고 그걸 만족시키지 못하면, 그냥 꾹 참고 불행해지든가 남편을 두고 바람을 피워서 이혼하든가 둘 중 하나를 택해야 되는 건가요? 그러면 뭐하러 결혼해요?"

"그래서 아예 결혼을 안 하는 사람들이 많은 거예요, 엘리." 윌이 말했다. "하지만, 결혼이 과연 양자택일의 문제인지는 모르겠어요. 그건 아니었으면 좋겠네요. 결혼 생활에서 극복해야 할 가장 큰 도전 과제는 합당한 요구가 충족되지 못할 때 어떻게 행동하느냐 하는 것이라고 생각합니다. 특히 그 요구를 채워 주지 못하는 그 사람도, 결혼할 당시에는 '사랑하고 아껴 주겠다'라는 약속을 했을 테니까요. 그러니까 우리는 원하는 바를 배우자에게 말할 권리가 있습니다. 배우자가 내가 원하는 것을 주지 못하는 이유를 이해하려 노력할 수도 있겠죠. 그런데 여기서 문제가 발생합니다. 본인도 사랑하고 아껴 준다는 똑같은 약속을 배우자에게 했을 거란 말입니다. 상대방이 결혼 서약을 지키는 것과 상관없이 본인도 약속을 지켜야 하는 거죠.

그러면 정당한 요구가 충족되지 않아서 다른 곳에서 그것을 채우기로 한다면, 그것은 배우자와의 서약을 어기는 것이고 자신과 맺은 서약도 파기하는 것이겠지요. 불륜을 저지르면서 '살아 있다는 느낌'이나 '자유롭다는 감정'을 느낄 수도 있겠지만, 그 순간이 지나면 그 자유라는 것이 또 다른 족쇄라는 사실을 깨닫게 됩니다. 욕구와 열정과 기만의 노예가 되는 것이고, '부정한 관계'에 수반되는 모든 것에 얽매이게 돼요. 그리고 여기에는 모순이 있습니다. 외도는 배우자만 배신하는 것이 아니라 외도하는 사람 자신을 배신하는 것입니다. 우리가 배우자에게 약속했던 신의를 저버리는 것뿐 아니라 본인의 절개 또한 지키지 못합니다. 남편 또는 아내와 쌓은 믿음만 깨지는 것이 아니라 자기 자신에 대한 믿음까지 깨지는 것입니다."

월의 뒤를 이어 존이 말했다. "여러 해 동안 부부 상담을 하면서 배운 것 한 가지를 말씀드릴게요. 외도가 결혼 생활을 망치는 경우는 생각보다 흔하지 않습니다. 오히려 외도는 결혼 생활이 힘들어지고 있거나 회생 불가능한 상태로 가고 있다는 신호에 가깝지요. 불륜 관계를 청산한다고 해서 부부 관계가 회복되는 것이 아니라, 결혼 생활에서 정말 잘못된 것이 무엇인지 알려 주는 경고로서 외도를 받아들여야만 위기를 극복할 수 있습니다."

존은 월을 향해 말했다. "월이 외도의 원인으로 제시한 것들이 현실적으로 맞는 얘기들이었다고 생각해요. 교회의 전반적인 문화에 그것들을 적용해도 들어맞을 겁니다. 그러나 솔직히 고백하자면 이런 생각도 하는데요, 저는 소위 신앙인이라는 사람들이 말 그대로 신심을 좀 가졌으면 하고 바랍니다. 그렇지 못한 사람이 분명 많이 있으니까요. 지난주 내내 그 이유에 대해 생각했습니다."

"그래서 어떤 결론을 얻으셨어요?" 세라가 궁금증을 참지 못하고 물었다.

"아무래도 교회가 섹스와 결혼을 보는 관점이 좀 뒤죽박죽이기 때문이 아닐까 생각합니다."

그러자 스티브가 말꼬리를 낚아챘다. "에헴, 방금 들어온 소식입니다. 한 지방 교회 목사가 인정하기를, 교회는 섹스에 대해 쥐뿔도 모른다고 합니다. 이 속보의 자세한 내용은 여덟 시 뉴스에서 확인하실 수 있습니다."

존은 쓴웃음을 지었다. "그래요, 여기 모인 분들 대부분에겐 썩 놀라운 고백도 아닐 것 같군요. 제가 하려는 말은 이것이었습니다. 성생활이나 결혼 생활에 대한 교회의 이해가, 성경보다는 현대 문화에 더 많이 의존하고 있으며 그 경향이 날로 심해지고 있다는 것이요."

제니가 씩 웃으며 말했다. "그러면 이제 목사님은, 성경에 나오듯이 부인을 몇 명 더 두시게요?"

존은 웃음을 터뜨렸다. "여러분, 저 좀 그만 몰아붙여요, 제발요! 여기 일레인 스토키가 이 주제에 대해 쓴 게 있어요. 그걸 읽어 드릴게요." 그는 책 한 권을 들고 책장을 넘겨 읽을 부분을 찾아냈다.

> 정말 호화롭고 세밀하게 결혼식을 준비하는데도 불구하고, 영국과 미국 내에서 성사되는 모든 결혼은 좋게 시작할 수가 없다 해도 과언이 아닐 것이다. 왜냐하면, 신랑과 신부가 하고 있는 일의 의미라는 것이 기본적으로 현대 사회 기풍과는 정면으로 배치되는 것이기 때문이다.[8]

"흠. 나만 그렇게 생각하는 게 아니었군요." 제니가 말했다.

"맞아요. 물론 결혼이 깨어지는 원인을, 성에 집착하고 헌신을 회피하는 우리 문화의 탓으로만 돌리기 십상이지만 말입니다. 엄밀히 따져 보면, 신도들에게 결혼이 어떤 것이라는 명확한 개념을 갖게끔 돕지 못한 교회 또한 이 문제에 대한 책임을 조금이나마 져야 한다고 생각합니다. 여기 모인 여러분도 역시 잘 모르실 거예요. 미국 내에서 결혼하는 부부의 75퍼센트가 교회에서 결혼식을 올리지만, 혼전 상담을 받는 커플들조차 결혼이라는 것이 정말 어떤 것인지 모르고 결혼을 진행하는 것 같습니다."

"아, 그러면 목사님, 결혼이 도대체 뭔데요?" 엘리가 물었다.

"그 질문을 누구에게 묻느냐에 따라 다른 답을 얻게 될 거예요. 책에서 찾아본대도 책마다 다르게 적혀 있을 거고요. 이 길을 따라 쭉 가면 나오는 서점에 들어가 보면, 분명 결혼에 관한 책이 책장 하나를 꽉 채우고 있을 겁니다. 결혼이란 무엇인가, 더 나은 결혼 생활을 영위하는 방법 등등. 여기서 잠깐 한 분씩 말해 보라 하면 사람 수만큼 다른 대답이 나올 거예요. 결혼은 외로움에 대한 해답이라고 말할 수도 있고, 두 사람을 사랑으로 하나 되게 하는 거라는 대답도 나올 수 있겠죠. 쌍방에게 재정적, 법률적 이득을 제공하는 것이 결혼이라 할 사람도 있을 테고, 안정적으로 아이들을 키울 기반을 만드는 것이라고 할 수도 있어요. 제니가 지적한 것처럼, 십계명이 처음 주어질 당시 결혼의 의미는 이것들 중 어느 것과도 비슷하지 않아요. 가문의 대를 이으려고 결혼하는 시대는 지났지요. 우리가 알아내야 하는 것은, 오늘날의 결혼에 대해 십계명의 일곱 번째 계명이 시사하는 바가 무엇이냐는 겁니다."

존은 계속 말했다. "제가 성경을 이해한 바에 따르면, 결혼은 단지 두 사람의 감정적 또는 재정적 결합이나 자녀 양육의 기반 같은 것

이상의 의미가 있어요. 물론 그런 것도 모두 중요하지만, 결혼했다는 사실만으로 자동적으로 그런 성과를 얻을 수는 없습니다. 결혼이 그런 것을 가능하게 하는 기틀을 세운다고 보는 것이 맞을 것 같아요. 결혼 생활과 자녀들의 번영을 위해 일생 동안 함께 헌신해야만 이룰 수 있을 거라 생각합니다.

또한 제7계명이 우리에게 말해 주는 것 중에는 이런 것도 있다고 생각합니다. 남자와 여자가 결혼이라는 틀 안에서, 그들의 삶과 서로의 관계에 비추어 하나님이 우리에게 보여 주신 신뢰의 모습을 조금이나마 발견할 기회를 가지라는 것이지요. 성경 안에는 하나님의 백성에게 약속하신 사랑을 형상화한 결혼의 이미지가 가득합니다. 하나님의 백성은 다른 신을 좇으며 하나님과의 계약을 어기고 또 어겼지요. 이것은 외도를 저지른 것이나 진배없습니다. 그러나 하나님은 이혼 소송을 진행하는 대신에 그들의 사랑과 애정을 얻으려 애쓰며 끊임없이 구애하셨어요."[9]

"무슨 얘긴지 이해를 못하겠어요." 엘리가 말했다.

"엘리, 내가 말하고 싶은 것은, 결혼 생활을 통해 얻고자 하는 모든 것은 우리가 결혼식 때 맺은 서약에 충실할 때에만 성취할 수 있다는 거예요. 성적인 정절만이 아니라, 서로를 사랑하고 아껴 주겠다는 약속에 포함된 모든 면에서요. 나의 욕구가 충족되는 것만이 아니라 그 약속을 모두 만족시키기 위해 노력해야 하는 겁니다." 존은 다른 책을 꺼냈다. "조앤 치티스터의 글을 읽어 보겠습니다. '간음하지 말라는 계명은, 우리가 사랑한다고 말하는 사람들에게 진정으로 마음을 쓰라는 뜻이다. 그들을 이용하지 말고, 착취하지 말고, 무시하지 말고, 깔보거나 함부로 대하지 말고, 자기만족을 위해 그들을 조종하지 말라는 것이다.'"[10]

"'네 이웃을 네 몸과 같이 사랑하라'에서 '이웃'을 '배우자'로 바꾸면 되는군요." 샘이 말했다.

"맞습니다." 존이 동의했다. "특히 섹스에 관해서는 더 그렇겠죠. 지금 우리가 섹스가 넘쳐 나는 문화 속에 살고 있다는 것에는 이견이 없겠지만, 저는 사람들이 섹스에 대해 너무 많이 생각하는 것이 문제라고 보지는 않습니다. 오히려 섹스에 대해 하찮게 생각하는 것이 문제지요. 섹스라는 것이 자신을 타인에게 속절없이 내어 주는 것이 아니라 자기만족을 위한 것이라고 한다면, 누구든지 결혼 상대와의 성생활이 불만족스러울 경우 곧바로 다른 곳을 찾아가겠지요."

존은 이번에는 카를로스 쪽을 향해 말했다. "섹스가 무언가를 '주는' 것이 아니라 무언가를 '취하는' 행위라면, 왜 다른 곳으로 눈을 돌리지 않겠습니까? 얼마나 많은 영화, 소설, 유행가 들이 불륜을 있을 수 있는, 피할 수 없이 다가오는 일로 표현하고 있는지요? 생판 처음 보는 두 사람이 만나 전혀 어설프지도 어색하지도 않게 동침하고 그저 행복하고 아름답게 절정을 경험하고는 미소를 띤 채 잠이 드는 장면이 많이 나옵니다! 영화 속의 섹스는 정말이지 일차원적이에요. 대부분이 경험한 것에 비하면 그건 섹스의 캐리커처 같은 것이지요. 저나 제 아내가 수없이 하는 말인데요, '아, 제일 중요한 그건 영화에선 절대 안 나오네!'"

"거기까진 알고 싶지 않아요!" 엘리가 귀를 막으며 소리치는 광경이 나머지 멤버들에게는 재미있었다.

"미안해요, 엘리. 난 이 얘기를 하려던 거였어요. 나는 섹스가 결혼한 사이에서 이루어져야 한다고 확신하는데, 내가 점잖은 척하느라 혹은 구식이거나 구세대라서가 아니고, 영속적인 사랑의 약속이 주는 안전감 때문이에요. 우리가 갈구하는 무방비 상태를 가능하게 해주지요. 창세기에 등장하는 최초의 커플을 묘사한 것처럼 '벌거벗었으나 부끄러워하지 아니하는' 상태를 말하는 겁니다. 그런 안전감을 통해 두 사람이 하나가 되고 완전한 무방비 상태로 서로를 서로에게 내맡길 수 있을 만큼 편안해지겠지요. 아내와 저는 이제 '사랑을 만든다'는 의미의 '메이킹 러브making love'라는 말을 쓰지 않기로 했어요. 그 말은 어떤 무생물 같은 것을 만들어 건설하는 느낌을 주는데, 우린 그 대신 '사랑을 키운다'는 뜻의 '그로윙 러브growing love'라는 말을 쓰기 시작했지요. 사랑을 보살펴 기르고, 서로를 돌보아 주고, 섹스를 최종 목적이 아닌 우리 관계의 씨줄과 날줄의 일부로 생각하는 것이에요."

"아름답고도 올바른 표현 같아요." 제니가 말했다. "그런데 그 말이 제게는 그다지 와 닿지 않아요. 목사님 교회에 여전히 외도하는 사람들이 있다고 하셨으니, 그 사람들이 목사님의 결혼관에 동의한다고 해도 그것으로는 부족한 것 아닌가요?"

"맞는 말이에요, 제니. 그래서 제가 앞서 교인들의 성생활이나 결혼 생활에 대한 이해가 성경보다 문화에 더 많이 의존하여 형성된다고 지적한 겁니다. 결혼이 결코 쉽지 않다는 것을 잘 인정하지 못한다는 점도요. 결혼이라는 것은 자기희생, 자기부인, 이타심 등이 전제되어야 하는데, 이것들은 우리를 둘러싼 문화가 매일같이 전하는 대부분의 메시지와는 정반대에 있는 개념들이기 때문입니다."

존은 책 한 권을 더 펼쳤다. "엘즈워스 칼라스가 그 주제에 대해 기술한 것이 저는 정말 마음에 듭니다.

> 선물의 포장을 내용물 자체로 착각할 때가 많은데, 결국 우리 대중문화에서 모든 주목을 받는 것은 그 겉포장이다. 유혹적인 육체, 집요한 설득, 금지된 것에 대한 호기심 유발이 그것이다. 이것들이 우리 문화가 강조하는 요소라는 점에 놀라서는 안 될 것이다. 왜냐하면 미끈한 허벅지나 끝내주는 가슴 근육을 보여 주는 것이, 평생토록 충심을 다하는 것보다 훨씬 쉽기 때문이다. 여러 달, 여러 해에 걸쳐서 실행해야 하는 약속, 즉 '기쁠 때나 슬플 때나 아플 때나 건강할 때나 부유할 때나 가난할 때나'라는 말을 카메라로 포착하는 것은 결코 쉬운 일이 아니다."[11]

존이 쌓아 놓은 책 무더기 앞에서 스티브가 포즈를 취했다. "선물이며 포장 이야기가 나왔는데, 이걸 다 짊어지고 다니는 목사님 등이 쉴 수 있도록, 모두 돈을 모아 목사님 생일 선물로 전자책 단말기라도 하나 사 드려야 될 판이군요." 존은 점점 높이 쌓여 가는 책 무더기를 보고 어깨를 으쓱했다.

"좋은 생각인데요." 제니가 말했다. "그래서, 부부 중 한 사람이 만족하지 못하는 경우에는 어째야 한다는 건가요? 성생활, 애정도, 의사소통에 대한 욕구가 채워지지 않는 사람은 어떻게 해야 해요? 그저 상대에 대한 신의를 지키면서, 윌 선생님이 말하신 것처럼 비참한 삶을 살아야 하는 건가요?"

"아주 좋은 질문이네요." 존이 대답했다. "수많은 책들이 해답을 제시하려 애쓰는 질문이기도 하고요. 충족되지 못하는 욕구가 있다는 사실을 부부가 인정하기만 해도 상황 개선을 위한 중요한 첫걸음을 떼는 것이라고 생각합니다. 상담을 받는 것도 도움이 될 것이고, 상대방이 원하는 것을 채워 주기 위해 조금씩 노력하면 올바른 방향으로 나아갈 수 있겠지요. 인내심을 갖고 배려하면서 왜 배우자가 우리의 타당한 요구를 충족시키는 데 어려움을 겪는지 이해하려고 노력하는 이 모든 일을 생각하면, 결혼이란 것이 결코 녹록지 않지요."

샘이 말했다. "목사님, 이번 주일에 써먹을 거리는 다 나온 것 같은데요? 이 많은 내용을 어떻게 30분짜리 설교에 다 담을 수 있을지는 난 모르겠네요."

"저도 모르겠어요, 샘. 다만, 일주일 동안 구상한 대로 한두 가지 방향을 잡아서 풀어 나갈까 해요."

"어떤 방향인데요?" 세라가 물었다.

"글쎄요, 마태복음의 산상 수훈에서 예수님이 하신 말씀으로 시작해 볼까 하는 생각도 있어요. '간음하지 말라 하였다는 것을 너희가 들었으나 나는 너희에게 이르노니 음욕을 품고 여자를 보는 자마다 마음에 이미 간음하였느니라.'[12] 그리고 오늘 우리가 얘기한 계약을 위반하는 것의 심각성, 신의의 중요성과 그 도전에 대해 말해 보면 어떨까 싶습니다."

"그게 아니면요?" 세라가 다시 물었다.

"그게 아니면, 요한복음에 나오는 간음한 여인 이야기를 해 볼까 합니다."

"제가 그 얘기를 알고 있나 모르겠어요." 제니가 말했다.

야스미나도 덧붙였다. "왠지 제가 좋아할 만한 이야기는 아닐 것 같네요."

존은 시계를 보고 말했다. "이런, 약속한 시간은 벌써 지났어요. 몇 분 정도 더 써도 괜찮으신가요?"

"그럼요." 세라가 대답했고, 나머지 멤버들도 고개를 끄덕였다.

"좋습니다. 예수님이 성전에서 말씀을 전하고 계신데, 율법학자들과 바리새인들이 한 여인을 끌고 와 예수님 앞에 세웁니다. 옷은 허리께까지 벗긴 채로요. 그리고 말하기를, '선생님, 이 여자가 간음을 하다가 현장에서 잡혔습니다. 모세는 율법에, 이런 여자를 돌로 쳐서 죽이라고 우리에게 명령하였습니다.' 그러고는 군중을 보며 묻지요. '이 일을 놓고 뭐라고 하시겠습니까?'"[13]

"잠깐만요, 근데 상대 남자는 대체 어디 갔나요?" 제니가 물었다. "여자가 현장에서 잡혔다면 남자도 있어야 하지 않아요?"

"그럼요. 이 일은 어떤 각도에서 보아도 수상해요. 간음의 상대가 없는 이유가, 바리새인들이 예수님을 공개적으로 함정에 빠뜨릴 목적으로 모든 정황을 꾸며 냈기 때문이라 해도 놀랄 일이 아닙니다. 그 여자는 손쉽게 이용할 수 있는 희생양일 뿐이고요. 이 순간 예수님은 입장이 매우 곤란해졌습니다. 청중이 모두 예수님이 어떻게 대답하시는지를 들으려 귀를 쫑긋 세우고 있었을 테니까요."

"그래서, 뭐라고 하셨나요?" 야스미나가 물었다.

"아무 말도 안 하셨어요."

"아무 말도 안 했다고요!"

"네, 맞아요. 예수님은 이것이 간음이나 죄 지은 여자의 문제가 아니라는 것을 아셨기 때문이지요. 문제는 예수님이었어요. 그들이 이 일을 벌인 것은 예수님을 시험하고 추궁하기 위한 것이었지요. 만약 예수님께서 '이 여인에게 돌을 던져서는 안 된다. 어찌 그럴 수 있느냐?'라고 말하셨다면, 바리새인들은 '당신이 율법을 가르치는 선생이라 할 수 있습니까? 모세는 분명히 그리하라 했습니다'라고 응수할 것이고, 예수님께서 '저 여인을 돌로 쳐라'라고 하셨다면 거기 모인 군중이 이랬겠지요. '예수님은 저들과 다르다고 생각했는데, 다를 바 없으시군요.' 예수님이 뭐라고 대답하든 간에 무조건 불리하게 되는 상황인 겁니다."

존은 제니를 보며 말했다. "그리하여 예수님은 그들에게 대답하지 않으셨던 것이죠. 대신 무릎을 굽혀 발치의 흙에다 뭔가를 쓰셨습니다. 복음서 전체에서 예수님이 무엇을 쓰실 때 종이가 아닌 흙에 쓰시는 장면은 여기뿐입니다. 흙에 쓴 글은 바람이 불면 지워지죠. 바리새인들이 예수님의 반응을 탐탁지 않게 여긴 것은 불 보듯 뻔합니다. 그들은 답변을 요구했어요. 예수님은 일어서서 이렇게 말하셨습니다.

'너희 가운데 죄가 없는 사람이 있다면 어서 돌을 집어 이 여인에게 던져라.'"

"우와. 그래서 어떻게 됐어요?" 엘리가 말했다.

"연장자부터 한 명씩 나가 버리기 시작했어요. 결국 모두 떠났어요. 그녀를 벌하자고 한 사람들뿐 아니라 모든 사람이 떠났습니다. 왜 그랬을까요?" 존은 토론 모임을 쓱 둘러보았다. "예수님께서 '죄가 없는 사람이 먼저 돌을 던져라'라고 하셨을 때에 모든 사람이 깨달음의 순간을 경험한 것이지요. 모두 다 이런 것을 깨닫지 않았을까요? '나도 저 여인만큼 엉망이다. 올바르지 않은 것에 빠졌었다. 자유를 주리라 생각한 행동이 도리어 나를 구속하고 말았다. 이기적으로, 자기중심적으로 자기밖에 모르는 행동을 했다.' 그러자 갑자기 그들도 그 여인처럼 벌거벗은 것과 진배없게 되었고, 모두 간음한 자가 되어 버렸습니다."

존은 테이블 앞으로 다가앉으며 말을 이었다. "외도란 어디에서 시작되는 것일까요? 우리의 성기에서 시작되나요? 아니면 여기서?" 그는 손바닥으로 자기 가슴을 쳤다. "마음에서 시작되는 걸까요? 하나님께서 하나님의 사랑으로 채우기 원하시는 그 마음에서요? 하나님께서 우리의 마음을 차지하실 수 있다면, 하나님 외에 다른 무엇도 우리 마음을 점유할 수 없습니다. 우리 인간의 근본적인 진실은 무엇일까요? 우리는 하나님을 사랑하고 하나님께 사랑받도록 창조되었고, 하나님의 사랑으로 가득 채워지기를 원한다는 것입니다.

사랑받고, 소속감을 느끼고, 있는 그대로 지지와 인정을 받고 싶은 욕망을 만족시키기 위해 우리가 행하는 온갖 기행들이 어떤 사람에게는 외도를 범하게 합니다. 그 기저에는 하나님께서 우리 각 사람에게 심어 주신 사랑에 대한 갈구가 있습니다. 문제는 하나님에게 받은 이 욕망을 감지하면 그것을 충족시키기 위해 잘못된 방법까지도 감수한다는 것이죠. 유행가 가사에 나오듯 '온갖 잘못된 곳에서'* 방법을 찾을 때 문제가 발생합니다."

윌이 조용히 말했다. "사창가의 문을 두드리는 모든 남자는 하나님을 찾고 있는 것이다."[14]

"맞습니다. 우리가 그 문을 두드릴 때 우리는 하나님을 찾고 있는 것입니다. 그 문을 열고 들어가면 대부분 지옥을 맞닥뜨린다는 것이 문제지요. 노예가 됩니다. 새로운 사람을 만나서 찾으려 했던 자유, 끝내주는 섹스를 통해 경험하려 했던 자유는, 결국 그 자유가 약속하는 것을 가져다주지 못합니다. 그 욕구를 여전히 가진 채로, 전보다 못한 인간이 됐다는 사실만을 마주하게 되지요. 자유가 아닌 속박의 굴레 안으로 돌아왔다는 것을 깨달으면서요."

모두 한동안 말을 잇지 못했다. 그러다 야스미나가 조심스레 물었다. "그게 이야기의 끝인가요?"

"아니에요." 존은 자세를 편히 고쳐 앉았다. "예수님은 그 여인에게 말하셨어요. '여자여, 사람들은 어디에 있느냐? 너를 정죄한 사람이 하나도 없느냐?' 저는 이 장면에서, 아마 그 여자가 두려움에 차서 손에 얼굴을 묻고 있었을 거라고 생각해요. 그러다가 슬쩍 눈을 들어

---

* 'In all the wrong places'라는 가사는 많은 노래에 등장한다. 주로 'looking for love in all the wrong places'로 나오는데, 여기서 언급한 것은 컨트리 가수 Johnny Lee의 "Looking for Love"를 말하는 듯하다.

주위를 보고는 사람들이 사라진 것을 눈치챘겠죠. 그녀가 대답합니다. '한 사람도 없습니다. 주여, 한 사람도 없습니다.' '나도 너를 정죄하지 않는다.' 예수님께서 말하셨죠.

그리고 이렇게 덧붙이십니다. '가거라. 이제부터 다시는 죄를 짓지 말아라.' 이 말씀의 행간에서 저는 이런 말이 들리는 것 같아요. '마음을 함부로 주지 말아라. 너무 많은 것을 약속하지만 아무것도 가져다주지 않을 헛된 것에 사로잡히지 말아라. 하나님의 사랑이 너의 마음을 장악하게 하고, 하나님께서 네게 원하신 자유를 품어라. 다시는 노예가 되지 말아라.'" 존은 테이블 위에 손을 포개 얹었다. "이와 비슷한 말씀을 하셨을 것 같습니다."

"도움이 되려나 몰라도, 주일에는 방금 했던 이 이야기를 하시면 좋겠습니다." 릭이 의견을 말했다.

"저도 릭 아저씨 생각과 같아요." 야스미나도 거들었다.

"저도요." 엘리도 손을 들었다.

윌이 목소리를 높였다. "헤어지기 전에 한 가지 의견을 내도 될까요? 이 열 가지 계명이, 하나님을 사랑하고 이웃을 사랑하는 공동의 선을 함께 추구하기 위해 적용해야 하는 실천 방안이라면, 이 계명을 지키기 위해 무엇을 할 수 있을까요?" 그는 손을 뻗어 존의 책 무더기에서 한 권을 집어들었다. "내 기억이 맞다면……." 그는 책장을 훑어 넘겼다. "아, 찾았습니다. 시몬느 시뇨레가 이렇게 썼어요. '부부를 묶어 주는 것은 쇠사슬이 아니다. 기나긴 세월 동안 두 사람을 이어 주는 것은 가느다란 실 수백 가닥이다.' 그 실 수백 가닥을 잘 엮는 것이 중요한 것이지요."[15]

"아름다워요." 세라가 말했다.

"오늘 토론을 마무리하기에 아주 적절한 말이고요." 존이 덧붙였다. "여러분 모두 정말 고맙습니다. 정말 멋진 시간이었어요."

"아, 섹스 이야기는 무사히 통과한 것 같네요. 다음엔 뭐죠?" 엘리가 말했다.

존은 미소를 띠고 대답했다. "이번에도 아주 가벼운 주제예요. 다음 주에는 여섯 번째 계명, '살인하지 말라'에 대해 이야기합니다."

모두 자리에서 일어서려 할 때, 스티브가 릭의 팔을 붙잡았다. "커피 한 잔 더 할 시간 있어요?"

릭은 스티브를 잠시 응시했다. "물론이죠. 좋아요. 아주 좋습니다."

5

폭력에서 평화로

제6계명

죽지 않아도 되었을 생명들을 애도하려

나는 검은 옷을 입는다네

- 조니 캐쉬Johnny Cash의 노래 "The Man in Black" 중에서

살인하지 말라

- 출애굽기 20장 13절

스티브의 담배 끝에서 푸른 연기가 둥글게 피어올랐다. 누군가 부르는 소리에 그는 읽던 신문에서 눈을 뗐다. 주차장을 가로질러 릭이 다가오고 있었다. "어이, 릭! 잘 지냈지?"

"과분하게 잘 지내고 있고말고." 릭은 스티브가 앉아 있는 피크닉 테이블 맞은편에 앉았다. "일찍 와서 반겨 줘서 고맙고, 지난 주에 내 이야기를 청해 들어줘서 다시금 고맙네. 그 일을 다시 입 밖에 낼 수 있어서 좋더군."

"고맙긴 뭘. 자, 공치사는 집어치우고, 그래 마누라랑은 어떻게 돼 가고 있나?"

"그래, 어떻게 내가 아직까지 이혼당하지 않고 있는지 한참 동안 생각해 봤지. 이건 기적이거든. 아내는 내가 그렇게 술을 마셔 대는데도 참았고, 술을 끊고 나서는 바람을 피웠는데도 참아 줬네……. 사실 그건 우리 결혼 생활을 관에 처넣고 마지막 못질을 한 거나 마찬가지 였다고. 그런데 갑자기, 아내의 신뢰를 되찾으려면 갈 길이 멀다는 걸 알고 나서는 전에 없이 상황이 달라졌지 뭔가.

아는 것과 받아들이는 건 다르다 하겠지? 글쎄, 그게 내가 앞으로 노력해야 할 부분이겠지. 그리고 사실, 때로는 그게 참 쉽지 않단 말일세. 솔직히 말해서, 그냥 아내가 그걸 극복해 줬으면 좋겠어. 다 용서하고 잊어버리고 말이지. 물론 어처구니없으리만큼 불공평한, 내 이기적인 바람이지만. 어쨌든 AA 프로그램에 오래 참가하다 보니까, 그걸 너무 오래 곱씹다가는 내가 외려 곤란해진다는 것쯤은 알게 됐어."

스티브는 이해할 수 없다는 듯한 표정을 지었다.

"아, 그것 때문에 다시 술을 마실 거라 생각하진 않아. 최소한 그 일로는 아냐. 지난주에 저기 앉아서 그 얘기를 주욱 풀어 놓았을 때……." 릭은 고개를 까딱하여 카페를 가리켰다. "내가 또다시 딴짓을 하고 그걸 정당화하며 스스로를 기만하고도 남는다는 것을 깨닫고 말았지. 내가 또 그랬다가는……. 내가 처음 자백했을 때 아내 얼굴에 나타난 시선, 배신의 고통이 담긴 그 눈빛을 잊을 수 없어. 그리고 나에 대한 신뢰를 완전히 잃어버리고서 내가 겪어야 했던 고통도 모두 기억이 난단 말이네. 또다시 그걸 겪어 낼 자신은 없어."

"그러면, 이제 어쩔 셈인가?"

"내 스폰서와 얘기를 해야지. 그건 기본이야. 그리고 지난주에 윌이 읽어 준 글귀에 대해 생각해 봤네. 결혼을 지탱해 주는 수백 가닥의 실 말이야. 내가 저지른 외도로 결혼은 파탄 직전까지 이르렀었어. 난 그 실들을 조금씩 다시 엮어 가기 시작해야 하고. 아내도 그래 주길 바라는 기대는 접어 둬야겠지. 결혼 생활을 가꾸는 것도, 망치는 것도 모두 작은 것들이라는 것을 알게 됐네. 내가 아내를 사랑한다는 것을 보여 주기 위해 뭘 할 수 있을지 생각해 봤고, 사랑받고 있다고 느끼게 해 주는 그녀의 '사랑의 언어'를 알고 있으니 그걸 해 볼 생각이야.

또, 지난날 나를 태만해지도록 이끌었던 것들도 돌이켜 봤어. 퇴근하고 집으로 차를 몰고 오면서 이런 생각을 했었지. 집에 들어가면 아내가 포옹을 해 줄까? 나는 아내가 아직 나를 사랑하고 있다는 물리적, 실제적 증거가 필요하거든. 하지만 혼자 한참 머리를 굴린 끝에 그녀가 나를 안아 줄 리가 없다고 결론을 내리고는, 현관을 들어서자

마자 아내 옆을 쌩 지나쳐 버려야겠다고 마음먹는 거지. 거절당하는 기분을 느낄지도 모르는 위험을 감수하기 싫으니까.

내가 또 그런 생각을 하고 있다는 걸 알아차린 순간 난 얼른 스스로를 다잡고는 그런 고약한 생각을 당장 멈췄네. 집에 도착해서는 아내에게 인사를 하고, 그냥 날 한번 안아 줄 수 있느냐고 물었어."

"뭐라던가?"

"처음 며칠은 좀 어색했지. 그냥 저절로 나오는 게 아니면 어떻게 하는지를 잊어버리기라도 한 것처럼." 릭은 쓴웃음을 지었다. "그런데 금요일에 내가 부엌에 들어갔는데, 아내가 날 바라보더니 내가 입을 떼기도 전에 두 팔을 벌리고 나한테 다가오더군. 뭐라 할 수 없을 만큼 벅찼어."

"당연히 그랬겠구먼."

"그랬지."

릭과 스티브는 한동안 말없이 앉아 다른 멤버들이 하나둘 도착하는 것을 지켜보았다. 그들도 들어가려고 일어서는데 스티브가 릭의 양 어깨에 두 손을 얹더니 눈을 들여다보며 말했다. "누가 안아 주었으면 싶을 때에는 주지 말고 부탁하라구." 릭은 스티브를 빤히 쳐다보다 힘차게 끌어안았다. 그런 다음 두 사람은 함께 카페 안으로 들어갔다.

토론 모임 전원이 착석했을 때 스티브가 물었다. "목사님, 어제는 설교 잘하셨습니까?"

"꽤 잘한 것 같아요. 지난주에 모임 끝나고 생각을 좀 하고 기도도 하면서, 여기서 모아 주신 의견을 따르기로 했지요. 그래서 예수님 앞에 끌려온 여자 이야기를 먼저 했습니다. 이야기를 하는 동안 쭉 둘러봤는데, 저와 눈을 마주치지 못하는 분들이 좀 계시더군요. 눈을 맞춘 분들도 있었는데, 그 중엔 눈물까지 흘리는 분도 있었죠. 내일 출근하면 아마 부부 상담 약속이 몇 건 들어와 있을 것 같아요. 그랬으면 좋겠네요."

존은 깊게 한숨을 내쉬고 말을 이었다. "하지만 최근에 일어난 극장 총기 난사 사건 때문에 확실히 분위기가 가라앉아 있었죠.[1] 예배 때 무자비한 학살극에 희생된 피해자 가족을 위한 묵념 시간을 가졌고, 그 참사를 일으킨 젊은이의 가족을 위해서도 기도했지요. 얼마나 감당하기 힘들지 저로서는 상상도 할 수 없습니다."

야스미나가 말했다. "제 페이스북 뉴스피드에도 온통 그 얘기였어요. 이미 벌어진 일에 대해, 또 앞으로 어떤 조치를 취해야 하는지에 대해 강경하게 자기 의견을 내세우고들 있는데, 그 방식이 상당히 거칠어요. 어제는 계정을 폐쇄해 버릴까 했다니까요."

"오늘 아침에 이야기할 주제를 생각해 보면 굉장히 모순적이라 할 수도 있는데, 그보다도 무척 비극적인 일입니다. 그것도 매일같이 발생하는 비극이죠. 자, 제6계명에 대해 토론해 볼까요?" 존은 성경을 들고 해당하는 부분을 펼쳤다.

"죽이지 말라 Thou shalt not kill"

월이 한쪽 눈썹을 치켜올렸다. "목사님이 평소 읽는 버전이 아닌 것 같네요."

"예, 다른 거 맞습니다." 존은 책을 들어 보여 주었다. "킹 제임스 버전이에요."

"제가 갖고 있는 것도 그거 같아요." 제니가 말했다. "제가 읽는 성경 글투가 그렇거든요. 각 판본들 사이에 차이점이 있나요?"

"있지요. 보통 저는 새미국표준역^{NASB} 성경을 읽는데, 거기엔 제6계명이 '살인하지 말라$^{You\ shall\ not\ murder}$'라고 적혀 있습니다. NIV 성경과 메시지 성경에도 그렇게 되어 있고요."

"그런데 의미는 다 같은 거 아닐까요?" 샘이 물었다.

"같은 의미로 보이지요. 그런데 저는 '죽이지 말라'와 '살인하지 말라'가 상당히 다르다는 생각을 하기 시작했습니다. 그런데, 이 이야기를 더 하기 전에 야스미나의 페이스북이 궁금하군요. 친구들이 페이스북에서 뭐라고 하는지 들려줄 수 있어요?"

"글쎄요. 처음에는 다들 촛불 사진 같은 걸 올려놓고 '피해자들을 위해 기도합시다' 같은 추모, 애도 글을 올렸어요." 야스미나는 잠깐 자기 손톱을 물어뜯었다. "그러다 누군가가 한 총기 소지 옹호 단체의 글을 공유했는데, 거기엔 대충 이렇게 적혀 있었어요. '누군가 총 한 자루만 몰래 갖고 들어갔어도 막을 수 있었던 사건'. 그 다음엔 총기 소지 제한을 지지하는 친구들 차례가 됐죠. 살상 무기 금지, 나아가 모든 무기를 없애자는 요지의 글을 포스팅하기 시작했어요. 그때부터 험악한 댓글 전쟁이 시작됐죠. 판이하게 다른 견해를 가진 양쪽

진영 사이에 언쟁이 오가며 욕설까지 난무했어요. 솔직히 말해 저는, 이 판국에 그러고들 있는 게 참 천박한 노릇이라 생각했어요. 여보세요, 사람이 여럿 죽었다고요!"

존이 고개를 끄덕였다. "그래요. 사실 이 사건 때문에 저도 흥분하고 있습니다. 총기 소지 문제와 관련해 우리 사회가 무엇을 할 수 있었을까 생각하면 감정이 격앙됩니다. 이 유별난 울타리 양쪽에 좋은 친구들이 있다는 걸 알기에, 저는 어제 제 생각을 페이스북 담벼락에 게시했어요. 토론에 열이 올랐지만, 대부분은 그래도 정중했습니다."

그는 토론 모임 멤버들을 둘러보고 말했다. "최근 몇 주 동안 우리는, 사람들이 온갖 이유를 들어 우리가 지금까지 토론한 십계명의 계명들을 간과하거나 무시한다는 사실을 이야기했습니다. 그런데, 짐작컨대 '죽이지 말라'라는 계명은 인간 사회의 기본이라, 많은 이야기를 나눌 주제는 아니라고 생각하는 분이 대다수일 것 같습니다. 우리가 함께 살아가려면 일단 서로를 죽이지는 말아야 하니, 이건 너무 당연한 것 같죠?

그런데 페이스북 담벼락의 글을 읽어 보니, 갑자기 그게 그렇게 단순하지가 않더라 이겁니다. 우리 교회 신도들 사이에서도 그 논란이 간단치 않았어요. 그 중 어떤 사람들은 이 계명을 들먹이며 완강하게 낙태 반대를 외치면서 사형 문제에는 무관심하고, 또 그 반대 경우도 있었죠. 어제 이걸 읽었는데, 여러분에게 읽어 주고 싶었습니다." 그는 책 한 권을 꺼냈다.

십계명의 모든 항목 중에서 "죽이지 말라"는, 사람들이 지키려 애쓰지 않고, 가장 무신경하게 여기는 계명일 것이다. 우리는 죽여야 하는 이유를 항상 만들어 낸다. 국가 수호를 위해 죽이고, 자신을 보호하기 위해서 죽이고, 잘못을 저지르는 자들을 처단하기 위해 죽이고, 강권을 발동하기 위해 죽인다. 정치적인 이유들 때문에 죽인다. 그리고 마지막으로 사회의 일부분을 만족시키기 위해 사회의 다른 일부분을 죽인다. 그들의 땅을 빼앗고, 숲을 유린하고, 공기를 더럽힌다. 우리가 "죽이지 말라"라는 계명을 지키고 있다고 생각하나? 천만에.[2]

존은 둘러앉은 일행들의 얼굴을 찬찬히 바라보았다. "어떻습니까, 조앤 치티스터 수녀가 맞다고 생각하세요? '살인하지 말라'라는 말은 생각할 필요도 없는 당연한 문제라 여기겠지만, 예외를 찾아내는 것이 정말 그렇게 쉬운가요?"

야스미나가 기다렸다는 듯이 말을 꺼냈다. "제 담벼락에서 오고 간 대화 주제가 바로 그거였어요. 범인이 저지른 일이 악랄하다는 것에는 모두 동의하지만, 그런 자들을 막는 방법에 대해서는, 추가적인 살인을 막기 위해 누군가를 죽이는 것이 무슨 문제냐고 생각하는 친구들이 상당수예요. 범인이 무기까지 가지고 있다면, 그런 사람을 죽이는 것이 시민의 의무라고까지 생각하더군요."

"나는 총기 소지에 대해 뭐라고 말해야 할지 모르겠어요." 샘이 말했다. "그 극장 안에 총을 숨겨 들어간 사람이 몇 명 더 있어서 범인이 총을 발사하는 순간에 총을 빼 들었다면 혼란만 가중되었겠죠. 누가 나쁜 놈인지 어떻게 알고 방아쇠를 당기겠냐고요. 연기 사이로 순식간에 목표를 겨냥할 수가 있습니까? 그리고 어차피 그는 완전 무장 상태였어요. 마치 누군가의 충격을 예상이라도 한 것 같았죠. 만약 총을 가진 사람이 더 있었다면 사망자는 훨씬 더 많았을 거라고 생각합니다."

샘은 몸을 앞으로 기울였다. "그래서 사형 제도가 있는 것 아니겠어요? 범인이 사람을 더 죽이지 못하게 하기 위해서, 또 살인은 용납되지 않는다는 메시지를 전하기 위해서요. 이 사건의 주인공은 사형을 당하게 되겠지요."

"하지만 당장은 아닐 거예요." 제니가 말했다. "형사 사법 제도를 보면 그래요. 즉 사형 제도가 살인을 방지하는 억지력을 갖느냐 하는 언쟁은 할 필요가 없다는 뜻이지요. '신속하고 확실한 처벌'은 절대 아니고요, 그렇죠? 또한 어찌 됐든, 사형은 뭔가 잘못된 거라는 생각이 안 드세요? '죽이지 말라.' 이 계명은 당연히, 죽이는 것은 잘못된 것이라는 메시지를 주려는 것이니까요." 그녀는 자세를 편히 고쳐 앉았다. "이건 마치, 남을 때리는 건 나쁘다는 교훈을 주기 위해 아이에게 매질을 하는 것과 비슷해요."

"허허, 나한텐 그게 통했는데요." 샘이 심통 부리듯 말했다.

제니는 웃으며 샘의 팔을 토닥였다. "매 맞으신 게 진짜 효과 있었나 봐요!" 웃음기를 거두고 제니는 말을 이었다. "하지만 사형 제도는 범죄 억지력을 갖지 못해요. 사형 제도를 폐지하는 나라들이 증가하는 이유죠. 미국처럼 사형 제도가 유지되는 나라들은 그 이미지가 썩 좋지 못합니다. 미국보다 더 많이 사형이 집행되는 나라는 중국, 이란, 이라크, 사우디아라비아뿐이고, 미국 다음으로는 예멘과 북한이 근소한 차이로 그 뒤를 따릅니다. 사형에 관한 한 우리 미국은 소위 '악의 축'과 어깨를 나란히 하고 있어요."

"인종 문제가 정의 구현을 가로막는 데 한몫한다는 사실도 잊으면 안 되죠." 세라가 덧붙였다. "흑인이거나, 백인을 죽인 경우라면 사형수가 될 확률이 더 커져요."

제니도 한마디 보탰다. "부자라면 사형을 당할 일이 없고요." 그녀는 존을 보며 말했다. "제6계명을 사형 문제에 적용하는 것에 전 대찬성입니다."

엘리도 목소리를 냈다. "추후에 무죄로 밝혀지는 사람들도 고려해 봐야 해요. 수십 년간 사형수로 복역하다가 석방되는 경우도 있고요."

야스미나는 존을 향해 의견을 말했다. "저, 저도 그 조앤 치티…… 뭐던가 그분의 말이 맞다고 생각해요. '죽이지 말라'라는 계명 역시 통상적으로 무시하거나 어겨 놓고 정당화하는 계명이에요. 오늘 신문만 봐도 그래요. 스티브 아저씨, 오늘 뉴스 좀 읽어 주세요."

"이디 보자. 신문 1면은 당연히 콜로라도 총기 사건이고, 뭐가 있나?" 스티브는 신문을 넘기며 훑어보기 시작했다. 보호 시설 폭행으로 20년형 선고. 시리아 내전 전투 소식. 이라크 공격으로 30명 사망. 노르웨이 77명 학살 테러 추모 행사. 프랑스 대통령이 프랑스의 나치 협력 사과."[3]

세라는 고개를 저었다. "매일매일 똑같아요. 너무 많은 사람이 살해

돼요. 많은 사람이 죽어 가요. 작년 한 해 동안 미국 내 총기 사건 사망자가 35,000명쯤 된대요. 올해 상반기에만 비슷한 수의 피해자가 발생했으니, 지난 18개월 동안 총에 맞아 죽은 사람이 베트남 전쟁 전사자 수보다 많은 거예요. 물론 대다수 사망자의 사망 원인이 자살이었다는 점은 말해 둬야겠죠."

제니가 말했다. "게다가 최근엔 폭력을 추종하는 경향도 있어요. 블록버스터 영화들은 오락성을 위해 폭력을 묘사해요. 우리는 〈라이언 일병 구하기〉 같은 영화를 보며 눈물짓고 '이라크 파병 군대를 지원합시다Support Our Troops'가 적힌 노란 리본을 차에 달고 다니면서도, 외상 후 스트레스 장애나 약물 중독 같은 문제에 시달리는 갈 곳 없는 퇴역 장병들에게는 눈길조차 주지 않고 외면합니다. 우리는 뭐랄까, 신화에 빠져 있어요. 전쟁은 숭고한 목적이 있고, 병사들은 위대한 전사들이고, 일 년 동안은 총을 맞거나 쏠 수도 있지만 그 기간이 끝나면 24시간 안에 가족의 품으로 돌아올 거라고, 아무 문제 없을 거라고 생각하는 신화지요."

야스미나의 이야기도 아직 끝나지 않았다. "이 무슨 엉터리 같은 일인가요. 전장에서 현역 근무 중인 미군의 자살자 수가 전투 중 전사자 수보다 많다는 것 아세요?[24] '이라크 파병 군대를 지원합시다'라니. 실제로 이라크 파병을 지원하는 건 누구죠?"

그녀는 팔짱을 끼면서 의자에 기대앉았다. 제니는 야스미나의 어깨에 팔을 둘러 안아 주었다.

야스미나는 둘러앉은 사람들을 보며 희미한 미소를 지어 보였다.

"흥분해서 죄송해요."

"아가, 네가 왜 미안해?" 세라가 말했다. "난 젊은 아가씨들이 이런 흥분할 만한 일에 열 내는 걸 보면 참 좋던데 뭘."

"그러면 '살인하지 말라'가 병사들에겐 무슨 의미가 있죠?" 릭이 물었다. "아니, 전쟁 자체가 그 계명에 벗어나는 거 아닙니까? 전쟁이라는 게 뭔가요, 적을 죽이는 거잖아요? 그러면 제2차 세계 대전에서 유럽이 홀라당 불타 버리게 놔뒀어야 한다는 뜻인가요? 사담 후세인이 권력을 휘두르는 것도 그냥 두어야 했다는 뜻입니까?"

제니가 릭의 말에 응수하려는 것을 눈치채고 존이 재빨리 끼어들었다. "이 화제로부터 수많은 다른 질문이 제기될 수 있을 텐데요, 그 질문들이 중요할 수도 있겠지만 반면에 우리를 한없이 깊은 토끼굴로 인도할 가능성도 큽니다." 그는 제니 쪽을 보고 말했다. "'우리가 왜 특정 국가와 전쟁을 하는가'라는 질문은, '제6계명이 전쟁 참여를 정말 금지하는가'라는 질문과 별개라는 점에는 다들 동의하시나요?"

"글쎄요, 저는 잘 모르겠네요." 제니가 말했다. "저는 첫 번째 질문은 지금 토론하는 것과 확실히 관련이 있다고 생각해요. 이건 정전론*의 논점이죠. 생명을 구하기 위해 치명적인 폭력 행사가 허용되는 경우가 언제인가에 대한 질문 말이에요." 제니는 한숨을 쉬었다. "그렇지만, 릭이 말씀하신 대로 최근 몇십 년 동안 우리 미국이 개입했던 전쟁 대부분은 정치적인 전쟁이었죠. 참전 결정을 내린 이후에는 그 전쟁의 도덕적 우위를 주장하려 애써 왔고요."

---

* Just war theory, 正戰論. 전쟁을 정당한 전쟁과 부당한 전쟁으로 구별하고 정당한 원인에 기초한 전쟁만을 합법이라고 인정하는 이론. 정당 전쟁론이라고도 한다.

월이 입을 열었다. "베트남 전쟁 기간 복무했던 로마 가톨릭 사제의 회고록을 읽었어요. 그가 정전론자라는 것은 말할 필요도 없고, 베트남 전쟁전이 정당한 전쟁의 기준에 부합하는지 자문해 봤을 거라고 저는 생각합니다." 그는 책을 집으려고 손을 뻗었다.

"설마 인용하시려는 부분을 못 외우시는 건 아니겠죠?" 엘리가 웃음을 띠고 물었다.

월도 껄껄 웃었다. "아니, 이번엔 아니에요, 엘리. 이 책은 이번에 처음 읽었는걸."

> 요점은, 인간 경영으로서의 전쟁이 죄의 문제라는 사실이다. 전쟁은 동료 인간을 향한 증오의 한 가지 형태이며, 인간의 소외와 허무주의를 양산하고, 궁극적으로는 우리가 하나님에게서 돌아섰음을 드러낸다.[5]

"그러면, 전쟁이라는 것이 제6계명을 위반하는 거라고 생각하는 신학자가 최소한 한 명은 되는군요." 여기까지 말하고 월은 야스미나를 보며 말을 이었다. "그는 야스미나가 공감할 만한 말도 했어요. 이 신부님은 정글을 빠져 나온 병사들이 사창가를 찾곤 한다는 사실에 주목했습니다. 그의 동료 사제들은 병사들의 행동에 절망하여 미사 시간에 그에 대해 훈계했어요. 이 일은 신부님을 고뇌하게 했는데, 이 사실에 대해 이렇게 생각했기 때문이죠. '명확한 양심의 소유자인 그리스도인이 어떻게, 전장에서 사람을 죽이며 일 년을 보내고, 돌아와서는 창녀와 시간을 보내며 자신의 영혼을 위태롭게 할 수 있단 말인가?'"[6]

"그렇군요." 야스미나가 말했다. "노숙자 생활을 하는 참전 용사들이 정신적으로 황폐한 이유는 매춘을 몇 번 즐겼기 때문일까요, 아니면 전투 중에 행하고 본 것들 때문일까요?"

샘도 질문을 던졌다. "만약 그렇다면, 제2차 세계 대전 후엔 왜 군인들이 거리를 전전하지 않았을까요? 일반적인 걸까요, 아니면 약물 문제일까요?"

"약물과 전쟁 중 어느 것이 먼저였죠?" 제니가 물었다.

"어쩌면 미군이 베트남에서 보고 자행한 것을 극복해 낸 비결이 바로 약물이었을지도 모르지요. 최근 아프가니스탄에서 무분별하게 가택 수색을 벌이는 임무도 사실 견디기 힘들 것이고요. 2차 세계 대전 때 프랑스에서 지내는 것과는 매우 이질적인 경험이겠죠." 야스미나는 깊은 한숨을 쉬었다. "하지만 다시 말하지만, 저는 그중 어느 곳에도 가 본 적이 없답니다. 제가 뭘 제대로 알겠어요?"

그녀는 존의 자리에 쌓여 있는 책 무더기를 가리키며 물었다. "목사님이 읽으시는 저 많은 책들은 전쟁에 대해 뭐라고 말하나요?"

"전쟁에 대해 많은 내용이 있지요." 존은 가장 두툼한 책을 집어들었다. "특히 이 부분이 좋아요. 정말 심오하고도 여러가지 생각을 하게 만드는 구절이죠. 자 봅시다……." 그는 책장을 획획 넘겼다. "아, 여기 있네요."

제6계명이 전쟁에 대해 시사하는 바가 있는가 하는 의문을 갖는 사람이 많다면, 그것은 매우 자연스러운 물음이다. 전쟁이라는 살상 형태는 본디 계획되고 의도된 것이며, 적대적인 양상을 띠며, 적을 죽음으로 몰아넣기 위한 온갖 장치를 포함한다. 전쟁에서 이루어지는 살상을 살인하지 말라는 계명과 별개로 분류하는 것은 쉽지 않을 것이다.[7]

존은 그보다 얇은 책 한 권을 펼쳤다. "이 책을 함께 쓴 두 저자는, 살인을 금지하는 제6계명으로 인해 하나님의 백성이 지구상 모든 정부들과 적대 관계를 형성한다는 것에 주목하고 있습니다. 그러나 정전론에 대한 논의나 전쟁이 필수적인가 하는 토론은 좋아하지 않는 것 같네요. 여기 이런 구절이 있습니다. '교회를 변화시켜 비폭력적인 사람들을 생산하고 지원하는 산실로 만들려면 어떻게 해야 할까를 궁리하는 것이 훨씬 나을지 모른다.'"[8]

"벌써부터 그분들이 좋아지려고 해요!" 제니가 말했다.

"그래요. 이제 우리의 토론이 어디까지 와 있나 봅시다. 지금까지 살인에 대해 이야기했죠. 아니, 살인에 대해 언급만 했다고 해야 할까요? 살인을 막기 위한 총기 소지, 혹은 같은 목적의 총기 규제, 사형, 낙태, 전쟁 이야기가 나왔어요. 빠진 것 있습니까?

"참 암울한 것들이군요. 여기 더 보탤 것이 없기를 바라요." 카를로스가 말했다.

아무도 다른 살인 형태를 추가하지 않자 존이 말을 이었다. "저는 '죽이지 말라'와 '살인하지 말라'의 차이점으로 다시 돌아가고자 합니다."

샘이 나섰다. "저는 '살인'이라는 단어를 쓰는 것이 더 적절한 것 같습니다. 우리가 다뤘던 계명들은 모두 우리 이웃을 어떻게 대할지에 대해 말하고 있으니까요. 제가 '실수로' 이웃의 부인과 부정을 저지르게 되지는 않습니다. 이웃의 물건을 훔치거나 이웃에 대한 거짓말을 한다 해도 절대 '실수로' 그러지는 않지요. 저는 '실수로' 이웃을 죽이지도 않습니다." 그는 잠시 뜸을 들였다. "글쎄, 그럴 수도 있겠죠. 그러나 그렇다면, '네 이웃을 실수로 죽이지 말라'라고 명하실 수는 없겠지요? '살인'에는 고의성이 있지만 '죽이다'라는 행위는 우연히 실수로 일어날 수도 있으니까요."

"저 역시 샘과 비슷한 생각을 해 왔어요." 존이 말했다. "이와 관련해서 책을 좀 읽어 보니 재미있더군요. 물론 '죽이다'라는 히브리어 단어 표현은 자주 나오진 않습니다. 다른 곳이라면 딱 한 곳, 민수기 35장에 좀 등장하고 다른 곳에는 거의 나오지 않아요." 그는 토론 모임을 둘러보았다. "이 모임을 신학교 수업처럼 만들고 싶진 않지만, 그 단어는 민수기 35장에서 여러 가지 방식으로 사용되고 있습니다. 의도적으로 남을 죽이려는 사람, 혹은 최소한 사람이 죽을 수 있다는 것을 알면서 공구 같은 것을 들어 남을 치는 경우를 말할 때 쓰지요. 의도치 않게 다른 사람을 죽이는 경우에도, 형 집행 행위와 관련해서도 '죽이다'라는 단어가 사용됩니다. 바꾸어 말하자면······." 존은 두꺼운 성경 주해서를 펼쳐 읽어 내려갔다. "우연히 사람을 죽이는 것이나, 법에 의해 사람을 죽이는 것은, 십계명에서 다른 사람을 죽이는 것을 금할 때 쓰인 것과 같은 단어를 써서 표현할 수 있고 실제로 그렇게 되어 있다."[9]

그는 책을 내려놓았다. "이 말이, 제6계명의 단어를 정말 '살인하다'

로 바꾸어도 되는지 더 고민하게 만듭니다. 죽이는 모든 행위가 다 들어가는 것 같거든요."

"하지만 그게 더 말이 안 됩니다." 샘이 말했다. "만약 그 말이 '사형을 집행하지 말라'라는 의미도 될 수 있다면, 어째서 하나님께서 그 표현을 쓰시는 거죠? 곧바로 타인을 죽이는 자들을 처벌하라는 명을 내리시는데 말이에요."

샘은 계속 말을 이어 나갔다. "또한 이스라엘 민족에게 다른 민족을 치라고 명하신 것도 여러 번인데, 하나님이 계명을 어겨도 된다는 면제권이라도 주신 건가요? 신의 허가를 받으면 사람을 죽여도 괜찮은 것입니까?"

존이 나섰다. "저희 집에 그 주제에 대한 책들이 책장 하나쯤 있는데요, 제가 확신하게 된 바는 이렇습니다. 성경의 그 말씀들을 오늘날의 어떤 폭력이나 전쟁을 정당화하는 데 이용하려는 자들은 모두, 그 부분을 제외한 성경의 대부분을 무시하는 것입니다. 신약 성경 어디에도, 그리스도인이 살인하는 장면은 나오지 않습니다. 그리스도인들이 살해당하지요. 법 권력이 그 살인 행위를 허용해 준 경우도 있고요. 그중 어떤 것도 긍정적으로 비추어지진 않아요."

"어쨌거나 예수님 자신도 사형을 당하셨지요." 제니는 이렇게 한마디를 던지고 잠시 생각에 잠겼다. "자, 분위기를 바꿔 보는 게 어때요? 이번 주에 전 이런 생각을 했어요. 우리가 십계명을 역순으로 살펴보고 있는데, 기드온 성경에서 십계명을 읽다가 갑자기 무언가에 맞은 듯한 기분이 들었어요. 바로 이 제6계명을 지키는 것이, 우리가 지금까지 다뤘던 다른 계명들을 지키는 시작점이 되는 것 같아요. 그러니까, '네 이웃을 죽이지 말라'라는 말을 달리하면 '인간의 생명을 소중히 여기고 보호하라'라는 말이 되겠죠. 여기서 시작하여 세부적인 실천으로 나아가는 거예요. 이웃의 물건을 훔치지 말고, 그 배우자와 정을 통하지 말며, 그들에 대하여 거짓 증거 하지 말라, 이렇게요. 만약 우리가 이웃을 소중하다 생각하지 않고, 그들을 보호해야 한다는 생각이 없다면, 그 계명들을 지키려는 동기를 찾을 수 없지 않겠어요?"

"좋은 지적이에요." 존이 말했다. "그리고 제가 이번 주일 설교에 쓰려는 이야기와도 잘 연결되네요." 그는 커피를 들이켜고 말을 이었다. "이스라엘의 왕 아합 아시죠? 이세벨이라는 여인과 결혼했지요."

"음, 정말 엄청난 여자이지요." 세라가 말했다.

"맞습니다. 엄청나게 대단한 여자죠." 존이 맞장구쳤다. "자, 아합 왕이 이웃의 포도밭에 눈독을 들입니다. 채소를 키울 모판을 만들기에 딱 좋겠다 싶었죠. 왕은 그의 이웃 나봇에게 포도밭을 팔 것을 청합니다. 자신의 다른 포도밭과 바꾸기를 원한다면 그렇게 하자고도 제안하지요. 하지만 나봇은 왕의 제안을 거절합니다. 대대로 물려받은 가족 소유의 땅이어서 팔 수 없다고요.[10]

아합 왕은 기분이 썩 좋지 않았습니다. 집으로 돌아가 실망감에 하소연을 합니다. 이세벨이 왕에게 자초지종을 묻고, 왕은 포도밭 이야기를 했겠죠. 이세벨은 이렇게 말합니다. '당신이 이스라엘을 다스리는 왕이긴 해요?' 그리고 아합이 대답을 하기도 전에 이렇게 말하죠.

'걱정 말아요. 그 포도밭 갖게 해 드리리다.'

　아합 왕이 이웃의 포도밭을 시기한 것에서 이야기가 시작되는 겁니다. 그리고 이야기가 진행되면서 우리가 논의했던 다른 계명들이 나오지요. 이세벨은 그 도시의 주요 인사들과 나봇을 불러 모읍니다. 이세벨이 사전에 매수해 둔 두 사람이 나봇에게 적대적인 증언을 하고, 나봇이 하나님과 왕을 저주했다고 고발합니다."

"거짓 증거를 했군요." 샘이 말했다.

"바로 그렇습니다. 사람들은 나봇을 끌어내 돌로 쳐 죽이지요. 이렇게 해서 이세벨은 남편이 포도밭을 갖게 해 줍니다."

"이세벨과 아합은 나봇의 땅을 훔치고 죽게 만들었군요." 카를로스가 말했다. "이세벨이 나봇을 죽이기 전 나봇과 잤다면 지금까지 우리가 토론한 것이 전부 다 해당됐을 텐데."

"말은 되는군요." 존이 말했다.

"그런 짓을 하고도 무사했나요?" 엘리가 물었다.

"아합이 빼앗은 포도밭에서 선지자 엘리야가 왕에게 맞섭니다. 그들이 저지른 일 때문에 아합과 이세벨 또한 목숨을 잃을 것이라고 말하지요. 이 이야기에는 권력이라는 요소가 분명 존재합니다만, 모든 것의 시작은 바로 이것입니다. 이세벨은 나봇의 생명이 가치 있거나 보호해야 하는 대상이 아니라고 가정한 것이지요. 그리고 이 살인은 사형 선고를 통해 이루어졌는데, 오늘날에도 전 세계의 많은 정권이 국민들에게 자행하고 있는 행위이죠."

"아, 굉장히 재미있기도 한데요," 엘리가 말했다. "뭐랄까 내가 살아가는 이곳과는 동떨어진 것처럼 느껴지기도 해요. 모두 중요한 이슈인 것은 알겠는데, '죽이지 말라'라는 말이 우리 일상생활에서는 어떤 의미일까요?"

"좋은 질문이에요, 엘리." 존이 대답했다. "또한 설교를 준비할 때마다 늘 가장 신경 쓰이는 점이지요. '그래서 어쩌라고?' 이 질문, 맞지요? 우리가 이 질문을 예수님께도 던질 수 있을까요? 예수님은 뭐라고 답하실까요?" 그는 성경을 들어 책갈피로 표시한 곳을 펼쳤다.

옛 사람에게 말한 바 살인하지 말라 누구든지 살인하면 심판을 받게 되리라 하였다는 것을 너희가 들었으나 나는 너희에게 이르노니 형제에게 노하는 자마다 심판을 받게 되고 형제를 대하여 라가*라 하는 자는 공회에 잡혀가게 되고 미련한 놈이라 하는 자는 지옥 불에 들어가게 되리라[11]

"우와." 야스미나가 말했다. "예수님은 제6계명에 불까지 붙이셨군요! '남을 죽이지 말지어다'가 '남에게 화내지 말지어다'가 되는 거예요? 어떻게 그렇게 되죠? 수시로 화가 나는 건 어쩔 수 없지 않나요?"

"정말요?" 엘리도 말했다. "누군가에게 화를 내는 것이 그를 죽이는 것과 같다고 예수님이 말하셨다고요? 말도 안 돼요!"

"엘리처럼 생각하는 사람이 사실 많긴 해요." 존이 말했다. "예수님은 이 문제에 있어서 좀 더 엄격한 잣대를 적용하시는 것 같습니다."

"좀 더 엄격한 잣대라고요? 그런 기준을 뛰어넘는 건 무중력 상태

* Raca. 히브리인의 욕설로 '속이 빈 멍청한 바보'라는 뜻

에서나 가능하겠는데요!" 엘리가 대꾸했다.

"그러면 엘리는, '죽이지 말지어다'에 대해 예수님이 말하신 것을 어떻게 생각해요?"

"완전 말도 안 된다는 점 말고 더요?"

"네. 그거 말고 또 다른 생각을 말해 줘요."

"글쎄요, 많은 살인 사건은 화가 난 사람들이 저지르는 것이겠죠. 아마 그 이유 때문에 그렇게 말하셨겠죠? 말하자면, 갈 데까지 가기 전에 막는다, 그런 건가요? 전 잘 모르겠네요."

"잘 얘기한 것 같네요." 샘이 말했다. "죽이고 싶도록 화가 치밀었던 적이 종종 있었던 것 같아요. 아 물론, 실행에 옮기려 한 적은 당연히 없지만요. 오해하시면 안 돼요."

이번에는 윌이 나섰다. "칼 바르트*가 그것에 대해 쓴 것을 들어 보세요." 그는 노트를 펼쳤다.

> 우리 대부분은 마음속에 살인자를 품고 있다. 하나님이 그리 명하셨는지, 그저 주변 상황이나 규범 탓인지, 처벌에 대한 두려움 때문인지는 몰라도 그 살인자는 사슬에 묶여 억눌려 있다. 그러나 그는 감옥 안에서 살아 날뛰고 있어서 언제라도 튀어나올 준비가 되어 있다.[12]

노트에 적힌 것을 읽고 나서 그는 고개를 들었다. "이런 말을 얼마나 자주 들었나요? '그럴 생각은 없었어. 그때는 너무 화가 났었거든.'

---

* 19세기 스위스의 개신교 신학자

이건 어떻죠? '분노에 눈이 멀어 참을 수가 없었어.' 분노에 찬 마음 속에서는 가끔 사람을 죽이기도 합니다. 타인을 증오하는 마음속으로 사람을 죽입니다. '난 지금껏 아무도 죽인 적 없어'라는 말로 분노의 감정을 무시해 버릴 수도 있겠지만, 예수님은 그런 식으로 빠져나가는 것을 용납하지 않을 겁니다. 왜냐하면 늘 그렇듯, 우리가 무엇을 했는지가 아니라 우리 마음속에서 어떤 일이 벌어지는지가 더 중요하기 때문이죠. 모세는 레위기 19장에서 십계명을 다시 언급하며 이렇게 말합니다. '너는 네 형제를 마음으로 미워하지 말며…… 원수를 갚지 말며 동포를 원망하지 말며 네 이웃 사랑하기를 너 자신과 같이 사랑하라.'[13]

분노란 참 요상한 것입니다. 물론 우리 모두 화가 날 때가 있고, 그럴 만한 이유가 있게 마련이죠. 예수님조차도 때때로 화를 내셨습니다. 그러나 우리의 분노는 너무나 자주 살아 움직이지요. 예수님이 말씀하시는 것이 단순한 분노는 아닐 것입니다. 밖으로 표출되는 분노, 상대에게 위해를 가하고자 하는 방향성을 띤 분노를 말씀하시는 것이죠."

"무슨 말씀인지 알 것 같아요." 야스미나가 말했다. "어떤 사람이 다른 누군가를 해치려, 심지어는 죽이려 하기 훨씬 전부터, 그 대상에게 화가 나 있었을 테고 그 분노를 처리할 방도를 찾지 못했을 거라는 말이죠?" 그녀는 잠시 손가락으로 머리카락을 꼬아 만지작거렸다. "우리 학교에 어떤 애가 있어요. 그 녀석이 얼마 전에 제 친구를 많이 다치게 해서 전 무척 화가 났고, 그 감정을 떨쳐 버릴 수가 없었어요.

아직도 그런 거 같아요. 그 자식을 볼 때마다 복수심과 분노가 되살아나요. 나도 모르게 주먹에 힘이 들어갈 때가 있죠. 그 애는 벌써 다 잊어버린 것 같은데, 저는 아니거든요." 그녀는 멤버들을 둘러보았다. "제가 그 녀석을 정말 때린다든지 할 것 같지는 않지만, 글쎄요······."

엘리가 말했다. "만약 그 애가 전혀 사과도 안 했고 잘못을 바로잡으려는 노력도 없었다면 네가 분노를 느끼는 게 당연해. 최소한 나는 그렇게 생각해."

"하지만 그 애를 볼 때마다 제가 이런 기분이 되는 것이 싫어요. 저는 폭력적인 사람이 아니니까요. 최소한 그렇게 생각하고 싶다고요. 그런데도 그 녀석이 제 친구에게 한 것과 똑같이 다쳤으면 하는 게 제 바람인가봐요."

"눈에는 눈, 이에는 이." 샘이 말했다.

"우리 토론 중에 이 얘기가 나오게 될까 생각했었죠. '눈에는 눈으로써, 생명에는 생명으로써'라는 탈리오 법칙이 나왔군요."

"무슨 법칙이요?" 엘리가 물었다.

"가해 정도와 처벌의 강도가 똑같아야 한다는 법칙이에요. 눈에는 눈, 이런 식이지요. 율법에 나와 있는 표현이 그 기원인데, 여러 군데에 등장합니다. 어떤 사람들은 '생명에는 생명으로써'라는 부분을 들어 사형 제도를 정당화하는 근거로 삼지요."

샘이 덧붙였다. "하지만 모세의 율법 훨씬 이전에 등장한 법칙입니다. 창세기 9장에, 하나님이 노아에게 언약을 세우시는 장면에도 나와요."

다른 사람의 피를 흘리면 그 사람의 피도 흘릴 것이니
이는 하나님이 자기 형상대로 사람을 지으셨음이니라[14]

"'생명에는 생명으로써'와 같은 말이지요."

"하나님이 노아와 맺으신 언약 내용을 전부 살펴보아도 좋겠군요." 윌이 이렇게 말하고 모두를 둘러보았다. "여기 계신 분들 모두 노아의 방주 이야기가 생소하지는 않으시겠죠?" 다들 고개를 끄덕였다. "그런데, 하나님께서 왜 홍수를 일으키셔서 노아의 가족을 제외하고 모두 쓸어 버리셨는지, 그 이유도 아시나요?"

"인간의 마음이 악해졌기 때문이지요." 샘이 말했다.

"맞습니다. 그런데 하나님께서 노아에게 콕 집어 말씀하신 이유가 있습니다. 무엇일까요?"

"어……. 나는 모르겠군요."

"성경책 좀 봐도 될까요?" 윌이 존의 성경을 가리키며 물었고 존은 책을 건네주었다. 윌은 해당 부분을 읽어 나갔다. "'하나님이 노아에게 이르시되 모든 혈육 있는 자의 포악함이 땅에 가득하므로 그 끝 날이 내 앞에 이르렀으니 내가 그들을 땅과 함께 멸하리라.'[15] 모든 혈육 있는 자의 포악함이 땅에 가득했기 때문이라고 합니다."

윌은 성경을 내려놓았다. "가인이 아벨을 죽인, 형제끼리 죽이는 사건을 시작으로 해서, 인간은 하나님이 만드신 세상에 폭력을 선보임으로써 하나님의 샬롬, 즉 하나님의 평화를 파괴해 왔습니다. 제 생각에 제6계명의 핵심을 이루는 현실은, 자극을 받았을 때 폭력적으로 반응하는 성향입니다. 그리하여, 우리 인간의 포악함에 대한 결론을 내리신 후 하나님은 노아와 언약을 맺으시지요."

그는 샘을 보며 말을 이었다. "그 언약을 살펴보면, 채소와 과일 외에도 동물을 먹을 수 있도록 허락받았다는 것을 알 수 있습니다. 에덴동산의 조화로움을 깨뜨린 이후, 동물들은 우리 인간을 두려워하게 됩니다. 물론 우리가 동물을 잡아먹으려 하니 당연한 결과겠지만요. 여기에 하나님은 한 가지를 양보해 주셨는데, 살아 있는 생물을 죽일 권리를 주셨습니다. 하나님은 다른 인간을 죽이는 것까지는 허락하지 않는다는 점을 세 번이나 반복하시며 확실히 해 두셨습니다. 누군가의 핏방울이 흐르게 될 때에만 하나님은 샘이 인용한 그 구절을 읽을 것을 상기하라 하실 것입니다.

하나님이 우리에게 살인자를 사형시킬 권위를 부여하셨다는 것이 아니라, 모든 살아 있는 것은 하나님 것이라는 사실을 알고, 살인은 하나님이 주신 권리를 위반하는 것임을 깨닫는 것이 요점이겠지요. 그리고 그 권리를 어겼다면 그 살인자의 생명을 박탈할 수밖에 없다는 것입니다. 하나님 백성으로 하여금 모세에게 주신 율법 안에서 그것을 행하라는 법적 기제를 마련해 주셨습니다." 윌은 멤버들을 둘러보았다. "엘리가 지적했듯이 인간의 법적 절차에는 흠결이 있기 때문에 문제가 되는 것이지요. 살인자를 죽임으로써 다른 인명을 해치는 것을 지지하려면, 죄 없는 사람을 죽여 하나님 말씀을 어기게 되는 위험까지 감수해야 합니다.

인간은 하나님의 형상대로 만들어졌기 때문에, 다른 사람의 목숨을 빼앗은 자는 죽임을 당해야 할 정도로 사람의 생명이 가치 있다는 것을 뒷받침하는 이유를 샘이 말해 주었습니다. 사람은 하나님의 형상을 지니고 있기 때문에 하나님께서 보살펴 주신다는 것도요."

엘리가 분개한 듯한 목소리로 말했다. "완전 헷갈리네요. 생명에는 생명으로써 되갚는 것이 합법적이라는 거예요, 아니면 그 반대예요?"

윌이 웃으며 대답했다. "미안해요, 엘리. 나도 가끔 내가 무슨 말을 하는지 몰라요. 하지만 내가 하려는 말은, 그 구절을 우리가 사형을 집행할 수 있다는 근거로 삼기보다는, 그 구절을 읽으면서 하나님이 함께 나누라 하신 생명과 인생에서 우리가 얼마나 동떨어져 있는지를 깨닫는다는 것이에요. 하나님은 평화롭게 공존하라 하셨는데 말이죠."

세라가 아쉬운 표정으로 말했다. "사자가 어린양과 함께 누울지라."

"어, 나 그런 그림 본 적 있어요." 엘리가 말했다. "그게 성경에 나오는 장면인가요?"

윌이 대답했다. "이사야 선지자가 본 환상에 나오는 장면인데, 그의 말을 믿는다면 언젠가 다시 펼쳐질 광경이죠. '사자가 소처럼 짚을 먹을 것이며 …… 나의 성산에서는 해함도 없겠고 상함도 없으리라.'"[16]

카를로스가 말했다. "뭐죠, 전부 다 채식주의자가 된다구요?"

이번엔 존이 크게 웃었다. "그게 그렇게 나쁠까요, 카를로스? 랍비들은 율법에 적힌 음식물 규정에 따르면 이스라엘 사람이 모두 채식주의자가 되어야 한다고 말한답니다."

"그건 그렇고 살인자들은 어떻게 처리해야 하죠?" 샘이 물었다.

제니가 입을 열었다. "종신형은 어떤가요? 감옥 안에서지만 생명은 박탈하지 않는 거죠. 그리고, 기독교에서는 구원을 이야기하잖아요? 누구든 죽인다는 것은 그 대상에게 다른 어떤 것도 허용하지 않는 것인데, 그리스도인들이 정말 그것을 지지하나요?"

이번에는 스티브가 나섰다. "물론 종신형이 사형보다 가볍겠지."

릭이 턱을 문지르며 말했다. "지난 주일에 목사님이 예로 든 이야기를 여기에도 적용시켜 본다면 어떻겠습니까?"

"계속해 보세요." 존이 말했다.

"제 기억이 맞다면, 예수님이 대충 이런 말씀을 하셨지요. '죄가 없는 자가 이 여인에게 첫 번째로 돌을 던져라.' 예수님은 법률을 비판하신 것이 아닐 겁니다. 그녀의 행동이 옳다는 말씀도 아니고요. 단지 그녀가 한 일로 죽임을 당하는 것은 부당하다는 뜻이었지요."

야스미나가 거들었다. "또한 예수님은, 거기 모인 모든 사람에게, 자신이 더 나을 바 없다면 그녀에게 손가락질할 권리가 없다는 말씀을 하신 것이죠."

샘이 천천히 덧붙였다. "먼저 네 눈 속의 들보를 빼라."

야스미나는 혼란스러운 표정을 지었다. "예수님 말씀이 더 있죠. 먼저 네 눈 속에서 들보를 빼라 그 후에야 네가 밝히 보고 형제의 눈 속에 있는 티를 빼리라."

존이 덧붙였다. "예수님은 사형 제도에 대한 오늘 토론에 적용할 수 있는 유용한 말씀을 많이 하셨습니다. '누구든지 네 오른편 뺨을 치거든 왼편도 돌려 대라', '네 칼을 도로 칼집에 꽂으라.' 그리고 십자가에 못 박히실 때에도 말씀하셨습니다. '아버지, 저들을 사하여 주옵소서 자기들이 하는 것을 알지 못함이니이다.'"

존은 시계를 한번 쳐다보고는 엘리 쪽을 보며 말했다. "우리가 엘리의 질문을 제대로 다룬 건지 모르겠네요." 엘리는 어깨를 으쓱해 보였다. "아니, 중요한 거예요. '죽이지 말라'라는 말이 우리의 일상생활에 어떤 의미가 있는지 말입니다."

세라가 목소리를 높였다. "지금까지 우리가 토론했던 계명들이 모두 이웃을 사랑하는 것에 대한 거였잖아요? 예수님이 이웃 사랑의 기준치를 높여 놓으셨다면, 전에도 우리가 얘기했듯이 내 이웃을 죽이지 않는 것은 그 기준치의 제일 낮은 수준일 테죠. 그러니 칭찬 들을 이유가 없어요." 그녀는 잠시 말을 멈추더니 웃음을 터뜨리며 말을 이었다. "한두 번쯤은 진짜 죽여 버리고 싶었던 적도 있지만요! 아니, 제가 보기엔, 이건 내가 이웃을 '죽이지 않는' 것과는 별 상관이 없어요. 내가 이웃에 '해를 끼치지 않으려고' 뭘 어떻게 하는지와도 상관이 없죠. 이건 정말이지, 내가 내 이웃의 '삶'에 관심이 있는지의 문제가 아닌가 싶어요. 나 자신이 영위하고자 하는 그런 삶 말이에요."

그녀는 테이블 가까이 다가앉았다. "어쩌면 이 계명은, 생명을 빼앗는 행위들인 전쟁, 낙태, 안락사, 그리고 우리가 이야기 나눴던 다른 모든 것만큼 중한 죄악에 속할 수 있는 것이 무엇인지를 말해 주는 것 같아요. 존엄한 인간의 삶을 구성하는 필수 요소인 의료 서비스, 주택, 식생활, 교육, 탁아 및 양로 시설, 적정 급여 같은 것들을 우리 사회 각 가정과 어린이들에게 제공하지 못하는 것도 생명을 빼앗는 것에 준하는 죄악이 될 수 있다는 의미라 생각해요."[17]

"백번 옳은 말씀입니다!" 제니가 말했다.

"오, 말도 마요. 우리 집안 사람들이 끊임없이 자기들이 얼마나 낙태를 반대하고 생명을 중시하는지 지껄여 대고, 자기들이 다니는 교회가 가족의 가치를 중시한다고 떠들어 대는데 아주 진저리가 나요. 그러면서 아무것도 모르는 소녀들이 뜻하지 않게 임신을 하고 미혼모인 그들 엄마와 똑같은 가난의 굴레에 갇히는 건 그저 수수방관하지요. 교회는 무조건 낙태하지 말라고 하면서 아기의 생명을 지키는 의로운 일을 했다고 뿌듯해할 뿐이고요. 하지만 그렇게 살려 낸 아기가 자기 자식들이 누리는 바와 같은 혜택을 받으며 자라도록 돕는 일에는 인색하기 짝이 없지요. 내 알아넌 스폰서*가 늘 말하는 것처럼, '나는 2루에서 태어났으면서 내가 2루타를 쳐서 2루에 왔다고 우기지는 않겠어'**라는 태도죠."

월도 한마디 보탰다. "대부분의 개정 교리 문답서를 훑어보면, 십계명에 대한 질문들은 각 계명이 요구하는 것에 대한 질문이지 그 계명이 금지하는 것을 묻지 않습니다. 젊어서 들었던 신앙 강론을 떠올려 보면, 하이델베르크 교리 문답에는 이런 질문이 있죠.

문: 그러한 방법으로 우리 이웃을 죽이지 않으면 그것으로 충분한 말입니까?

답: 아닙니다. 하나님께서는 시기와 증오와 분노를 정죄하심으로써 이

---

* Al Anon은 알코올 중독자 가족, 친구의 자조 모임
** 야구 감독 배리 스위처Barry Switzer의 다음 격언을 인용하여 변형한 것. Some people are born on third base and go through life thinking they hit a triple. 어떤 사람들은 3루에 태어났지만 자신이 3루타를 쳤다고 생각하면서 인생을 산다. 여기서는 '미혼모가 되는 사람들과 자신은 출발점부터 다르다는 것쯤은 인정한다'라는 뜻

웃을 내몸과 같이 사랑하고 인내와 화평과 온유와 자비와 우정으로 대하며 할 수 있는 한 그들을 위험으로부터 보호하고 심지어 원수들에게까지 선을 베풀라고 가르쳐 주십니다."[18]

"와, 참 인상적이에요." 엘리가 대꾸했다.

윌은 고개를 흔들며 말했다. "그대로 실천하기만 한다면 그렇겠죠, 엘리. 실천이 문제랍니다."

제니가 말을 꺼냈다. "나라면 엘리의 질문에 이렇게 대답하겠어요. 토마토요."

"토마토라고요?"

"네, 토마토 말이에요. 채소가 귀한 12월에 햄버거에 얹으려고 사는 그 매끈하고 안팎으로 빨갛고 토실토실하고 맛없는 그거요."

"아, 정말 토마토 말이군요."

"맞아요. 플로리다 이모쿨레에서 나는 토마토 같은 경우요. 그곳 농장에서는 이주 노동자들이 토마토를 손으로 하나하나 따서 32파운드*짜리 통에 담는데, 그중에는 말 그대로 노예나 다름없는 사람들이 있어요. 한 통에 달랑 50센트**를 받는데, 30년 전 그들의 할아버지 세대가 받던 품삯과 같아요. 최저 임금 수준의 소득을 올리려면 그들은 매일 2.5톤씩 토마토를 따야 하죠. 12월에 토마토 32파운드가 얼마 정도 하는지 아시죠? 8달러*** 정도예요. 우리가 과연 그 이웃들을 내 몸처럼 사랑한다고 할 수 있을까요? 그렇게 해서 생활은 될까

---

* 약 14.5킬로그램
** 약 550원
*** 약 8,800원

요? 아니, 그들은 과연 그 토마토를 살 수나 있을까요?"[19]

월은 탁자 위에 놓인 성경을 펼쳤다. "제니가 지적한 것과 우리가 지금껏 토론했던 것 사이의 연관성에 대해 예수님의 친구가 쓴 부분이 있습니다. 한번 봅시다." 그는 성경을 뒤적여 그 부분을 찾아냈다.

> 그 형제를 미워하는 자마다 살인하는 자니 살인하는 자마다 영생이 그 속에 거하지 아니하는 것을 너희가 아는 바라 그가 우리를 위하여 목숨을 버리셨으니 우리가 이로써 사랑을 알고 우리도 형제들을 위하여 목숨을 버리는 것이 마땅하니라 누가 이 세상의 재물을 가지고 형제의 궁핍함을 보고도 도와줄 마음을 닫으면 하나님의 사랑이 어찌 그 속에 거하겠느냐[20]

존이 말했다. "그러니까 요약해 보자면, 제6계명에 대해 나온 이야기들로 볼 때 '살인하지 말라'에는 단순히 남을 해치지 말라는 것 이상의 의미가 있는 것 같군요. 타인의 생명과 삶을 존중하라는 메시지인 '네 이웃을 네 몸과 같이 사랑하라'의 의미가요. 그리고 예수님은 우리 적도 우리 이웃에 포함된다고 말씀하심으로써 그 메시지를 더 강하게 만드셨어요.[21]

하지만 슬프게도 우리는 두려움, 시기심, 폭력성으로 가득 차 있어서, 적을 사랑하기는커녕 이웃을 사랑하는 것조차도 너무 어렵습니다. 여러 측면에서 우리는 그 옛날 십계명을 처음 들었던 노예 무리와 크게 다를 것이 없어요. 아마 십계명이 너무 직설적이라 그럴지도 모르죠. '살인하지 말라.' 논쟁거리로 삼을 만한 미묘한 뉘앙스도 없고 애매하게 얼버무리는 것도 아니잖아요. 그저 '살인하지 말라', 이게 다죠."

그는 웃었다. "칼뱅과 루터는, 하나님이 우리에게 어린아이에게 말하듯 하셨다고 했습니다. 이 계명을 지키려면 인내심과 이해, 공감, 용기가 필요하고, 그것들은 긴 시간을 들여 배울 수 있는 미덕입니다. 그래서 하나님은 어린애들을 대하듯 이렇게 말씀하시는 거죠. '일단 서로를 죽이지 않는 것으로 시작해 보는 게 어떻겠느냐.'"

그러고는 야스미나를 보며 말했다. "그럼 야스미나의 반 친구에 대한 분노 얘기를 해 봅시다. 분명 그런 감정을 느끼고 싶은 건 아닌데, 속에서 부글부글 끓어오르는 걸 어쩌지 못하는 거죠?"

"네, 맞아요."

"제 생각엔 여기 모인 분들 중에 그런 경험을 가진 분이 더 계실 겁니다. 요사이 벌어지는 안타까운 일들을 보아도, 그 감정 때문에 끔찍한 일을 저지르는 사람들이 있어요."

존은 한숨을 쉬고 말을 이었다. "하지만 적을 사랑하라는 것이나 비폭력에 대해 말하려 하면, 누군가 이런 식의 이야기를 합니다. '그러면, 누가 목사님 집에 침입해 가족을 위협한다면 어떻게 하시겠어요?' 솔직히 말해 이런 질문은 제6계명이 함축하는 의미를 찾을 때 전혀 도움이 되지 않았죠. 십계명의 맥락을 다시 살펴보게 만들 뿐입니다.

이 십계명이 하나님 백성 공동체의 기틀을 세우는 것이지만, 또한 그 공동체 자체가 십계명의 존재 이유이기도 하지요."

몇 명이 어리둥절한 표정을 짓자, 존은 부연 설명을 시작했다.

"다 함께 합심하여 이 계명들을 지키며 살려고 하는 공동체가 없다면, 십계명은 그저 이상적이고 영웅적인 말에 지나지 않겠죠. 좋은 말이긴 하지만, 앞에서 말했던 여러 예외 상황에서는 가볍게 건너뛸 수도 있는 것이 됩니다. '살인하지 말라……. 단 집에 강도가 들었을 때는 빼고.' 이런 식으로요. 무슨 말인지 아시겠죠? 그렇습니다. 십계명은 시내 산 기슭에 모인 사람들 하나하나에게 주신 말씀이고, 오늘날의 우리에게도 마찬가지입니다. 그러나 그 개인들이 모여 결국 하나의 공동체가 되고, 그 공동체는 이 계명들을 따라 비폭력을 실천하고, 십계명을 온전히 지키는 데에 필요한 인내, 공감, 용기, 만족, 관대함 등의 덕목을 가꾸어 나가는 것입니다.

우리는 지난주 콜로라도 사건 같은 일을 저지르는 소위 '괴물'들에게 손가락질할 수 있지요. 서로에게 행하는 갖가지 폭력을 접하면서 발만 동동 구르기도 하고, 무시무시하고 폭력적인 이 사회의 본성을 한탄할 수도 있어요. 하지만 저라면 저 자신과 교회를 비판해야 할 것 같습니다. 우리의 폭력적인 문화에 대해서는 다른 누구보다도 우리 자신의 책임이 커요. 평화의 왕자이신 예수님을 찬양하는 우리가 비폭력적 공동체를 만드는 데 실패했기 때문이지요. 적을 위해 생명을 내려놓고 적이 자행하는 폭력을 홀로 견디신 예수님은 그들과 똑같은 방식으로 대응하지 않았습니다. 우리가 그분을 찬양한다면 자연스럽게 폭력 없는 사회를 건설했어야 하는데 말입니다." 존은 손을 뻗어 성경을 들었다. "네 원수가 주리거든 먹이고 목마르거든 마시게 하라 그리함으로 네가 숯불을 그 머리에 쌓아 놓으리라. 악에게 지지 말고 선으로 악을 이기라."[22]

그는 다시 야스미나를 향해 말했다. "야스미나가 혼자 애써서 그런 분노 감정을 느끼지 않을 수 있을지는 잘 모르겠지만, 공동체의 일원으로서는 어떨까요? 만약 이 계명을 전달받아 그것이 함축하는 모든 의미를 진지하게 받아들이는 공동체에 속해 있다면, 그리고 우리의 분노와 우리 이면에 도사리고 있는 폭력성을 해결할 건강한 방법을 찾아내기 위해 함께 노력한다면 어떨까요? 아무 갈등도 없는 세상을 만들자는 것은 아니지만, 갈등이 발생했을 때 문제되는 부분을 털어놓고 재빨리 상대방과 화해하려고 노력하는 사람들이 되자는 겁니다. 잘못을 직시하고 적극적으로 용서하는 사람들, 갈등 해결을 위해 폭력에 기대지 않는 사람들이 되는 것이지요."

야스미나는 미소를 띠고 말했다. "목사님, 목사님 교회로 오라고 전도하시는 거예요?"

존이 웃으며 대답했다. "언제든 환영이에요, 야스미나. 하지만 우리 교회가 그런 공동체의 수준에 도달했다고 자신 있게 말하지는 못하겠네요." 그의 표정이 심각해졌다. "하지만 우리에게 희망이 있다면, 우린 반드시 그런 사람들이 되어야겠지요."

엘리가 말했다. "세상은 증오로 가득 차 있어요. 우리와는 다른 사람들에 대한 두려움도 많고요. 그렇지 않은가요?"

"맞아요. 안타깝지만 교회 안에도 증오와 공포가 만연해 있지요.

하지만 내가 아는 한 가지는, 증오심에 대항하는 최고의 방법은 함께 살아가는 사람들을 향한 애정을 키우는 것이라는 점이에요. 특히 우리와는 다른 사람들을요."

"네 이웃을 네 몸과 같이 사랑하라." 제니가 말했다.

"네 이웃을 네 몸과 같이 사랑하라."

엘리는 야스미나의 팔을 붙들고 일어섰다. "자 이제 가자, 늦겠다. 목사님, 다음 주에는 무슨 이야기를 할 건가요?"

"제5계명, 네 부모를 공경하라."

"그러면 야스미나 엄마께서 저희를 여기에 일찍 데려다주시겠네요. 헤헤." 엘리가 손을 흔들며 야스미나와 함께 카페를 나섰다.

나머지 일행들도 모두 일어섰다. 그때, 제니가 세라에게 말했다. "저는 다음 주에는 빠지려고요."

세라는 가만히 서서 제니를 빤히 바라보았다. "이제 제니 얘기를 좀 들어 봐야 하는데." 제니는 고개를 떨구고 잠시 발끝을 응시하다가 눈을 들어 세라를 보고 말했다.

"그래야 할까요?"

6

순종에서 존중으로

제5계명

아버지, 거울을 봐도 아버지가 보이고

울리는 전화벨 소리도 아버지 전화 같아요

- U2의 리더 보노Bono가 돌아가신 아버지를 위해 만든 노래

"Sometimes You Can't Make It on Your Own" 중에서

네 부모를 공경하라

그리하면 네 하나님 여호와가 네게 준 땅에서

네 생명이 길리라

- 출애굽기 20장 12절

제니가 도착하여 자전거를 보관소에 묶고 있을 때 세라는 천천히 차에서 내렸다. 세라가 제니에게 다가가 인사하자 제니는 세라를 올려다보며 미소 지었다.

"제가 나타나서 놀라셨어요?" 제니가 물었다.

"아니 별로. 하지만 자기가 오늘 아침 토론을 빠지지 않기로 했다는 게 기쁜 건 사실이야. 특별히 자기한테 좋은 시간이 될 거고, 힘들기도 하겠지, 진짜로. 하지만 오늘 주제에 대해서 제니가 우리에게 들려줄 게 많을 거 같아." 세라는 제니의 눈을 보며 말했다. "날 믿고 얘길 들려줘서 다시 한 번 고마워." 세라는 제니의 팔을 붙잡아 보듬었고, 제니도 기꺼이 세라의 어깨에 머리를 기댔다.

"제 이야기를 많이 해야 하는 상황은 되지 않았으면 좋겠어요."

"그래, 알아." 세라는 제니의 머리칼을 어루만졌다. "하지만 이제 자긴 혼자가 아니잖아. 어렸을 때와는 달라. 최소한 혼자 외롭게 있지 않을 수 있지."

제니는 세라의 품에서 빠져나와 눈을 빤히 쳐다보며 흐릿한 미소를 지었다. "알아요. 하지만 어렵네요. 전 혼자 해결하는 법을 익혀 놔서요. 저는 누구도 믿지 않고요, 자신을 변호해 줄 사람이 없는 아이들을 위해 열심히 일하는 데에만 집중해요." 제니의 얼굴이 굳어졌다. "저 역시 제 입장을 대변해 줄 사람이 아무도 없었거든요. 부모님에게 받은 게 하나라도 있다면, 홀로서기를 할 수 있게 만들어 주셨다는 것뿐일 거예요."

"그렇지 않아! 그 재능은 네 스스로 터득한 거야, 제니. 그리고 여기까지 제니를 끌고 오는 데에는 그게 필요했겠지. 하지만 아직 발견될 다른 재능들이 많이 숨어 있어. 그걸 믿는 순간에 비로소 자기 것이 되는 재능들 말이야. 보노Bono가 부르는 노래처럼, '가끔은 너 혼자서는 해낼 수 없는 게 있어.'"

"U2도 좋아하세요?"

세라는 허리춤에 손을 얹고 고개를 흔들었다. "뭐야, 로큰롤 좋아하기엔 너무 늙었다는 거야? 나랑 안 어울려? 이봐 아가씨, 그 노래 가사를 말하는 거라고. 그리고 보노로 말하자면, 그 양반은 진실을 노래하잖아. 고통스러운 진실일지라도 말이야."

제니는 살짝 얼굴을 붉혔고, 세라는 깔깔 웃었다. "아, 괜찮아. 일부러 한 방 먹이려고 한 건 아니지?" 세라는 주차장 건너편으로 눈길을 돌렸다. 엘리와 야스미나가 SUV에서 폴짝 뛰어내려 카페 안으로 들어가고 있었다. "이제 시작할 시간인가 보네."

세라와 제니가 발길을 옮기는데 SUV가 다가와 서더니 운전을 하던 여자가 차창 밖으로 고개를 내밀었다. "실례지만 세라 씨 맞나요?" 세라는 그녀를 보고 대답했다. "어 그래요, 맞아요. 세라가 내 이름이에요." 여자는 미소를 지으며 제니에게 고개를 돌렸다. "그러면 옆에 계신 분은 제니 씨겠군요." 제니는 고개를 끄덕였다. "야스미나가 토론 모임 얘기를 많이 해요. 특히 두 분을 제일 좋아한답니다. 자기랑 주파수가 맞는다나요." 그녀는 푹 한숨을 쉬었다. "저도 좀 그랬으면 좋겠어요. 글쎄, 저 나이에는 부모하고는 영 안 맞는 걸까요." 세라와 제니의 표정을 살피더니 그녀는 소리 내어 웃었다. "아, 전 신경 쓰지 마세요. 십 대 자녀에 대해 불평하는 운전기사 겸 요리사 겸 청소부일 뿐인데요 뭐. 그런 사람 수두룩하잖아요." 그러고는 그녀는 창 밖으로 손을 흔들며 주차장을 떠났다.

세라와 제니는 잠시 서로 빤히 쳐다보다가 웃음을 터뜨렸다.

탁자에 둘러앉은 토론 모임 멤버들이 다소 침울해 보여서, 제니는 질문을 하지 않을 수 없었다. "무슨 일 있어요?"

스티브가 신문을 들어 머리기사 제목을 가리켰다. "시크교 사원 총기 난사로 6명 사망."[2]

제니는 자리에 털썩 앉았다. "세상에, 그 뉴스는 아직 못 봤어요."

"교양 인문학 개론 시간에 '살인하지 말라'를 빼먹은 사람이 또 있었나 봅니다." 스티브가 말했다.

"어떤 사람은 핵무기에 잘도 손을 대지요." 야스미나가 말했다. "도대체 그런 게 왜 필요한지 모르겠어요."

존이 한 가지 제안을 했다. "우리 오늘 토론을 시작하기 전에, 이번 사고로 숨진 사람들과 그 가족을 위해 잠시 조용히 애도의 시간을 갖는 게 어떨까요?"

"그러는 것이 좋겠습니다." 샘이 말했다.

각자 생각에 잠겨 모두 침묵을 지켰다. 에스프레소 머신의 김을 빼는 소리가 간간이 그 침묵에 섞였다.

1분 정도가 지나고 존이 입을 열었다. "분위기를 갑자기 바꾸려니 좀 어색하지만, 제5계명을 함께 살펴보도록 합시다." 그는 성경책의 해당 쪽을 펼쳐 릭에게 건넸다. "오늘 아침은 릭이 시작해 보시겠어요?"

릭은 제5계명을 찾아서 소리 내어 읽었다. "네 부모를 공경하라. 그리하면 네 하나님 여호와가 네게 준 땅에서 네 생명이 길리라."[3] 릭은 존에게 성경을 돌려주었다.

"고맙습니다, 릭." 존은 멤버들에게 물었다. "자, 여러분은 이 계명에 대해 어떤 생각이 드세요?"

엘리가 바로 말을 받았다. "제가 늘 하는 질문을 오늘도 던져 볼래요. 엄마 아빠를 '공경하라'라는 말이 무슨 뜻인가요? 복종하라는 거랑 같은 뜻인가요? 그러니까, 부모님이 뭐라고 하시든 상관없이요? 제가 그 단어와 별로 안 친한 것 같아서요."

"첫 질문이 나왔군요. '부모를 공경하라'가 과연 어떤 뜻일까요?"

샘이 말을 꺼냈다. "글쎄요, 어려서부터 교회에서 늘상 듣던 말이죠. '자녀들아 주 안에서 너희 부모에게 순종하라 이것이 옳으니라.'[4] 아마 사도 바울이 이 말에 이어서 제5계명을 인용했던 것으로 기억합니다. 그러니까 엘리의 질문에 대해 저는 맞다고 생각해요. 부모를 공경하라는 말을 들으면 전 머릿속에 '순종하라'라는 단어가 떠오르니까요."

샘은 머리를 긁적였다. "게다가 저는 부모님에게 순종하는 것이 좋다고 생각하거든요. 우리가 어린아이이던 시절에 무얼 제대로 알았겠어요? 우리는 어떻게 행동해야 할지 지시받을 필요가 있습니다. 특히 우리가 위험한 짓을 하고 있을 때라면 더욱 그렇지요. 아이들에게 모든 것을 시시콜콜 다 설명해 주는 게 좋다는 생각에 저는 100퍼센트 동의할 수가 없어요. 아이들이 해서는 안 될 일을 하고 있다면, 왜 그것을 하면 안 되는지 일일이 애들과 토론하고 싶지 않습니다. 내가 하지 말라고 하면 그냥 그만두었으면 좋겠어요."

엘리가 맞섰다. "그런데 저는 어린아이가 아니에요. 물론 부모님은 종종 저를 애 취급하지만요. 그리고 얘기를 하다 보면 늘 이렇게 끝나죠. '넌 아직 어려. 이 일에 대해서는 우리 말을 듣도록 해.'"

"글쎄, 부모님이 엘리에게 섭섭지 않은 대우를 해 주시는 것 같은데요. 좋은 학교에 보내 주고, 좋은 옷에, 이렇게 라떼도 마시고 있잖아요. 예의도 바르고요. 음, 대개의 경우에요." 엘리는 저도 모르게 웃음을 터뜨렸다. "내가 보기에는 엘리 부모님이 딸을 제법 잘 키우시는 것 같습니다. 엘리 본인은 부모님이 너무 간섭이 심하시다고, 빡빡하다고 생각하겠지만 말입니다. 요새 애들은 그걸 뭐라고 표현하는지 모르겠는데······."

"그리고 엘리 부모님은 참 쿨하신 편이에요." 야스미나가 덧붙였다.

"야, 너까지 어른들 편 들기야?"

"편 드는 게 아니야. 내 생각을 말하는 거지. 그리고 내가 쿨하다고 하는 건, 너희 부모님이 네가 듣는 음악을 좋아하신다거나 네가 문신 새기는 것까지 허락하신다는 뜻은 아니야."

"절대 아니지."

야스미나는 크게 웃었다. "내 말은, 너희 부모님이 사람들을 대하시는 방식이 멋지다는 거야. 가족과 친구들 외의 다른 사람들을 포함해서." 그녀는 손톱을 잘근잘근 씹었다.

"지난 주말에 너희 부모님이 우리를 극장에 데려다주셨을 때 생각나?"

"그래, 지난 주말 맞아."

"극장 앞에 내려 주고 싶어하셨는데, 네가 우겨서 부모님 가시는 식당에 주차하시게 하고 우리는 극장까지 걸어갔잖아."

"그게 뭐? 극장 바로 앞에서 내리면 어린애 같은 기분이 든다구."

"너희 아빠한테 다가와서 배가 고프다며 1달러만 달라고 했던 남자 기억나니?"

"그랬었나? 응."

야스미나는 멤버들에게 말했다. "얘네 아빠가 뭐라고 하셨게요? '우리와 같이 식당에 들어갑시다. 포장해 가실 음식을 주문해 드릴게요.'"

"아빠는 맨날 그래. 한번은 웬 아저씨가 우리와 같이 맥도날드에 한동안 앉아 있었다니까! 진짜 이상했어."

"그럴지도 모르지. 하지만 난 그게 쿨하다고 생각해. 너희 아빠는 우리 대다수와는 다른 방식으로 사람들을 대하셔. 남들을 잘 바라보고, 도우려고 애쓰시지. 최소한 먹을 것을 주시잖아."

"아버지가 좋은 본보기가 되시네요." 샘이 말했다.

엘리는 어깨를 으쓱했다. "그럴지도요."

"그런 아버지를 공경하는 건 쉬울 것 같습니다." 샘이 이렇게 말했지만 엘리는 대답하지 않았다. 한동안 아무도 입을 떼지 않았다.

"그럼 딸을 성추행하는 아버지라면 어떨까요?"

제니의 한마디에 카페 안 공기가 얼어붙었다. 멤버들은 제니를 응시하거나 시선을 피했고, 제니는 괜히 손을 비틀다가 결국 고개를 숙여 커피 잔을 노려보았다. 그러다 세라와 눈을 맞추고는 말을 이었다. "어린 딸을 강간하는 아버지는요? 그 딸이 어떻게 아버지를 공경할 수 있죠? 그런 일이 벌어지도록 방치한 어머니는 어떻게 공경할까요?" 세라는 제니의 손을 꽉 잡았고, 눈물이 제니의 뺨을 타고 흘러내렸다. 제니는 멤버들의 시선을 하나하나 마주하다가, 아랫입술을 부들부들 떨고 있는 존의 얼굴을 보며 말했다. "이 계명에 대한 제 질문은 이겁니다."

모두 할 말을 잃었고, 눈물로 젖은 얼굴들이 하나씩 늘어 갔다. 샘이 조심조심 일어서다 의자 끄는 소리를 내는 바람에 그 정적이 깨어졌다. 그는 테이블을 돌아 제니의 자리 곁으로 다가가 삐걱거리는 무릎을 꿇었다. 제니는 고개를 돌려 샘을 물끄러미 바라보았다.

"그 딸이 어떻게 아버지를 공경할 수 있을지 모르겠군요." 샘이 슬픔이 섞인 목소리로 말했다. "과연 공경해야 하는 건지도 모르겠습니다." 샘의 주름진 얼굴 위로 눈물 한 방울이 지나갔다. "제니를 껴안아 주고 싶은데, 괜찮을까 모르겠네요." 제니는 샘을 한참 동안 바라보다가, 울음을 터뜨리며 그에게 안겼다. 샘은 잠시 어색하게 그녀를 안고 있다가 부드럽게 등을 토닥여 주었다. "아 이런, 많이 힘들었죠?"

엘리는 손을 뻗어 제니의 팔에 얹었다.

"상담은 받아 보셨어요? 심리치료 같은 건요? 도움이 될 텐데."

세라가 나직이 말했다. "지금은 엘리가 돕지 않아도 돼." 엘리는 순간 얼굴을 붉히며 손을 거두어 무릎 위에 놓고는 시선을 떨궜다.

잠시 후 제니는 자세를 바로 하고 윌이 건네준 손수건으로 눈물을 닦아 냈다. "아, 눈물 콧물 범벅이 됐네요." 한 낯선 사람이 제니와 눈길이 마주치자 황급히 시선을 피했다. 제니는 샘을 향해 말했다. "고맙습니다. 정말 다정하셔요."

"게다가 뻣뻣하기 그지없지." 샘이 몸을 일으키며 퉁명스레 말했다. 제니도 같이 일어서며 양해를 구했다. "괜찮으시다면 잠깐만 시간을 주세요." 제니는 화장실로 향했고, 샘은 자기 자리로 돌아갔다.

제니의 뒷모습을 보며 스티브가 사납게 말했다. "정말이지, 그딴 짓을 하는 작자들은······."

"교수형 감이다?" 샘이 대신 말을 마무리했다.

"당연하죠. 더한 벌을 받아도 싸요." 스티브는 자세를 푹 수그렸다. "그 주제, 사형 얘기는 지난주에 했다는 건 압니다." 그는 존에게 말했다. "대체 이게 있을 수 있는 일이냔 말이오, 목사 양반?"

존은 제니가 사라진 쪽을 힐끗 보고는 스티브에게 말했다. "제니 생각도 같겠지요, 스티브 씨. 저도 기도 드릴 때 똑같은 말을 셀 수 없이 많이 합니다."

제니는 커피를 한 잔 더 받아 자리로 돌아왔고, 존은 그 모습을 지켜보았다. "이제 괜찮아요, 제니? 지금 더 하고 싶은, 아니면 해야 할 말 있어요?"

"아, 지금은 더 없는 것 같아요." 제니는 일행 하나하나에게 미소를 지어 보였다. "그럼 다른 분 얘기도 들어 볼까요? 질문 있으신 분?"

"이야, 상태가 확 바뀌었네." 세라가 말했다.

제니가 대답했다. "어서 말씀하세요."

"제 질문은 부모님의 노화에 대한 거예요. 부모님이 제대로 운전도 못 하시게 됐을 때 말이에요. 집에서 처신하시는 것도 어려우면서, 그런 것에 대해 말이라도 꺼낼라치면 화를 내면서 말을 끊어 버리신다면, 그래도 존중해야 하나요? 전 엄마가 다치실까봐, 아니면 무슨 사고라도 치실까봐 요즘 정말 걱정이에요."

"좋은 질문입니다." 존은 다른 멤버들에게도 물었다. "또 다른 하실 말씀들은 없습니까?"

카를로스가 입을 열었다. "저, 제니나 세라의 질문처럼 개인적인 건 아니고요, 이번 주 주제를 읽어 봤는데 '하나님 여호와가 네게 준 땅에서 네 생명이 길리라'라는 말이 무슨 뜻인지 잘 이해가 안 가요. 통 모르겠어요."

"좋습니다." 존이 말을 이었다. "잘 지킬 경우의 보상으로 약속이 딸린 계명은 처음 나온 것 같군요. 제가 이 시점에 끼어들어 몇 가지 말씀 드려도 되겠습니까?" 모두 동의의 고갯짓을 했다.

"언제나 그렇듯이, 저는 십계명과 관련된 맥락을 함께 되짚어 보는 것이 도움이 된다고 생각합니다. 노예 생활에서 갓 풀려나 시내 산에 모인 군중에게 하나님이 열 가지 계명을 주셨을 때에는, 단순히 개인 경건personal piety의 지시 사항이 아닌 한 민족의 생활 방식을 주신 것이었죠. 공동체의 모든 구성원이 번영할 수 있도록 일상생활을 잘 영위하는 방법을 제시하신 겁니다. 하나님과 자기 이웃들을 자기 자신처럼 사랑하려면 그 삶의 방식을 따라야 한다는 것이지요.

거기 모인 사람들 대부분은 성인이었습니다. 보통 이 제5계명을 듣고 부모님 말씀대로 따르는 어린 자녀들을 떠올릴지 모르지만……." 고개를 끄덕거리는 엘리가 존의 눈에 띄었다. "하지만 이 계명의 주된 대상은 더 나이 든 부모의 성인 자녀들이었어요. '자녀'라는 말은 나이에 따른 분류가 아니라 관계에 입각한 분류이지요. 그리고 '네 이웃을 사랑하라'라는 말은 당연히 가장 가까이 있는 대상, 즉 가족에서 시작하여 더 넓은 범위로 확산되는 개념입니다."

월도 한마디 보탰다. "십계명이라고 할 때 대다수가 떠올리는 시각적 이미지는 큰 돌판 두 개입니다. 산에서 하나님이 모세에게 주신 것이 그 돌판이니까요. 어쩌면 법정에 그런 게 걸려 있기 때문일지도 모르죠. 그렇죠, 스티브?" 스티브는 헛기침을 했다.

"교회에서는 종종 이 돌판을 큰 주제에 따라 둘로 나누는데요, 첫 번째 돌판은 하나님에 대한 우리의 의무와 관계된 계명들, 그리고 두 번째 돌판은 우리 이웃에 대해 행할 의무와 관련된 계명들을 담고 있다고 하지요. 오늘의 주제인 제5계명을 포함하여 여태껏 우리가 토론해 온 계명들은 두 번째 돌판에 적혀 있고, 즉 이웃을 사랑하는 법에 대한 것들입니다. 제5계명을 제외하고는 모두 부정문으로 표현되어 있어요. '시기하지 말라', '도둑질하지 말라', '거짓 증거 하지 말라', '속이지 말라', '살인하지 말라.' 그런데 제5계명은 다릅니다. '네 부모를 공경하라.' 제가 볼 때에는 이 계명이 두 개의 돌판을 이어 주는 다리 역할을 하는 것 같습니다. 왜냐하면 어떤 면에서 부모는 이웃인 동시에 하나님과 비슷한 역할도 하기 때문이죠. 우리는 부모님과 함께 살고, 우리가 어릴 때에는 부모님이 우리에게 권위를 행사한다는 점에서 말입니다."

"우리가 그닥 어리지 않을 때도 권위를 행사하시죠." 엘리가 중얼거렸다.

윌은 엘리를 향해 공감한다는 미소를 보냈다. "그리하여 여러 가지 면에서, 어린 시절에는 하나님을 사랑하고 이웃을 사랑하라는 가르침을 가정 안에서 배우지요." 여기까지 말하고 그는 고통이 서린 표정으로 제니 쪽을 보았다. "적어도 그래야 한다는 겁니다. 물론 어떤 부모를 만나느냐에 따라 다르겠지만요.

이 계명 안에 하나님 사랑과 이웃 사랑을 한데 담았다는 것은, 특히 늙어 가는 부모를 비롯하여 어려움에 처한 이웃을 사랑해야 한다는 점인데, 선지자 에스겔이 이스라엘 위정자들을 비난한 부분에도 나타납니다." 그는 손을 뻗어 존의 성경책을 펼쳤다.

> 그들이 네 가운데에서 부모를 업신여겼으며 네 가운데에서 나그네를 학대하였으며 네 가운데에서 고아와 과부를 해하였도다 너는 나의 성물들을 업신여겼으며 나의 안식일을 더럽혔노라[5]

"부모에게 함부로 하는 행동이 공동체 안의 약자와 취약 계층에 대한 홀대로 이어진 것 같습니다. 늙어 가는 부모를 존중하지도 돌보지도 않고 제4계명에 명시된 안식일을 지키지도 않는 모습이, 사회라는 사다리의 최하단에 있는 계층의 상황 악화를 예고하고 있었어요."

샘이 동조했다. "옳습니다. 그게 이 사회의 문제점이라고 생각합니다. 아이들은 부모를 공경하기는커녕 존중하는 법도 배우지 않는 것 같아요. 부모도 존중하지 않는데 다른 사람에게는 말할 것도 없겠죠? 그게 학교 선생님이든, 경찰관이든, 사장이든, 길거리를 떠도는 사람이든 말이에요." 그는 야스미나에게 눈짓을 했다.

"하지만 존경받을 자격이 없는 부모라면요?" 엘리가 묻자 윌이 대답했다. "존이 계속 상기시켜 주는 대로 십계명 뒤에 숨은 이야기들을 기억해 내는 것이 그래서 중요한 거예요. 십계명의 목적은 공동체의 모든 구성원이 번성하는 것입니다. 우리가 상대방을 대할 때 그가 어떤 취급을 받을 자격이 있는지를 판단하고 그에 따라 행동한다면 결코 이루어질 수 없겠지요. 우리 개개인이 상대방의 자격 유무를 따지기 전에 그의 좋은 면을 주의 깊게 살필 때에 비로소 공동체 전체가 번영을 누리게 됩니다. 여기서 그 상대방인 이웃이 우리의 부모님일 수도 있어요. 그러므로, 단지 부모가 부모라는 이유로 자녀에게 좋은 대접을 받을 권리를 타고났기 때문에 우리가 부모님을 사랑해야 하는 것이 아닙니다. 우리의 가장 가까운 이웃으로서 잘 대접하라는 임무를 하나님께 받았기 때문에 부모님을 사랑해야 하는 것이지요. 어때요? 이해가 되나요?"

"그런 거 같아요." 엘리가 대답했다.

존이 다시 나섰다. "이것이 카를로스의 질문에도 연결이 되겠네요.

앞서 카를로스가 지적했듯이 제5계명은 약속이 포함된 계명입니다. '이렇게 해라'라고 하나님이 말씀하시고, '그리하면 네 하나님 여호와가 네게 준 땅에서 네 생명이 길리라'로 끝납니다. 자, 지금의 세계 여러 지역에서도 그렇지만 고대 근동 지역에서는, 노년의 경제적 안정이 의미하는 것은 개인 연금이나 사회 보장 제도 같은 것이 아니라 많은 자녀를 거느리는 것이었습니다. 스스로 자신을 돌보지 못하게 되었을 때 자녀들이 돌보아 줄 테니까요. 늙어 가는 부모의 안녕은 그들을 모시는 자녀에게 달려 있었습니다. 지금도 그렇고요. 하나님이 약속하신 땅에서 개인으로나 민족 공동체로나 긴 생명력을 유지할 수 있는 방법이 무엇일까요? 이 계명을 실행하면서 세대가 이어지는 것입니다. 그렇게 부모를 공경하는 아들, 딸이 자신의 자녀에게 공경을 받는 아버지, 어머니가 되는 것이지요."

월이 거들었다. "그리고 그 계명은 사실 '네 아버지와 어머니를 공경하라'입니다. 제가 알기로는 그 시기 이후의 모든 법전에는 오직 아버지에 대한 공경심을 표하라는 말뿐입니다. 물론 그 당시에는 이스라엘을 포함한 모든 사회가 부계 사회였지요. 그러나 하나님은 어머니들도 공경할 것을 그들에게 요구하십니다."

"그렇군요." 엘리가 말했다. "이제 제가 처음에 했던 질문으로 돌아가요. '네 부모를 공경하라'가 과연 어떤 뜻인가요? 단순히 부모님이 노쇠하시면 돌봐 드리라는 건가요? 그뿐인가요?"

존이 말했다. "이 시점에서 '공경하다'로 번역되는 히브리어 단어를 알아보고 제5계명이 의미하는 바를 명료하게 해 보는 것도 좋을 것 같습니다. 그 히브리어는 카바드^{kabbed}인데요, 직역하면 '무겁게 만들다'라는 뜻입니다. 그러므로 아마도 그 단어가 시사하는 바는, 부모님을 무게감 있는 중요한 존재로 깊은 존경을 담아 대접하는 것이 곧 부모에 대한 공경이라는 것이 아닐까요?"

엘리가 이마를 찡그렸다. "제가 알고 싶었던 건, 이 계명에 따르면 그 어떠한 상황에서도 부모님을 깊이 존경하며 대접해야 하느냐는 거였다구요."

"그래요." 세라가 말했다. "그러면 제가 처한 상황을 다시 말해 볼게요. 저는 엄마가 운전대를 잡으실 때마다, 이건 그냥 엄마 당신에게나 다른 운전자들에게 큰 위험이라고 생각하거든요. 운전대를 잡는다기보다는, 그냥 운전대 따위 신경도 안 쓰시고 차를 모세요. 어떻게 해야 이런 엄마에게 차 열쇠를 빼앗고도 존경심을 표할 수 있을까요?"

"어머니하고도 이미 그 이야기를 해 본 거죠?" 릭이 물었다.

"글쎄요, 이걸로 제대로 의논은 안 해 봤지만, 이제 운전은 그만하시라는 말은 여러 번 했어요. 그럴 때마다, 엄마는 저보고 엄마 일에는 신경 끄라고 하셨죠."

"어머님을 존중한다면 세라 입장은 접어 두고 어머님의 관점에서 생각하려는 노력이 필요하지 않을까요?"

"무슨 뜻이죠?" 세라가 물었다.

"음, 세라는 어머님께 뭘 포기하시라고 하지요?" 릭이 되물었다.

"차 열쇠요!"

"그것뿐인가요? 제 생각에 세라는 어머님께 더 큰 것을 포기하시라고 종용하는 것 같습니다. 즉, 어머님의 자유 말이죠. 어머님이 원할 때 원하는 대로 돌아다니실 수 있는 것만을 의미하는 것이 아닙니다. 어머님이 차 열쇠를 포기하신다면 앞으로 더 연세가 들어 가시면서 손에서 놓으셔야 하는 많은 것의 시작이 될 수 있어요. 그게 얼마나 두렵겠습니까? 제가 어머님이라면, 최대한 오랫동안 차 열쇠를 사수하고 싶을 겁니다. 하지만 세라는 어머님이 운전하시는 것이 더 이상 안전하지 않다는 결론을 내린 모양이군요. 그러면, 어머님 차 열쇠를 치워 버리면서도 깊은 존경을 표하는 방법이 무엇인가, 이게 세라 질문이었던가요?"

세라는 손톱을 물어뜯었다. "엄마가 그 낡고 커다란 차를 우리 집으로 끌고 오실 때마다 그 얘기를 꺼내긴 하거든요. 평행 주차 하시다가 옆집 차를 긁을 뻔한 적도 한두 번이 아니에요. 또, 엄마 차를 타면 위기일발의 순간을 어찌나 많이 겪게 되는지, 같이 쇼핑이라도 가면 도착할 즈음엔 제가 물어뜯은 손톱이 대쉬보드에 잔뜩 끼어 있다니까요." 그녀는 잠시 숨을 골랐다. "그럴 때 운전 그만하시라는 얘기를 하는 건 아마도 좋지 않겠죠."

"아마도?"

"알았어요. 절대로 좋지 않겠죠! 무슨 말인지 알아요. 언니하고 얘기를 나누고, 언니와 제가 날 잡아서 엄마랑 함께 상황을 잘 정리해야 하는 걸까 생각하기도 해요. 엄마가 운전을 그만하신다는, 즉 독립적인 생활을 포기한다는 생각을 하시는 게 얼마나 힘든지 안다고 말씀드리는 거죠. 그냥 이렇게 저렇게 하시라고 지시하는 대신에, 우리도 엄마에게 무얼 포기하시라고 부탁하고 있는지 잘 알고 있다는 것을 보여 드리는 거예요."

"그건 존중을 담아 어머님을 대하는 것 같네요." 엘리가 말했다. "공경심을 갖고요."

세라가 고개를 끄덕거렸다. "그렇지만 열쇠는 내가 갖고 있는 거고!" 릭이 세라를 처다보았다.

"맞습니다. 정말 그렇군요."

"여러분 말씀하시는 걸 듣다 보니, 지난 학기에 문학 수업에서 읽은 이야기 하나가 생각나요." 야스미나에게 일행의 시선이 쏠렸다.

"그림 동화 중 하나예요. 제가 제대로 기억하고 있나 모르겠네요." 야스미나는 잠시 손가락으로 머리칼을 꼬다가 이야기를 시작했다. "한 부부가 있고, 네 살인가 다섯 살 먹은 아들이 있어요. 남편의 아버지가 연세가 드셔서, 연로하신 아버지가 이 부부의 집으로 들어오시게 돼요. 저녁 식사 때마다 늙은 아버지는 식탁보나 옷에 음식을 흘리시죠. 그게 못마땅한 며느리는 시아버지를 방 구석에 있는 의자에 앉히고 질그릇 하나에 음식을 담아 드시게 해요.

하루는 이 아버지가 평소보다 심하게 손을 떨다 그릇을 바닥에 떨어뜨리죠. 수프와 깨진 그릇 조각이 사방에 흩어지자, 며느리는 방방 뛰며 소리를 질러요. '돼지처럼 잡수실 거면 여물통을 갖다 드릴게요!' 그러고는 나무로 작은 여물통을 만들어서 거기다 음식을 담아 드려요.

어느 날 밤, 식사 후에 어린 아들이 나무 블록을 가지고 놀고 있었어요. 아이 아빠가 뭘 만들고 있느냐고 물었더니 아들이 대답했죠.

'내가 크면 엄마 아빠 밥그릇으로 쓸 여물통을 만들고 있어요.'

아내와 남편은 서로의 얼굴을 한참 바라보다가 울음을 터뜨렸어요. 그들은 구석에 몰아 두었던 아버지를 식탁으로 모셔 왔지요. 그날 이후 아버지는 가족과 함께 제대로 된 접시에 식사를 했고, 부부는 절대로 아버지가 음식을 흘리거나 옷을 더럽히는 것에 대해 불평하지 않았다는 얘기입니다."

"아이구." 엘리가 말했다.

세라는 소리내어 훌쩍였다. "난 꼭 그 책을 구해다가 손 닿는 곳에 둬야겠네."

야스미나는 계속해서 말을 이었다. "이게 꼭 가족에만 적용되는 얘기는 아닐 거예요. 목사님이 늘 말씀하시는 것처럼, 십계명은 한 국가 내지는 사회를 대상으로 주신 말씀이잖아요. 다른 사람들이 자기 집 안방에서나 병원 진료를 받으면서 하는 일에 십계명이라는 잣대를 주저 없이 들이대면서, 그런 사적인 공간에서 하는 개인적이고 은밀한 일들까지도 제한하는 법안을 통과시키려 애쓰는 사람들이 있다는 걸 알고 있어요. 맞지요? 하지만 제5계명은 좀 달라요. 부모를 공경하도록, 혹은 그러지 못하도록 하는 법률이나 시스템이 있을까요?"

"뭔가 생각하고 있는 게 있나요?" 존이 물었다.

"직장 어린이집이 있는 회사가 얼마나 되나요? 그게 아니라면, 부모가 직장 생활을 유지할 수 있도록 아이 맡기는 비용을 상쇄할 수 있게 신경 써 주는 곳은요? 또, 연로하신 부모님을 모시는 사람들, 치매 노인을 부양하는 분들은요? 그런 분들을 위해 주간 보호 서비스를 제공한다면, 일을 하면서도 어머니와 아버지를 공경할 수 있지 않겠어요?"

"좋은 질문이고, 좋은 아이디어입니다." 존이 말했다.

돌연 스티브가 존에게 물었다. "내가 이 문제에 대해 목사님한테 좀 센 펀치를 날려 볼까 하는데 말입니다, 어때요?"

"얼마나 센 것인가 봅시다, 스티브 씨."

"그렇게 센 건 아닐 거외다. 목사님 교회에도 노부모를 둔 신도들이 있죠?"

"물론이죠. 그리고 그 노부모님들도 상당수가 교회에 나오십니다."

"좋아요. 그 사람들이 부모님을 집에 모시느냐 마느냐 하는 중대한 결정을 내리기 위해 목사님 방에 와서 조언을 구한다면 뭐라고 하시겠냐, 그게 궁금합니다만. 모시긴 모셔야 하는데 자금이 부족해서 어렵다고 한다면 말이죠." 스티브는 잠시 말을 끊었다. "자, 이제 펀치 날아갑니다. 바로 돈 이야긴데요, 목사님은 그들에게, 교회에 헌금을 내지 말고 그 돈으로 부모를 돌보라고 하시겠습니까?"

"좋은 질문이군요, 스티브. 그런데 사실, 그렇게 자금 사정이 나빠지면 저를 만나러 오기 훨씬 전부터 헌금을 끊으시더군요. 최소한 교회 예산을 위한 헌금은 바로 끊으시죠. 저의 개인적인 생각으로는, 늙어가는 부모님을 돌보는 것 자체가 하나님의 사업에 힘을 보태는 일이라고 봅니다."

"텔레비전에 나와 설교하는 목사들도 그 의견에 동의할지 모르겠군요. 내가 이리저리 채널을 바꾸다가 보는 목사들은 모두 그러는 것 같은데, 능력이 안 될지언정 우리는 하나님에게 가진 것을 모두 바쳐야 한다. 그러면 하나님이 필요한 것을 채워 주고 그 이상 더 줄 거라고 떠들어 대더이다. 그 양반들이 '하나님에게 바쳐라'라고 하는 건 사실 '우리 교회에 헌금해라'라는 뜻이잖소? 정말 그 돈이 필요한 사람에게 주는 것이 아니고 말요."

"새삼스러운 일은 아니지요, 그렇죠, 목사님?" 샘이 말했다.

존은 못 알아들었는지 눈썹을 찡긋했다.

"고르반qorban이라는 단어를 들으면 힌트가 되지요?"

"아, 알겠어요. 이제 이해가 가네요."

"글쎄, 저는 모르겠는데요." 스티브가 말했다. "샘이 무슨 소릴 하는 겁니까?"

"샘은 예수님 일화를 하나 든 거예요." 존이 대답했다. "예수님은 종종 바리새인들과 율법학자들과 충돌했습니다. 이번에는, 그들이 율법을 준수하기 위해 시민들에게 지시하는 사항을 예수님은 하지 말라 했기 때문이지요. 그들은 예수님의 원칙들이 잘못되었다고 주장했습니다.[6] 예수님은 그들이 지키라고 가르치는 소위 '율법'이 모두 십계명과 곧잘 어긋난다는 점을 지적하시어 그들의 위선을 꼬집으셨어요. 사실, 고르반의 경우와 마찬가지로, 율법학자들은 자기 이익을 위해 율법을 비틀고 그 율법의 의도를 무시하곤 했습니다. 말하자면 빠져나갈 구멍을 만들어 놓았지요. 사실상 율법을 지키지 않으면서도 그것을 준수하는 듯한 인상을 줄 수 있는 구멍들을 만들어 놓은 것입니다.

율법의 심장부에 있는 하나님의 바람은, 우리가 자유로워지는 것이라는 점을 재차 확인할 수 있습니다. 우리를 옭아매는 것들, 공동체 안에서 인간답게 살아가며 번성하는 것을 막는 모든 것으로부터 자유로워지는 것이지요. 율법학자들과 바리새인들은 하나님의 율법을 뒤덮는 다른 법 조항들을 겹겹이 덧씌워 놓았습니다. 표면적으로는 율법을 위반하지 않도록 돕기 위함이라지만, 실상은 그것이 더 큰 속박이 되었지요. 예수님은 이렇게 말씀하시며 그 율법 전문가들을 꾸짖으셨습니다. '화 있을진저 또 너희 율법교사여 지기 어려운 짐을 사람에게 지우고 너희는 한 손가락도 이 짐에 대지 않는도다.'[7]

여기서는 율법학자들이 '헌물'이라는 뜻의 고르반 개념을 가지고 법을 만들었다는 걸 알 수 있습니다. 어떤 것을 고르반이라고 선언하면, 그것은 하나님께 바친 것으로서 다른 목적으로는 쓰일 수 없게 됩니다. 그러나 율법학자들은 그것의 악용을 조장하고 있었죠. 예수님이 예로 드신 경우를 보면, 아들이 부모님을 돌보기 위해 써야 할 자원을 고르반이라고 선언하면 그 부모는 그에게 원조를 구하거나 기대할 수 없었습니다."

존은 테이블 앞으로 다가앉았다. "하지만 이 점을 아셔야 해요. 그 아들은 실제로 그 돈을 하나님께 바칠 필요가 없습니다. 신전의 보물이나 그 무엇으로도 내놓지 않아도 됩니다. 그저 고르반이라고 선언하기만 하면 되었어요. 그러나 훗날 마음이 바뀌어 부모를 돌보고자 해도, 율법학자들은 그것을 허락하지 않았습니다. 그들의 율법으로 제5계명을 '폐하는' 것이죠. 예수님은 율법학자들에게 말씀하셨습니다. '너희가 이같은 일을 많이 행하느니라.'"

월이 거들었다. "제가 보기에는, 제5계명에 대한 자세한 설명이 이루어지지 않은 것이 바로 그 이유일지도 모르겠습니다. 아마도 하나님은 '이 계명을 지키려면 이렇게 하여라'라고 율법에 자세히 적혀 있었다면 우리 인간들이 필시 빠져나갈 구멍이나 예외 사항을 찾아 내리라는 것을 알고 계셨겠지요. '부모를 공경한다는 것이 어떤 의미인가?'라는 질문을 던진다는 것 자체가 어쩌면, 우리 역시 제5계명을 지키기 위해 필요한 태도를 꾸며 내는 것이 아닐까요? 예수님이 이 이야기에서 지적하신 바와 같이, 연로하신 부모님을 돌보는 것은 가장 기본적인 수준의 부모님 공경이겠지요."

존은 월의 말을 들으며 메모를 하다 고개를 들었다. "훌륭한 말씀이군요, 월. 좋습니다. 고르반에 대해 이 정도면 됐을 것 같고, 제5계명에 대해 생각할 때 떠오르는 다른 것이 더 없을까요?"

"저……." 카를로스가 말을 꺼냈다. "이번에도 역시 대단한 건 아닌데요, 솔직히 부모님 때문에 짜증 날 때가 많아요. 진짜 대책이 없으시거든요! 좋은 케이블 텔레비전 패키지에 가입해 있으시고, 디지털 녹화 장비며 이것저것 다 갖추고 계시면서 사용 방법은 아예 하나도 모르시거든요. 제가 늘 부모님 댁에 건너가서 사용 방법을 알려 드리고 당신들이 직접 녹화하신 프로그램을 찾아 드리고 해야 한다구요." 그는 잠시 입을 다물었다 말을 이었다. "가끔은 정말이지 폭발할 것 같아요."

"말도 마세요." 엘리도 맞장구쳤다. "외국 대학으로 진학한 언니랑 부모님이 통화하실 때마다 매번 제가 스카이프를 실행해서 연결해 드리는데, 아직도 우리 엄마는 스카이프 다루는 법을 못 익히셨어요. 화면이나 오디오가 뭔가 잘못됐다거나, 아니면 엄마가 화상 카메라 연결을 제대로 못했거나 할 때마다 달려와서 문제를 해결해야 하는 사람이 누구겠어요?"

"아아, 젊은이들의 고충이라니." 샘이 말했다. "우리 늙은이들이 가엾은 젊은이들에게 짐을 지우는군요."

엘리는 뭔가 변명하려 했지만, 샘이 그저 농담이었다는 표시로 푸근한 윙크를 날려 그녀를 안심시켰다.

이번에는 윌이 말했다. "하지만 카를로스가 중요한 생각거리를 내놓았어요. 요즘 세상은 워낙 신기술에 의존해 돌아가고 있어서, 샘이나 나 같은 사람들이 알고 있는 지난날의 지식은 그저 신기한 유물 내지는 덧없는 것으로 치부되곤 합니다. 그리고 우리가 가진 지식이 가치 없다고 무시당할 때면, 왕왕 우리 자신도 무가치한 존재로 무시되곤 하더군요. 평생 쌓아 온 식견이 이제는 쓸모없다는 취급을 받는 겁니다. VCR 비디오 녹화하는 것을 잘 익히지 못할 때가 그 시작이었어요. 여기 있는 엘리는 아마 VCR이 뭔지도 모르겠지요. 다른 차별들이 다행스럽게도 수그러들고 있는 반면에 노인 차별이 새롭게 떠오르고 있는 건 아닌가 걱정스럽습니다. 특히 제가 걱정하는 것은, 현재를 중시하고 새로움과 세련됨을 높이 사는 세태에서, 노인 차별로 인해 수십 년간 축적된 지혜가 송두리째 사라지는 것은 아닌가 하는 것이에요."

"하지만 우리는 늘 젊음을 숭배하지 않았던가요?" 세라가 물었다. "장년층, 노년층을 업신여기는 것이, 얼마간은 자신의 젊음을 잃을까 두려워서일 수도 있다고 생각하지 않아요?"

야스미나가 말했다. "저는 세라 말이 맞다고 생각해요." 그러고는 엘리를 향해 말했다. "우리 반 애들 엄마들을 생각해 봐. 다들 우리가 입는 것과 같은 옷을 입고, 머리 스타일도 우리랑 비슷해요. 향수도 우리가 쓰는 걸 쓰신다니까."

"맞아." 엘리가 말했다. "주름 개선 크림이며 노화 방지 로션에 얼마나 투자를 많이 하는지 알아? 우리가 입는 청바지를 입겠다고 비싼 피트니스 클럽 회원권을 사고 말야. 엄마들은 본인 나이대로 보이는 게 두려운 것 같아."

"젊음을 잃는 게 두려운 것 아닐까?" 세라가 말했다. "활력과 건강을 잃는 게 두려운 거지. 이해 못할 일은 아니야."

"학생들 어머니만 그런 것은 아니죠." 릭이 말했다. "우리 모두 그래요. 우리도 모두 나이 먹는 것을 두려워하고 있을걸요. 늙어 가는 것 말입니다." 그는 허리띠에 손가락을 가져다 댔다. "허리띠 구멍을 옮겨야 할 때엔, 단지 너무 많이 먹었다는 뜻만은 아니지요. 그건, 젊었을 때처럼 몸을 함부로 하는 걸 이제는 내 몸이 더 이상 참아 주지 않는다는 뜻도 됩니다. 다시 말해서 나이를 먹고 있다는 뜻이죠." 그는 쓴웃음을 지었다.

"내 말은, 늙어 가고 있다는 겁니다."

"그 사실을 알게 되는 건 누구라도 달갑지 않겠지요." 존이 말했다.

"하지만 젊음에 대한 강박의 대가는 뭘까요? 개인으로서만이 아니라 사회 전체가 감당해야 하는 비용은요? 새로 생긴 주름살 하나가 일종의 재앙으로 여겨지는 세상에서, 우리가 안고 살아가는 불안감은 어떤 걸까요? 우리가 노년에 부여하는 가치는 어떻게 되는 건가요?"

윌이 나섰다. "우리는 '생산성 높은 사회 구성원'이 되는 것이 중요하다는 말을 너무 자주 합니다. 그 말 자체가 뜻하는 것에는 동의하지 않을지 모르지만, 생산성이 중요하다는 믿음은 자신이 더 이상 생산적이지 않다고 느끼는 사람에게 극심한 파장을 미치지요. 그리고 생산성 상실의 이유가 나이라면, 그들이 그 상황을 극복하기 위해 시도할 수 있는 것은 아무것도 없습니다. 그런데 만약, 무거운 망치를 휘두르는 능력만큼 지혜가 중요하다고 인정받는다면 어떨까요? 아니면 애플리케이션 하나를 디자인하는 능력만큼 지혜의 가치를 높이 산다면?" 그는 테이블 주위를 둘러싼 일행들을 바라보았다. "저는 제5계명이 포함하는 대상이, 내 부모와 우리 사회의 노령화 구성원을 넘어선 더 넓은 범위가 아닐까 생각합니다. 그 누구든, 우리 공동체 내에서 상업적 가치를 상당 부분 상실한 구성원을 멸시하거나 그들에게 멸시조로 말하는 행동을 거부하라는 하나님의 당부라 보면 어떨까요? 그리고 그 중 특히 우리의 부모 세대를 존중하라는 의미가 아닐까요?"

"앞서 말한 불안감들은 우리에게 어떻게 작용하고 있을까요?" 존이 질문을 던졌다. "뷰티 산업과 미용 성형 산업 외에도 많이 있을 텐데요. 결국은 누구도 피할 수 없는 노화 과정을 받아들이는 법을 배우려면 어떻게 해야 할까요? 늙어 가면서도 그것에 대해 불안해하지 않는다는 것은 어떤 느낌일까요? 언젠가 쓸모없는 존재가 된다는 생각을 하지 않는 것은요? 우리가 연금을 수령할 나이가 되어서도, 자녀들 집에 얹혀 살아야 하는 시기에도 뭔가 도움이 될 수 있고, 여전히 가치 있는 존재로서 우리 자신을 잃지 않으려면……."

일행이 둘러앉은 탁자 주위로 한동안 무거운 공기가 감돌았다. 그때 엘리가 말문을 열었다. "저, 학교 갈 시간이 다가오는데요, 부모에게 복종하라는 주제로 돌아왔으면 좋겠어요."

"그 말 마음에 드는군요." 샘이 말했다.

"제 말 뜻 아시잖아요? 부모님은 오직 제가 복종하는 것에만 관심이 있으신데, 저는 어떻게 해야 부모님을 공경할 수 있느냐고요. 특히 어이없는 요구를 하실 때 말예요."

"부모님과 함께 사는 동안에는, 부모님이 엘리에게 어떻게 행동하라고 요구하실 권리가 있는 것 아닌가요?" 샘이 말했다. "설령 하시는 말씀이 '어이없다' 할지라도 말이죠."

"그럴 권리가 있다고 해서 부모님 말씀이 옳은 게 되는 건 아니잖아요!"

윌이 끼어들었다. "샘, 아까 인용했던 성경 말씀이 어떤 거였죠?"

"자녀들아 주 안에서 너희 부모에게 순종하라 이것이 옳으니라."

"맞아요." 윌은 탁자 위에 놓은 존의 성경을 들어 올리며 말했다. "하지만 사도 바울은 거기서 말을 끝맺지 않았어요." 그는 샘이 인용했던 문장을 찾아냈다. "네 아버지와 어머니를 공경하라 이것은 약속이 있는 첫 계명이니 이로써 네가 잘되고 땅에서 장수하리라 또 아비들아 너희 자녀를 노엽게 하지 말고 오직 주의 교훈과 훈계로 양육하라."⁸

월은 성경을 덮어 제자리에 두었다. "엘리, 이건 어때요?"

"어머! 그게 어디 나오는 건지 알려 주세요. 오늘 저녁에 저희 엄마 아빠에게 읽어 드리게요."

"그 마지막 문장만 읽지 말고 문단 전체를 읽어 드리세요." 존이 한마디 거들었다. "월이 읽어 준 부분이 제5계명의 궁극적 의미를 정확히 설명해 주는 것 같아요. 저는 제5계명이 상호적인 관계를 의도하고 있다고 생각합니다. 부모가 자녀를 돌보는 것이 자녀가 부모를 돌보는 것으로 이어지고, 그렇게 세대를 걸쳐 내려가는 것이죠. 물론 어떤 부모들은 '하나님 카드'를 뽑아 드는 유혹을 이기지 못하고 이 계명을 들어 이렇게 말하곤 하죠. '너는 내 말에 복종해야 돼. 단지 내가 네 부모라서만이 아니라 하나님이 그러라고 했기 때문이다.' 여기서 제5계명의 모순점이 드러납니다.

구약의 다른 부분에 보면, 이 계명이 부정형으로 표현되어 있습니다." 그는 메모한 것을 꺼냈다. "예를 들어 출애굽기 21장을 보면, '자기 아버지나 어머니를 치는 자는 반드시 죽일지니라', '자기의 아버지나 어머니를 저주하는 자는 반드시 죽일지니라.'⁹ 바로 여기에 모순이 있습니다. 학대 행위를 방지하기 위해 제시된 이 계명이, 오히려 학대 행위를 옹호하는 데에 가장 쉬이 활용된다는 사실이죠." 그는 한숨을 쉬고 제니를 흘끗 보고는 말을 이었다. "어린아이들은 부모의 말에 거부 의사를 밝히는 것이 어렵습니다. 더군다나 부모가 하나님 이름을 빌려 자신의 의도를 강요할 경우에는 더 어렵죠.

그런데, 그런 부모들은 21세기와 마찬가지로 1세기에도 그런 경향을 보였습니다. 사도 바울은 다른 편지에서 이렇게 적어 그런 부모들을 계도하려 했지요. '아비들아 너희 자녀를 노엽게 하지 말지니 낙심할까 함이라.'[10]

"그건 무슨 뜻인가요?" 엘리가 물었다.

존이 대답했다. "이런 뜻이겠지요. '부모들이여, 자녀들에게 화를 내거나 그들을 좌절시키거나 학대하는 것을 계속한다면 언젠가 자녀들이 그대들을 공경하지 않을 것이다. 그리 되면 누가 그대들을 돌보겠는가?'"

"난 절대 아냐." 제니가 들릴 듯 말 듯한 목소리로 말했고, 순간 모두 조용해졌다.

제니는 손등으로 눈물을 훔치고는 혼잣말로 말했다. "괜찮아, 제니. 할 수 있어." 그녀는 손을 뻗어 세라의 손을 잡고, 토론 그룹 멤버 하나하나와 눈을 맞췄다.

"저는 최대한 일찍 집에서 독립했어요. 집 떠난 이후로 지금까지 부모님과 아주 연락을 끊고 지내고 있지요. 남동생이 하나 있는데, 그 아이는 지금도 부모님 동네에 살아요. 동생과는 꾸준히 연락하고 있어서 어떻게 지내시는지는 듣고 있지요." 그녀는 잠시 멈칫했다 다시 말을 이었다. "잘 지내고 계시진 않아요. 아버지는 암이신데, 힘드신가 봐요."

"그 소식을 들으니 기분이 어떠세요?" 엘리가 주저하며 물었다.

"솔직하게 말할까요? 내가 어떤 기분인지 모르겠어요. 수년간 그 인간에 대해 생각하거나 어떤 기분도 느끼지 않으려고 애써 왔거든요." 제니는 손에 든 커피 잔을 한동안 이리저리 돌렸다. "아니, 어떤 기분인지 알아요. 내 가족은 동생뿐이에요. 내가 아는 한 내가 공경해야 할 아버지나 어머니는 없어요."

카를로스가 말을 꺼냈다. "뭐 하나 얘기해도 될까요, 제니?" 제니는 그래도 좋다는 고갯짓을 했다. "좀 이상한 소리 같겠지만, 제니가 집을 떠난 것이 곧 아버지를 공경한 건 아닐까 하는 생각이 들어서요." 제니는 고개를 갸우뚱했는데, 순간적으로 혼란과 분노가 제니의 얼굴에 비쳤다. "설명을 할게요." 카를로스가 말했다. "그러니까, 제니가 살아남기 위해서 반드시 떠나야만 했다는 것은 잘 알지만, 그건 조금은 이렇게 말하는 것과도 비슷했을 거예요. '당신이 더 이상 내게 그런 짓을 하지 못하게 하겠어. 그리고 그런 짓을 해서 당신 자신을 해치는 것도 못하게 하겠어.'" 그는 잠시 뜸을 들였다 말했다. "저는 제니가 제니 본인과 제니 아버지를 보호한 거라고 생각합니다. 알고 그랬든 아니든 간에요."

엘리가 질문했다. "독일 병사들 눈을 피해 유태인을 숨겨 준 사람들에 대해 존 목사님이 말했던 것처럼요?"

"네. 바로 그것처럼요."

제니는 눈물을 닦았다. "아버지가 본인을 해치지 못하게 내가 '보호한다'라는 생각은 하지 않았다는 건 분명해요. 보호라는 건 엄마가 하셨어야죠. 엄마는 저를 보호하셨어야 했는데 실패했어요. 카를로스 생각도 신선하네요. 하지만 '지나고 보니 내가 제5계명을 지켰더라'라고 말할 수는 없을 것 같아요." 그리고 그녀는 한마디를 덧붙였다. "설령 그럴 수 있었다고 해도 그게 내가 원하는 바는 아닐걸요."

"그냥 생각나서 말해 본 것뿐이에요."

세라가 손을 힘주어 잡아 제니는 세라를 바라보았다. "내가 무슨 생각 하는지 알아?"

제니는 세라에게 희미하게 미소지었다. "모르겠어요. 제가 아는 거예요?"

"글쎄, 어떨 것 같아?"

세라는 말하는 동안 제니의 눈을 응시했다. "제니 아버지가 한 짓을 없었던 일로 만들 수는 없지. 하지만 제니가 할 수 있는 일은, 아니 이미 한 일은, 그 폭력을 동정심으로 바꾸는 일이야. 제니 스스로 치유를 시작하기 위해서기도 하지만, 다른 사람들을 위해서이기도 해. 특히 자기만큼 고통을 겪은 사람들을 위해서.

인내심과 이해심을 갖고 애들을 대하는 제니의 능력이 어쩌면 그 애들과 공감할 수 있기 때문일지도 몰라. 그런 애들을 우리 같은 사람들은 흘깃 보고 그냥 포기해 버릴 텐데 말야. 자기가 겪은 고통이 있기 때문에 걔들의 고통을 느낄 수 있을 뿐 아니라 걔들을 보호하고 잘 키울 수 있는 거지. 제니도 그런 것들이 필요했는데 그런 보호나 도움을 받지 못했으니까."

"맞는 말씀이에요." 제니가 말했다. "어떤 애들은 저를 정말 신뢰해서, 저한테 와서 집에서 어떤 일이 벌어지는지 다 말하거든요. 아, 그 아이들을 그냥 제 집에 데려가서 같이 지내고 싶지만 그럴 수는 없죠. 대신 제가 할 수 있는 일은, 그 애들이 처한 상황에서 벗어날 수 있도록 노력하고, 그 끔찍한 굴레에 휘말리지 않도록 최선을 다하는 거예요. 그러니까 세라 말이 맞아요. 제가 이 일을 하는 가장 큰 이유는, 누군가 저에게 그렇게 해 줬더라면 하는 바람 때문이라는 걸 저도 알고 있어요."

"하나만 더 얘기하자면……." 세라가 말했다. "제니가 겪었던 고통의 잔재를 딛고 일어서서 이렇게 봉사하면서 살아가는 것이, 그러니까 자기가 그걸 이렇게 극복하는 것조차 어쩌면 부모님을 공경하는 방법이 아닌가 싶어. 부모님이 제니에게 한 일들이 아니라, 그분들이 준 생명이라는 선물을 감사하는 방법이라는 거지. 그리고, 당연히 제니 본인을 치유하는 과정이기도 하고. 그 얘기는 다음에 더 하고 싶네."

"글쎄, 거기까지는 잘 모르겠네요."

"그렇겠지. 뭐, 아직은 잘 모를 거야." 세라는 미소를 띠고 다시금 힘주어 제니의 손을 잡았다.

샘은 기침을 하고 제니를 바라보았다. "여태껏 살펴봤던 계명들이 우리 이웃을 우리 자신처럼 사랑하라는 것이었다면, 세라가 말한 내용은 적을 사랑하라는 쪽에 해당하겠군요. 그리고 그건 절대 쉽지 않지요."

"그럼요. 쉽지 않아요, 샘." 제니가 말했다.

존이 자세를 고쳐 앉으며 말했다. "제니, 우리에게 하기 힘든 이야기를 들려줘서 진심으로 고마워요. 혹시라도 더 할 말이 있다면……."

"감사해요, 목사님." 제니가 세라의 손을 들어 올리며 말했다. "지금으로선, 제 상담은 세라가 맡고 있어서요."

"잘됐군요. 안심해도 되겠어요."

"그럼요."

야스미나가 손목시계를 보더니 말했다. "그럼 목사님은 주일에 무슨 말씀을 하실 건가요?"

"아직 모르겠어요. 원래는 룻과 나오미 이야기를 할 생각이었습니다. 제5계명을 지키는 방법에서 가장 모범적인 사례가 룻 이야기라고 생각해서였죠. 그런데 오늘 정말 많은 소재가 나와서 지금은 어떤 설교를 해야 할지 모르겠습니다."

"룻이라면 남편에게 '당신이 가는 곳으로 나도 갈게요'라고 말한 사람 아네요?" 엘리가 말했다. "'당신 백성이 나의 백성이 되고 당신 하나님이 나의 하나님이 되시리니.' 그런 말도 하구요."

야스미나가 감탄하며 말했다. "난 너 때문에 맨날 놀라, 엘리."

"에이, 그게 뭐라고! 결혼식 갈 때마다 주례사에 들어가는 부분인데 뭘."

"저는 그 구절은 결혼하는 부부에게 웬만하면 쓰지 않으려고 합니다." 존이 말했다. "그 이야기는 사실 며느리와 시어머니 이야기이거든요. 성경 전체의 줄거리에서 중심축이 되는 내용이지요. 왜냐하면, 만약 룻이 시어머니를 따라 이스라엘로 가서 보아스와 재혼하지 않았다면 다윗 왕이 태어날 수가 없어요. 룻 이야기를 하려고 했던 이유 중 하나입니다."

존은 계속해서 말했다. "그러나 제가 룻 이야기를 좋아하는 또 다른 이유는, 이방인인 모압 사람 룻이 원래 하나님의 백성인 이스라엘 사람들에게 귀감이 되었다는 사실입니다. 하나님 백성에게 요구되는 행동을 룻이 보였던 것이지요."

"착한 사마리아인 이야기 같은 거죠." 샘이 말했다.

"맞습니다. 우리는 제5계명이 말하는 보호 대상 범위를 핵가족 단위로 좁혀 생각하는 유혹에 빠지기 쉬운데, 룻은 생물학적 가족을 넘어서서 시어머니를 포함시키고, 민족마저 초월하여 외국인까지도 살피는 모습을 보여 줍니다."

그는 메모한 것을 보며 말했다. "그런데 말입니다. 부모를 공경하는 것에 관해 예수님께서 보여 주신 분명하고도 복합적인 신호에 대해 생각해 보았습니다. 많은 사람들의 의문을 자아내는 신호들이죠."

"뭘 말하려는 겁니까?" 스티브가 물었다.

"우선 이 장면을 봅시다. 예수님이 '나를 따르라' 하셨을 때, 훗날 제자가 된 사람들 중에는 말 그대로 자기 아버지를 버리고 예수님을 따라나선 경우도 있었습니다. 야고보와 요한이 떠날 때에, 그들의 아버지는 찢어진 그물을 들고 우두커니 서서 아들들이 가업을 팽개치고 떠나는 것을 지켜보아야 했어요.[11]

얼마 후 어머니와 동생들이 데리러 왔을 때, 예수님은 사람들에게 말씀을 전하고 있었습니다. 마가복음 내용인데요, 그 전에 이미 가족들은 예수님이 걱정되어 집으로 돌아오시라 했지만 실패했었습니다. '예수의 친족들이 듣고 그를 붙들러 나오니 이는 그가 미쳤다 함일

러라.'[12] 자, 다시 돌아가서, 누군가 예수님에게 가족들이 모시러 왔다고 전했는데, 예수님의 반응은 이랬습니다. '대답하시되 누가 내 어머니이며 동생들이냐 하시고 둘러 앉은 자들을 보시며 이르시되 내 어머니와 내 동생들을 보라 누구든지 하나님의 뜻대로 행하는 자가 내 형제요 자매요 어머니이니라.'[13]

예수님은 하나님 가족이 생물학적 가족에 우선한다는 것을 확실히 하십니다. 누가복음에는 더 단호한 어조로 기록되어 있어요." 존은 성경을 몇 쪽 더 넘겼다. "'무릇 내게 오는 자가 자기 부모와 처자와 형제와 자매와 더욱이 자기 목숨까지 미워하지 아니하면 능히 내 제자가 되지 못하고.'"[14]

"아이고." 스티브가 말했다. "그건 심하군요."

"정말 그렇죠." 존이 대답했다. "마지막에 '자기 목숨까지'가 있어서 그 매몰찬 정도가 조금 완화되는지 모르지만 상당히 너무하다 싶지요. 제 생각에 예수님은, 예수님을 따른다는 것이 어떤 의미인지 가능한 한 명확히 말씀하시려 한 것 같습니다. 부모님을 포함하여 그 누구든, 그 무엇이든 다 버릴 수 있어야 한다는 의미라고 말이죠. 자기 자신도 물론 포함해서고요."

"그런데, 앞서 목사님이 말했던 '하나님 카드'라는 걸 예수님도 뽑아 든 거 아닙니까? 제자가 되려면 자기 부모도 돌보지 않아도 된다고 말하다니요."

"예수님이 말하고자 하시는 것이 과연 그것일까요? 제 생각에는 제자들이 가장 우선시해야 할 것이 무엇인지를 확실히 해 두시려 한 것 같습니다. 바로 예수님을 따른다는 그 자체가 최우선이라는 것이죠." 존은 잠시 생각에 잠기더니, 이렇게 덧붙였다. "그렇긴 하지만, 교회 식구들을 보면 그 때문에 종종 문제가 생기는 것은 사실입니다."

샘이 머리를 긁적이며 말했다. "저, 뭔지 잘 모르겠지만, 어쨌든 예수님도 어머니에게 드린 것이 있으니 효라는 계명을 지키셨다고 생각해요."

"번 돈을 어머니께 좀 드려서요?" 엘리가 물었다. "예수님이 목수셨죠, 그렇죠?"

"예수님이 어머니와 함께 사는 동안은 그랬을지도 모르죠, 엘리. 그런데 내가 생각하는 장면은 십자가에 못 박혀 돌아가시는 순간이에요. 구타를 당하시고, 우리의 죄를 두 어깨에 짊어지신 채로 못으로 십자가에 매달려 계실 때 말입니다." 샘은 앞쪽으로 당겨 앉았다. "난 내가 어느 정도 자기중심적으로 살아왔다고 생각해요. 하지만 예수님은 그렇지 않았습니다. 예수님은 발 아래를 내려다보고 서 계신 어머니를 발견합니다. 보나마나 울고 계셨겠죠. 남편은 죽었고, 큰아들은 로마 병정들에게 십자가형을 당하고, 바리새인들과 율법학자들은 잔인한 만족감을 느끼며 그 아들을 올려다보고 있었으니까요."

샘은 일행들을 둘러보았다. "예수님이 죽음 전에 남기신 마지막 말씀이 뭔지 아십니까? 제가 말하지요. 제자 요한이 예수님의 어머니인 마리아 옆에 서 있습니다. 예수님이 어머니에게 '여자여 보소서 아들이니이다'라고 말하고, 요한에게는 '보라 네 어머니라'라고 하시자 그때부터 요한이 마리아를 자기 집에 모시게 됩니다.[15] 샘은 손가락으로 존을 가리켰다.* "예수님은 죽음 직전에 어머니를 돌볼 대책을 마련하신 것이죠." 샘은 다시 편히 기대앉았다. "그래서 저는 예수님이 이 계명을 지키셨다고 생각합니다. 예수님은 어머니를 공경했습니다."

"정말 그랬네요, 샘. 예수님도 계명을 지키셨어요.

그리고 굉장히 필요한 의견입니다. 제가 생각하는 예수님 의도와 연관이 되거든요. 이제 제5계명을 탐구하는 여정의 마지막 단계에 도달한 것 같습니다. 예수님은 생물학적 가족을 하나님 가족에 포함시키셨지요. 그리하여 교회는 일종의 확장된 가족이 됩니다. 이제 예수님을 따르는 사람들은 공경하는 마음을 넓혀서, 본인의 부모가 아니더라도 이 계명이 요구하는 자녀들의 보살핌이 필요한 분들도 공경합니다. 사도행전에 보면 제자들이 매일 지역의 과부들에게 식사를 제공합니다. 부모, 자녀, 하인들까지 한 가구 전체가 함께 예수님을 따르지요. 하지만 예수님은 어머니에 대한 의무를 결코 잊지 않으셨고, 우리 또한 그래야 합니다."

존은 시계를 보고 말을 계속했다. "자, 정말 좋은 말씀을 해 주셨습니다! 다시 말하지만 큰 도움이 된 의견이에요." 그는 제니에게 말을 건넸다. "제니에게도 도움이 됐기를 바랍니다."

"그건 두고 봐야겠죠." 제니는 모두를 향해 말했다. "그렇지만 제가 제 이야기를 솔직히 털어놓을 수 있을 만큼 안전하다는 느낌을 받았으니, 그 점에 대해 여러분께 감사드린다고 말하고 싶어요. 그건 정말 큰 선물이에요. 그 선물을 받아들이는 것을 천천히 배우고 있습니다."

---

* 요한은 영어로 John이므로, 샘이 농담조로 존 목사를 가리킨 것

"꼭 그렇게 해요, 제니." 존이 말했다. "자, 그러면 오늘 이야기를 정리하는 차원에서, 이 계명을 지키기 위해 어떤 실천을 할 수 있을지 말씀해 주실 분이 계신가요?"

세라가 말했다. "음, 저에게 이게 어떤 의미인지 알 것 같아요." 그녀는 릭을 바라보았다. "엄마 상태가 점점 나빠지는 걸 보며 드는 생각이 뭐든 간에, 저는 존중하는 마음으로 엄마를 대해야 해요. 나에겐 쉬워 보여도 엄마는 엄청나게 어렵게 결심한 것이 있다는 것을 알아야 하고요. 거기서 시작해서, 그런 이해와 존중으로 주변의 어르신들을 대하는 것이 한 가지 실천이 될 것 같네요."

릭이 말했다. "노인 차별주의 분위기를 풍기는 그 어떤 것이라도 거부하는 것이 이 계명의 의미라고 생각합니다. 더 이상 어떤 일을 하지 못하게 됐다고 해서 그 사람을 무가치하게 보려는 유혹을 떨쳐 내야 한다는 것이죠."

샘도 말했다. "저는 연금과 사회 보장 제도 혜택으로 은퇴 후에도 편안하게 지낼 수 있어요. 그러나 저와 비슷한 연령대라고 해서 모두 같은 처지는 아니라는 것도 알고 있습니다. 물론 같은 교회 성도들 중에도 노후를 걱정해야 하는 분이 있고요." 그는 존을 보며 말했다. "그 문제에 대해 우리 목사님하고 따로 얘기를 해야 할지도 모르겠습니다." 샘은 씩 웃으며 말했다.

존이 말했다. "좋습니다. 생각할 것도 많고, 할 일도 많군요! 다음 주에는 제4계명인 '안식일을 기억하여 거룩하게 지키라'에 대해서 이야기 나누겠습니다."

"헤어지기 전에 성경 한 구절만 함께 읽고 싶습니다." 윌이 말했다. 그는 금세 원하는 부분을 찾아내어 펼쳤다.

"구약 성경의 마지막 부분입니다. 저는 여기에 오늘 아침 우리가 나눈 대화에 희망을 더해 주는 말씀이 있다고 생각해요. 선지자 말라기는 심판의 날 전에 올 다른 선지자 엘리야에 대해 이야기합니다. 우리가 세례 요한으로 알고 있는 분입니다. '그가 아버지의 마음을 자녀에게로 돌이키게 하고 자녀들의 마음을 그들의 아버지에게로 돌이키게 하리라.'"[16]

모두들 제니의 표정이 궁금했지만, 아무도 그녀를 보지 않았다. 긴 침묵이 흐른 뒤 제니가 윌에게 말했다.

"음, 그 책에는 기적이 가득해요, 그렇죠? 제겐 분명 기적이 필요하니까요."

"알아요, 제니. 기적이 필요할 거예요."

윌의 말이 토론 시간 끝을 알리는 신호라도 되듯 모두 동시에 일어서는데, 세라와 제니만 그대로 앉아 있었다.

세라는 옆에 앉은 제니를 다정하게 끌어당겼다. "거 봐, 내가 뭐랬어? 난 자기가 다시 돌아와서 기적을 기다린다고 믿어. 최소한 나는 그렇게 효과 봤거든."

"세라의 믿음을 저에게 좀 빌려 주실래요? 이 일에 있어서는 제 믿음이 남아 있지 않은 것 같아서요."

"그러면 되겠다, 제니. 어때, 커피 한 잔 더 할래?"

7

분투에서 휴식으로

제4계명

> 네 손이 가시투성이가 됐어도
>
> 넌 끊임없이 장미꽃을 더듬어 찾지
>
> 이제 그만 편히 누워, 나와 함께 쉬자
>
> - 브루스 콕번Bruce Cockburn의 노래 "Southland of the Heart" 중에서

> 안식일을 기억하여 거룩하게 지키라
>
> 엿새 동안은 힘써 네 모든 일을 행할 것이나
>
> 일곱째 날은 네 하나님 여호와의 안식일인즉
>
> 너나 네 아들이나 네 딸이나 네 남종이나 네 여종이나
>
> 네 가축이나 네 문안에 머무는 객이라도 아무 일도 하지 말라
>
> 이는 엿새 동안에 나 여호와가 하늘과 땅과 바다와
>
> 그 가운데 모든 것을 만들고 일곱째 날에 쉬었음이라
>
> 그러므로 나 여호와가 안식일을 복되게 하여 그 날을 거룩하게 하였느니라
>
> - 출애굽기 20장 8-11절

커피숍으로 들어오는 스티브의 코 끝에서 빗물이 뚝뚝 떨어졌다. 샘과 눈이 마주친 그는 커피 값을 치르고는 사람들이 모여 앉은 쪽으로 건너왔다. "좋은 아침입니다, 샘."

"그리고 축축한 아침이네요. 아, 불평하는 건 아닙니다, 한동안 비가 너무 안 왔죠. 목사님이 이 날씨에도 오토바이를 타고 오실까요?"

"좀 있으면 알게 되겠죠." 스티브가 귀에 손나팔을 갖다 대며 대답했다.

샘은 손에 든 컵을 빙빙 돌렸다. "제니가 괜찮을까요? 일주일 동안 제니 생각이 많이 나더군요."

"아 예, 나도 그랬습니다. 아버지가 죽어 가고 있다니 마음이 얼마나 힘들겠어요? 그 아버지가 한 짓은 있지만······."

"맞아요. 인간이 그렇게 고약한 짓을 할 수가 있네요."

스티브는 잔을 들어 커피 한 모금을 마셨다. "샘, 그 뭣이냐, 우스운 일인데, 이젠 내가 신문을 읽을 때마다 기사 내용이 어떤 계명을 위반한 건가를 찾게 되는 것 같단 말이죠. 내가 이런 말을 할 줄은 정말 몰랐는데, 그 주 의회 의원들이 뭔가 대단한 걸 이뤄 내고 있었나 봅니다."

샘이 무슨 말인지 이해하지 못하는 눈치여서 스티브는 말했다. "이 월요일 아침 모임이 처음에 어떻게 시작됐는지 설마 잊어버린 겁니까?"

"아, 맞아요. 그 법원 소송 건."

"그거 말요. 난 아직도 그게 극심한 시간 낭비, 돈 낭비라고 생각하지만, 십계명에 비추어서 우리 사회가 얼마나 엉망진창인지를 알 수 있기는 한 것 같아요."

"허허, 조심해요! 스티브, 이러다 곧 존 목사님 교회로 달려가 예배 시간에 맨 앞줄에 가 앉는 거 아니에요?"

스티브는 껄껄 웃었다. "그건 꿈도 꾸지 마슈."

고막을 찌르는 듯한 엘리의 휴대 전화 소리가 엘리와 야스미나의 도착을 알렸고, 릭과 카를로스도 그 둘을 뒤따라 들어왔다.

스티브의 얼굴에서 웃음기가 사라졌다. "하지만 이런 생각은 듭디다. 만약에 모든 사람이 우리가 지금까지 토론했던 계명들을 지키기 시작한다 치면, 그게 썩 나쁠 것 같지는 않단 말이죠. 안 그래요?"

"두말하면 잔소리죠." 샘이 대답했고, 두 여학생이 들어와 털썩 자리에 앉았다. 샘은 돌연 해맑은 표정으로 스티브에게 물었다. "그런데, 옆집은 차를 또 바꿨답니까?"

스티브는 살짝 주먹을 쥐고 샘의 어깨를 툭 쳤다. 얼굴에는 멋쩍은 미소가 가득했다. "알았어요, 알았어. 나도 별 수 없이, 대부분의 사람들과 다를 바 없다는 것 인정합니다. 신문에 오르내리는 일부 '그런 인간들'만의 이야기가 아니라 다 거기서 거기라는 것 안다구요."

그때 밖에서 나는 우르릉 소리에 스티브가 말했다. "자, 이제 우리가 알게 된 건, 존 목사는 날씨 따위 가려 가며 오토바이를 모는 양반이 아니라는 점이군요." 몇 분 뒤에 존이 한쪽 팔에 비옷을 걸치고 나타났고, 모두 그의 뒤를 따라가 자리를 잡고 인사를 나눴다.

◆

존이 말문을 열었다. "자, 오늘 우리가 다룰 계명은, 제 생각에 가장 흔히 간과하는 계명이 아닐까 싶습니다. 최소한 우리 문화권에서는 그렇지요. 먼저 해당 계명을 읽고 시작합시다." 그는 성경을 펼쳐 야스미나에게 건넸다. "오늘은 야스미나가 읽어 주겠어요?" 야스미나는 성경을 받아 읽어 내려갔다.

> 안식일을 기억하여 거룩하게 지키라
> 엿새 동안은 힘써 네 모든 일을 행할 것이나
> 일곱째 날은 네 하나님 여호와의 안식일인즉
> 너나 네 아들이나 네 딸이나 네 남종이나 네 여종이나 네 가축이나 네 문안에 머무는 객이라도 아무 일도 하지 말라
> 이는 엿새 동안에 나 여호와가 하늘과 땅과 바다와 그 가운데 모든 것을 만들고 일곱째 날에 쉬었음이라 그러므로 나 여호와가 안식일을 복되게 하여 그날을 거룩하게 하였느니라[1]

야스미나는 성경책을 존에게 돌려주며 말했다. "와, 굉장히 기네요."
"지금껏 본 것 중 가장 길지요? 십계명이 애플파이라면 저는 제4계명을 고르겠어요. 거의 전체의 3분의 1이거든요! 그리고 성경 전체에서 가장 자주 언급되는 계명이기도 하답니다. 킹제임스 성경에는 '안식일sabbath'이라는 단어가 자그마치 172번이나 나와요. '우상 숭배'라

는 말은 131번 나오고, '간음'은 69번, '살인'이 43번, '도둑질'은 28번, '탐내지 말라'는 겨우 23번밖에 나오지 않아요. 그럼에도 불구하고, 앞서 말했듯이 안식일에 대한 제4계명은 열 개 계명 중에서 가장 흔히 무시당합니다. 그리스도인들조차 별 신경을 쓰지 않아요."

그는 좌중을 둘러보았다. "그러면 먼저 이런 질문을 던져 보겠습니다. '잘 지내요?'라는 질문을 했을 때, 어떤 식으로든 '피곤하다'라는 메시지가 담긴 대답을 하는 사람이 얼마나 되지요?"

카를로스가 과장해서 하품을 해 보이며 말했다. "제가 그럽니다."

"저도요." 엘리도 말했다.

"죄책감도 들어요." 세라가 말했다. "누구든지 이리저리 다니느라 바쁘잖아요. 상점에서 쇼핑하는 내내 안절부절 못하는 사람은 저뿐인가요, 아니면 다들 그러나요? 그러니까, 예전에는 추수 감사절하고 크리스마스 무렵에만 사람들이 바삐 몰려다니는 것 같았거든요. 하지만 요즘은 일 년 내내 그런 것 같아요." 대부분 공감하는지 고개를 끄덕였다. "또, 셀프 계산대에다 대고 욕을 퍼붓는 사람들 본 적 있으신지 모르겠네요. 그리고……" 그녀는 카를로스를 보며 말했다. "사람들이 작동 방법을 몰라서 그렇다는 말은 하지 말아요. 나도 바코드 스캐너 정도는 조작할 줄 안다구요. 하지만 바코드 읽히는 것이 아주 조금만 지체되어도, 마치 온 우주가 내가 가는 길을 막으려는 음모를 꾸미고 있나 보다 하는 생각이 든단 말이에요."

스티브가 말했다. "그래서 난 꼭 일요일 아침에 쇼핑을 한다 이겁니다. 예수 믿는 양반들이 다 교회에 가 앉아 있을 때죠. 뭔가 찾을 게 있으면, 사방에 직원들이 널려 있어서 얼마나 편한지 몰라요." 그는 씩 웃으며 한마디를 덧붙였다. "그리고, 바코드 읽는 기계한테 욕을 해도 듣는 사람이 없어요."

샘이 말했다. "그 '예수 믿는 양반들' 중 일요일 근무를 하지 않으면 일자리를 잃을 사람들뿐이겠죠. 스티브에겐 편리할지 모르겠지만, 저는 주일에 모든 상점이 문을 닫던 때가 그립습니다. 온 나라가 하루 동안 기능을 멈추는 셈이었지요. 주일 아침의 평화와 고요가 정말 그리워요. 차도 다니지 않고, 길에서 소리 지르는 애들도 없고요."

제니가 한마디 했다. "하지만 그러면 한부모 가정은 장보기도 힘들죠. 월요일부터 토요일까지는 일을 해야만 하니까요."

샘은 한숨지었다. "알아요, 제니. 그래도 그 시절에도 어떻게든 식료품을 구입하긴 했답니다. 그리고 이게 중요한데, 그땐 모두들 교회에 다녔어요."

존은 미소를 띠고 말했다. "그런데 물론, 교회 다니는 사람들 중에 일부 저 같은 사람들에겐 주일이 일하는 날이랍니다."

"그렇겠죠." 스티브가 말했다. "하지만 나머지 6일 동안은 쉬잖습니까?"

재빠르게 몸을 수그려 피한 스티브의 머리 위로 존이 돌돌 말아 던진 냅킨이 날아갔다. "뭐요, 목사님? 일주일 내내 기도나 하고 일요일 설교 준비하는 거 말고 다른 하는 일이라도 있다는 겁니까?"

"물론입니다, 스티브 씨. 게다가 스티브 씨 같은 타락한 사람을 구제하기 위해 커피숍까지 와서 목회 활동을 할 시간을 짜내기도 한다는 점 잊지 마세요, 허허. 농담은 이쯤 해 두고, 날이 갈수록 제4계명을 지키기가 점점 더 어려워지는 것 같습니다. 교회의 제 사무실에서 일을 마치고 퇴근해서 바로 집으로 직행하던 건 이제 먼 옛날 얘기가 됐어요. 지금은 이메일과 문자 메시지, 노트북 컴퓨터 덕분에 사무실을 통째로 짊어지고 집으로 옵니다. 여러분 중에도 많은 분들이 그러실 거라 믿습니다."

제니는 휴대 전화를 들어 보였다. "예 맞아요, 제 사무실은 여기 있네요." 그녀는 일행을 휘 둘러보고 말을 계속했다. "이런 말 해 본 분 계세요? '하루에 몇 시간만 더 있었으면 좋겠어.'" 손 몇 개가 올라왔다. "이건 세라의 표현인데요, '모든 것이 선명해지는 시간'을 며칠 전에 가져 봤어요. 제가 깨달은 건, 만약 그 소원이 진짜로 이루어져서 하루가 좀 더 길어진다고 해도, 많아진 시간만큼 여유가 생기는 게 아니라 정신없이 바쁜 시간이 조금 늘어날 뿐이라는 것이었죠. 그리고 할 일 목록은 손톱만큼도 줄어들 리 없고요."

샘이 말문을 열었다. "제니 말을 들으니 한 가지 생각이 나네요. 내가 처음 시외로 나가 본 것이 1964년, 학교 현장 학습으로 간 뉴욕 만국 박람회였죠." 그는 옛 기억을 떠올리며 미소를 지었다. "우린 입을 쩍 벌리고 전시물들 사이를 뛰어다니며 미래의 로봇과 시간을 절약해 준다는 온갖 장치들을 구경했어요. 2000년에는 우리 생활이 어떻게 달라질까 하며 신이 나서 떠들어 댔지요. 아직 개인용 비행 장치까지는 손에 못 넣었네요.

집까지 오는 길은 멀었지만, 앞으로 등장할 놀라운 발명품들과 우리가 할 수 있게 될 일들에 대해 이야기하느라 시간이 쏜살같이 흘렀어요. 그때 선생님이, 사람들은 주 3일 근무 체제에 어떻게 적응할까 궁금해하셨던 게 기억나요. '그 많은 시간에 무엇을 할까요?'라고 말씀하셨죠." 샘은 껄껄 웃었다. "좋은 장치들을 갖게 된 건 맞지만," 그는 제니의 휴대 전화를 가리켰다. "시간은 얻지 못했습니다."

스티브도 대화에 끼었다. "그리고 휴가 문제도 있죠. '일을 떠나서 여유를 갖고 집과 직장 일은 모두 잊는 시간' 말요. 휴가 떠나기 전에 두 배로 열심히 일해서 휴가 동안 업무가 잘 돌아갈 수 있게 만들어 놔야 하고, 그러면 정작 휴가가 시작될 때에는 완전히 지쳐 버린단 말이죠. 비로소 여유를 찾았다 싶으면 짐을 싸서 집으로 돌아갈 시간이지요. 사무실 책상 위엔 일거리가 산더미처럼 쌓여 있을 테고요."

릭이 말했다. "어쩌면 유럽 사람들이 정말 제대로 하는 걸지도 모릅니다. 오후에 두 시간씩 낮잠 시간을 갖고, 3주씩 여름 휴가를 가고 크리스마스에도 2주나 쉬니까요."

스티브가 바로 대꾸했다. "그래서 유럽 경제가 시궁창이죠. 그게 서로 무관하다고 생각할 수는 없습니다."

"그러니까 전에 읽은 이야기가 생각나요." 야스미나가 말했다. "잠깐 기억을 더듬어 볼게요." 그녀는 의자에 깊이 기대앉아 몇 초 동안 생각하더니 자세를 바로 했다. "생각났어요. 이 장면을 마음속으로 그려 보세요. 휴가 중인 회사 중역 같은 사람이 열대의 해변을 거닐며 휴대 전화에 대고 고래고래 소리를 지르고 있어요. 으르렁대며 전화를 끊고는 다시 전화벨이 울리기를 기다리죠. 그러다 그 동네의 어부한 명이 눈에 띄는데, 어부는 바닷가로 밀려온 자기 배가 만든 그늘에 앉아 졸고 있어요. 어부가 잠에서 깨자 이 중역은 다문화 교류나 해 보기로 해요.

'왜 고기를 잡으러 바다로 나가지 않으시오?' 그는 어부에게 물어요. '날씨도 좋고, 잡을 고기도 많은데, 왜 그냥 누워 있는 겁니까?' 어부는 대답해요. '오늘 아침에 잡을 만큼 잡았으니까요.' 중역은 다시 질문해요. '아니, 지금 두어 번 더 나가면 팔 고기가 세 배는 되지 않겠소? 무슨 뜻인지 몰라요?' 어부는 모르겠는지 고개를 저었어요. 중역은 두 손을 비비며 말했어요. '자, 일단 돈을 더 벌 수 있을 거고, 그렇게 모으면 모터 달린 배를 살 수 있잖아요. 그러면 바람에만 의지하거나 힘들게 팔을 쓰지 않아도 될 것이고, 몇 년 지나면 배를 한 척 더 살 수도 있어요. 큰 조업용 선박을 마련하려면 그래야 해요. 저쪽에 생선 가공 공장도 지을 수도 있을 거요. 그리고 판매 시장도 넓혀요. 트럭 몇 대 사서 도시까지 직송하고, 또⋯⋯.'

'그 다음엔요?' 어부가 물었어요.

'그 다음에?' 중역은 거창하게 결말을 말했어요. '사업을 성공적으로 이끌고 나서 은퇴하는 거지요. 아름다운 바다를 보고 햇살을 즐기며 낮잠도 자고요.'

중역의 전화벨이 다시 울리자, 어부가 말했어요. '지금 내가 뭐 하고 있는 것 같소?'"[2]

세라는 신이 나서 손뼉을 쳤다. "그 얘기 정말 끝내준다!"

열심히 메모하면서 존이 말했다. "멋진 이야기네요, 야스미나." 그는 이내 고개를 들었다. "나를 위해서라도 꼭 계속 나와 줘요!" 그러고는 모임 전체를 향해 질문을 던졌다.

"우리는 왜 그 어부처럼 할 줄 모를까요? 2011년의 한 연구에 따르면, 미국의 경제 활동 인구 중 65퍼센트가 그해 말까지 휴가를 쓰지 못했다고 합니다. 그리고 그렇게 응답한 사람의 3분의 1 정도는 할당된 휴가를 쓰지 못한 이유가 해야 할 업무 때문에 책상 앞을 떠날 수 없었기 때문이라고 답했어요. 나머지 사람들은, 휴가를 다 쓴다면 고용주가 자신을 필요 없는 직원이라 생각할까봐 두려웠다고 해요."[3]
존은 무거운 한숨을 내뱉었다.

"그러면, 우리 대부분이 너무 장시간 일을 하고 있고, 서류를 들고 오든 머릿속에 담아 오든 집까지 일거리를 가지고 오며, 자신만의 시간에도 해야 할 의무가 많다는 현실에는 모두 동의합니다. 우리 삶은 마치 기다란 무종지문* 같군요. 그리고 아마 우리 중에는, 굳이 이렇게까지 할 가치가 있는지 남몰래 의심하는 사람도 많을 겁니다. 일을 하고 물건들을 쌓아 올리는 것 말고는 삶에 진정한 의미를 찾을 수 없는 것 같죠. 하지만……." 그는 몸을 앞으로 내어 말을 이었다.

"그리스도인, 아니 목회자가 이런 말을 하는 것 보셨습니까? '이봐요, 그렇게 일만 열심히 하라는 계명이 있을 걸요.'" 그는 다시 편히 고쳐 앉으며 말했다. "저는 절대 못 들어 봤습니다."

엘리가 입을 열기 전까지 한동안 대답이 없었다. "음악하고도 비슷하네요." 아무도 대꾸하지 않자 엘리는 다시 힘주어 말했다. "음악이

---

* 2개 이상의 주절을 접속사 없이 이은 문장

요, 음악. 아시죠?"

"그래 알아." 야스미나가 말했다. "음악, 안다고."

엘리는 얼굴을 찌푸렸다. "제 말은요, 목사님은 우리 인생이 무종지문 같다고 하셨는데, 그런 얘기예요. 저희 선생님이 언젠가 서로 다른 음들을 계속 이어서 연주하셨는데, 어딘가 들어 본 것도 같았지만 진짜 짜증 났거든요. 그러더니 그걸 다시 연주하셨는데, 이번에는 작곡가가 원래 작곡한 대로 음과 음 사이에 공간을 두었어요. 그렇게 들으니 무슨 곡인지 알겠더군요. 선생님은 이런 말씀을 하셨어요. '음악에 의미를 부여하는 것은 음이 아니라, 음 사이의 공간들이다.'

그러니까 음악도 같잖아." 그녀는 야스미나를 보며 말했다. "업무 사이에 휴식을 취한다면 업무에도 의미를 부여하기가 수월해질지도 몰라."[4]

모두 감탄하여 조용한 가운데 야스미나가 말했다. "와, 엘리, 좋은 지적이다."

"그럼, 물론이지. 괜찮았어?"

"고마워요, 엘리." 존이 다시 메모하며 말했다. "그 아이디어 훔쳐서 주일에 써야겠네요."

"그건 제8계명을 위반하는 것 아닙니까, 목사님?" 스티브의 일갈에 존은 끙 소리를 낼 수밖에 없었다.

"고맙네요, 스티브. 자, 이번 계명이 휴식에 대한 것이라면, 우리는 무엇으로부터 휴식해야 할까요?"

"아, 또 목록 작성할 시간인가요?" 스티브는 일어서서 칠판 앞으로 다가가 받아 적기 시작했다.

"숙제요." 엘리가 잠시도 주저 않고 말했다.

"비현실적인 납기일이요." 릭이 의견을 냈다.

"무급 초과 근무요." 카를로스가 말했다.

"변화의 속도요." 샘도 보탰다.

"컴퓨터 화면을 뚫어져라 보는 것도요." 제니가 말했다.

"상처 받는 것, 또 말할 것도 없이 장보기도 좀 쉬고 싶어요." 세라가 말했다.

"정보의 홍수요." 윌이 말했다.

"끝이 없는 제 업무 특성도 있어요." 존이 말했다. "'할 일을 다 끝냈다'라는 건 제 업무에는 없어요." 그는 잠시 말을 끊었다. "그렇습니다. 우리는 모두 지쳐 있고 감당해 내지 못할 지경입니다. 삶을 좀 더 편리하게 하겠다고 우리가 사들이는 그 많은 도구며 장치들로는 소기의 목적을 달성하지 못했어요. 한편으로는 그것들 덕분에 다른 일을 할 수 있게 되어서, 다른 한편으로는 그것들을 유지 보수하고 닦고 교체하고 어떤 모델을 살지 알아 보느라 시간과 돈을 투자해야 해서요. 끝이 없는 거죠. 그래서 하나님은 우리에게 제4계명을 주시어 연중무휴 24시간이라는 압제에서 풀어 주려 하셨습니다. 우리는 일주일 중 하루는 쉬게 되어 있어요."

"알겠어요. 그러면, 안식일이란 어떤 날인가요?" 엘리가 물었다.

윌이 말했다. "이 계명을 따르는 사람들은 예로부터, 금요일 일몰 때부터 토요일 밤으로 넘어가는 시점까지를 안식일로 지켰습니다. '저녁이 되고 아침이 되니'라는 천지창조의 순서에 따른 것이지요. 관습을 따르는 유대교인들은 지금도 그렇게 하고 있어요.

교회는 우리가 일요일이라고 부르는 날에 안식일을 지키는데, 일요일은 한 주의 첫날입니다. 그날이 예수님이 죽음에서 다시 일어나신 날이기 때문이지요. 교회는 이것을 신명기의 십계명에서 규정된 안식일 준수의 연장으로 보았습니다." 그는 존의 성경을 들고, 책장을 넘기면서 말했다. "자, 출애굽기에서는 안식일을 지켜야 하는 이유가 하나님이 천지를 창조하신 일곱째 날에 쉬셨기 때문이라고 나옵니다. 그것을 축복하고 거룩하게 하기 위해서지요. 하지만 신명기에서는 안식일을 지키는 이유가 이것입니다. '너는 기억하라 네가 애굽 땅에서 종이 되었더니 네 하나님 여호와가 강한 손과 편 팔로 거기서 너를 인도하여 내었나니 그러므로 네 하나님 여호와가 네게 명령하여 안식일을 지키라 하느니라.'[5]

안식일을 지킨다는 것에는, 하나님이 우리를 노예살이에서 거두어 내시면서 우리에게 해 주신 것을 기억하는 의미도 있는 것입니다. 단지 애굽에서의 노예살이뿐 아니라 죄를 저지르고 죄책감을 느끼는 것의 노예 신세에서도 풀어 주셨지요. 이에 공동체는 하나님의 구원 사업을 기억하기 위해 함께 모였고, 일요일은 교회에 모여 함께 경배하고 성찬 혹은 성만찬을 기리는 날이 되었습니다."

"그렇군요." 카를로스가 말했다. "교회는 기억력이 별로 좋지 않은가 봐요."

모두의 시선이 그에게 쏠렸다. "식당 종업원 해 보신 분 계세요?" 제니, 세라, 존, 야스미나가 손을 들었다. "그러면 어느 시간대를 제일 피하고 싶죠?"

네 명이 거의 동시에 대답했다. "일요일 점심 때죠." 그들은 서로 바라보며 웃음을 터뜨렸다.

"야스미나, 시간당 얼마 벌어요?"

"2달러 13센트*요. 추가로 팁을 받고요."

"그래요. 팁을 받는 직종이 아니라면 최저 시급이 7달러 25센트**인데, 지금 2달러 13센트 받는다는 거죠? 그리고 아마 13년 동안 쭉 그랬을 겁니다. 그 시급으로는 세금이나 겨우 낼 수 있겠죠. 보세요. 식당에서 서빙하는 종업원들이 팁 가지고 먹고 산다는 것을 누구나 알아요. 글쎄, 교회 다니는 손님들만 모르나 봐요."

그는 윌 쪽으로 고개를 돌리고 말했다. "'하나님이 노예 신세에서 풀어 주신 것을 기념하기 위해서' 교회에 모였던 사람들이 예배를 마치고 쏟아져 나와서 근처의 다른 교회를 무찌르기 위해 식당으로 돌진해요. 그들이 무례하게 군다거나 까다롭게 요구하는 손님들이라서가 아니라, 뭐 그런 사람들도 물론 있지만, 그 사람들은 팁을 쥐꼬리만큼 줘요. 우리를 노예처럼 대하는 거지 뭐예요. 제가 처음에 말했던 것처럼, 기억력이 형편없는 거죠." 카를로스는 말을 마치고 자세를 편히 했다.

제니가 말했다. "팁 대신에 조그만 전도용 소책자 받은 적은 없어요?"

* 한화 약 2,300원
** 한화 약 8,000원

"그 얘기까지 나오면 진짜 못 참아요!"

존이 말했다. "카를로스 말이 과장이라고 할 수 있다면 좋겠지만, 저도 경험상 카를로스의 말에 별 틀린 구석이 없다는 걸 알아요. 하지만 이건 믿어 주기 바랍니다. 제가 외식을 할 때에는, 특히 일요일엔 팁을 많이 남겨요. 또 우리 교회 신도들에게도 그렇게 하라고 권합니다. 어쨌든 카를로스가 안식일에 대한 중요한 논점을 내놓았네요. 왜냐하면, 우리 대부분이 이해할 수 없는 엄청난 경제학적 요소가 있기 때문입니다. 그것에 대해서는 이따 다시 얘기하도록 하지요."

"그럼 안식일을 거룩하게 지킨다는 건 무슨 뜻일까요?" 세라가 물었다. "그 말은 출애굽기와 신명기 양쪽에 다 나오잖아요."

"글쎄요, 성경에 보면 우리가 하지 말아야 할 일은 꽤 명확하게 나와 있어요. 안식일이라는 단어의 뜻 그대로, 일하는 것을 멈추라고 적혀 있죠. 하지만 일하지 않는 대신 우리가 해야 하는 것이 무엇인지는 분명치 않습니다. 이 쉬는 날을 어떻게 하나님께 봉헌할 수, 즉 거룩하게 할 수 있는 걸까요? 그에 대한 답은 다른 계명들과 마찬가지로 성경 전반에 걸쳐 잘 설명되어 있습니다."

샘도 한마디 했다. "내가 어렸을 때에는 주일을 특별하게, 거룩하게 보낸다는 것이 어떤 것인지 정말 분명했어요. 아침에는 교회에 다녀오고, 집으로 돌아와선 거하게 식사를 했죠. 그리고 아버지가 긴 낮잠을 주무시는 동안 아주 조용히 놀았어요. 저녁 때 다시 교회에 갔다 와서 일찍 잠자리에 드는 것이 주일 일과였지요."

"텔레비전은 볼 수 있었어요?" 엘리가 물었다.

샘은 예상 밖의 질문에 그만 코웃음치고 말았다. "텔레비전? 그런 건 없었어요. 라디오는 한 대 있었지만, 이걸 알아 둬야 해요. 주일엔 라디오에 접근하는 것이 절대 금지였죠. 주일은 평화, 고요, 교회 출석만이 허락된 날이었어요. 지금도 그렇다면 좋겠군요."

스티브가 말했다. "그러면 '먼데이 나이트 풋볼'*밖에 안 보신단 말입니까, 샘?"

"글쎄요, 가끔은 주일 저녁에 텔레비전 앞에서 단잠에 빠져든다는 건 고백해야 되겠군요. 보통 3쿼터 시작할 때쯤이죠."

윌이 나섰다. "안식일을 지키는 것이 우리에게 무슨 의미인지와 상관없이, 안식일은 중대한 문제입니다. 안식일은, 시내 산에서 하나님과 하나님 백성이 맺은 계약에 대한 표식이었죠." 그는 존의 성경을 펼쳤다.

너는 이스라엘 자손에게 말하여 이르기를 너희는 나의 안식일을 지키라 이는 나와 너희 사이에 너희 대대의 표징이니 나는 너희를 거룩하게 하는 여호와인 줄 너희가 알게 함이라 너희는 안식일을 지킬지니 이는 너희에게 거룩한 날이 됨이니라 그 날을 더럽히는 자는 모두 죽일지며…… 엿새 동안은 일할 것이나 일곱째 날은 큰 안식일이니 여호와께 거룩한 것이라…… 이같이 이스라엘 자손이 안식일을 지켜서 그것으로 대대로 영원한 언약을 삼을 것이니[6]

"으악." 카를로스가 외쳤다. "안식일에 일한다고 사람을 죽였단 말이

---

* 1969년부터 방송된 미국 ABC 방송의 미식축구 분석 텔레비전 쇼

에요? 그건 좀 너무 심한데요."

"정말 지나치다 싶죠, 카를로스." 윌이 말했다. "하지만 율법을 읽어 보면, 십계명 중 어느 것을 위반하더라도 죽음이라는 형벌을 받는다고 율법에 명시되어 있습니다. 이미 함께 봤었지요."

"그건 그렇죠. 살인에 대해서 사형이 구형되는 건 이해할 수 있는데, 안식일 준수에도 똑같이 적용된다는 건 납득이 안 되는걸요. 일단 저부터도 일요일에 근무할 때가 종종 있다고요. 교회 신도들이 전도용 소책자로 모자라서 저에게 던질 돌멩이까지 갖고 다녀야 된다는 건가요?"

존이 개입했다. "지금이 이 말을 하기에 적절한 타이밍인 것 같군요. 십계명은 명령이 아니라 교육적 설명이라는 점을 잊지 마세요. 십계명을 하나님이 처음 주실 때에는 아무 처벌 사항도 규정되지 않았어요. 그 이후에 처벌이 추가된 것이죠."

"좋습니다. 처벌은 나중에 추가됐다는 거죠. 하지만 어쨌거나 안식일에 일한 사람들을 돌로 쳐 죽인 건 사실이잖아요?"

"글쎄요, 그런 일이 있었다는 이야기를 토라 어딘가에서 최소한 하나는 본 기억이 납니다.7 그러나 제 생각은 이래요. 그 당시 사람들은 안식일에 일하는 것을 대수롭지 않게 생각했을 수도 있어요. 애굽에서 노예로 살 때는 단 하루도 쉬지 못했을 테니까요. 그러나 하나님을 위해 따로 떼어 놓은 이 날은 단순한 규칙이 아닙니다. 일종의 관습이고, 또 관습 그 이상입니다. 윌이 읽어 준 내용처럼, 그들이 하나님과 맺은 계약에 대한 표식이기도 합니다. 저는, 십계명을 위반한 벌로 사형이라는 형벌을 규정한 이유가 바로 그것이 아닐까 생각합니다. 예를 들어 부모에게 말대꾸하는 정도의 사소한 잘못이라도, 이는 하나님과 맺은 계약을 위반하는 것이 되겠죠. 적어도 우리에게 그리고 우리 사회에 십계명이 필요하다고 생각하는 사람이라면, 태평하게 제4계명을 넘겨 버리기 전에 꼭 짚고 넘어가야 할 것입니다. 저는 제4계명이 우리에게 말하는 것이 단순히 '일요일에는 교회에 간다'라는 규칙만은 아니라고 생각하기 때문입니다.

세라의 질문으로 돌아가 봅시다. 안식일을 거룩하게 지킨다는 것은 출애굽기와 신명기에서 우리에게 명한 것을 한다는 의미일 겁니다. 일상적으로 하던 일을 쉬라는 것이지요. 허나 그것은 또한 하나님의 창조하심과 구원하심을 기억하고 찬양하며 그에 대한 우리의 감사를 표현할 시간을 일부러 따로 마련한다는 의미도 됩니다. 그리고 그렇게 함으로써, 일상으로 돌아간 나머지 6일 동안에도 하나님이 주신 것을 잊어버리지 않을 수 있겠지요!"

"그렇군요." 제니가 말했다. "그게 교회 다니는 분들에게 왜 그렇게 중요한 일인지 이해가 가네요. 또 일주일에 하루를 쉰다는 것이 누구에게든 이득이 된다는 것도 알겠어요." 그녀는 샘을 보며 말했다. "하지만 샘이 그토록 바라는 것과는 다른 방향으로 이 사회가 변했어요. 우리는 좋든 싫든 하루 24시간씩 주 7일로 돌아가는 시스템 속에 들어와 있죠. 이런 상황에서 사람들이 제4계명을 진지하게 받아들일 것 같지 않은데요."

"아니, 그래야만 합니다!" 존이 앞으로 당겨 앉으며 말했다. "모든 사람이 일요일마다 교회에 가야 한다는 뜻은 아닙니다. 일주일에 하루는 아무것도 하지 않고 집에서 빈둥거려야 한다는 말은 더욱 아니고요. 그런 식으로 시작하는 것도 나쁘지는 않겠지만요. 사실 이것은 노예살이를 막 청산하고 황야로 나온 그들에게로 거슬러 올라갑니다."

그는 다시 의자에 등을 기댔다. "하나님이 이 계명들을 한 무리의 노예들에게 처음 주셨다는 사실을 제가 지겹도록 반복해서 말씀드렸지만, 바로 그 사실 때문에 십계명이 우리에게 중요한 것입니다. 적어도 안식일에 대한 이 계명만은 고대 근동 지역 문화에서 볼 수 없는 특이성을 지닌다는 사실 때문에, 우리는 이 계명을 주의 깊게 살펴보아야 합니다. 다른 문화권에도 살인이나 절도 등 우리가 다루었던 십계명의 다른 주제들에 대한 법은 있었습니다. 그러나 어느 법전에도 안식일과 같은 내용은 없지요.

제가 이 계명에 이렇게 열을 올리는 이유가 바로 이것입니다. 제4계명은 우리가 후반부의 여섯 개 계명에서 규정한 방식으로 사랑해야 할 이웃을 정의해 줍니다. 누가 나의 이웃일까요? 그는 성경을 다시 펼쳤다. "'일곱째 날은 네 하나님 여호와의 안식일인즉 너나 네 아들이나 네 딸이나 네 남종이나 네 여종이나 네 소나 네 나귀나 네 모든 가축이나 네 문 안에 유하는 객이라도 아무 일도 하지 못하게 하고 네 남종이나 네 여종에게 너같이 안식하게 할지니라.'[8]

하나님의 백성은 자기 하인, 자기 노예로 정의된 이웃의 복지를 위해 힘써야 합니다. 우리가 처음으로 소개받는 이웃은 노예입니다. 십계명은 한 무리의 해방된 노예들에게 주어졌다는 사실에 기반을 두기 때문이지요. 성경에서 십계명을 반복해서 언급하는 것은 하나님이 이렇게 말씀하시는 것과 비슷할 겁니다. '한 번 듣고는 잘 모를까 하여 말하건대, 너희의 노예들에게도 하루의 휴식을 주어라.' 저는 이것이 소위 '가난하고 힘없는 자들을 위한 하나님의 차별적 선호'를 명확하게 보여 주는 예라고 생각합니다."

야스미나가 말했다. "그렇다면, 제가 제대로 이해했는지 볼게요. 하인들을 둘 정도라면 꽤 부유하다는 뜻이겠죠? 어차피 일을 대부분 대신 해 주는 사람들이 있으니 원하면 언제든 하루쯤 쉴 수 있겠지요. 그들이 노예라면 자기 삶에 대해 발언권이 없을 거고요. 하지만 이 계명에서, 하나님은 노예를 부리는 사람들로 하여금 자신의 노예들에게 하루의 휴가를 주라고 하시는군요. 노예들에게 주 1회씩 휴가가 주어진다면 주인이 그들을 쉴 틈 없이 부릴 수 없게 된다는, 그런 말씀을 하신 건가요?"

"맞아요! 주인과 그의 가족, 하인들, 노예들, 심지어 가축들까지 포함된 모두가 안식일 휴식을 누리는 것입니다. 그리고 다시 말하지만 전직 노예들 이야기가 그 근원이에요. 모세가 애굽 왕 바로에게 가서 '내 백성을 보내라'라고 말했을 때, 모세는 바로에게 그들을 노예살이에서 놓아 달라고 요구한 것이 아니었습니다. 그렇지요, 샘?"

샘은 잠시 머리를 긁적거렸다. "맞습니다. 모세는 그들이 하나님을 섬기러 갈 수 있도록 그들의 일을 쉬게 해 달라고 했을 뿐입니다." 그는 씩 웃었다. "물론 다시 돌아올 생각은 없었겠지만요!"

"그랬을지도 모르죠. 그래서 그 요청에 대해 바로는 어떻게 대응합니까?" 존이 물었다.

"더 심하게 그들을 부리지요."

"바로는 하나님을 예배하러 가는 것을 허락하지 않고 오히려 더 심한 착취를 자행했습니다. 하나님은 안식일을 주심으로써 하나님의 백성에게 이렇게 말씀하시는 것입니다. '바로와 같은 자가 되지 말라. 너희가 당한 대로 타인에게 행하지 말라. 너희가 애굽에서 노예였음을 기억하고, 내가 너희를 자유롭게 한 것을 기억하라." 존은 먼저 모두를 보며 말했다. "그리하여 안식일에는 모든 사회 구성원이 필히 함께 쉬게 되었습니다. 안식일은 모든 사람을 평등하게 만드는 대단한 장치이지요." 그러고는 카를로스에게 말했다. "그렇게 되면 카를로스도 그날 일을 할 필요가 없으니 교회에서 쏟아져 나온 사람들에게 팁을 떼이는 일도 없겠죠. 그리고 흔히들 '안식일 경제학'이라 일컫는 것 때문에, 카를로스의 업무가 정당한 가치와 급여를 인정받을 테니 팁을 받기 위해 애쓰지 않아도 될 겁니다."

"그러면," 스티브가 말했다. "그러면 그 노예였던 이들에게 매주 하루씩 쉬게 하고, 노예 생활 해방을 기억하게 함으로써 하나님은 그것을 각인시키기를 바라는 거란 말요?"

"정확합니다." 존이 말했다. "단순히 주에 하루 쉬고 기분 좋자는 것은 아니지요. 안식일을 통해 자신과 타인을 속박하고 억압하며 구속하는 것에 대해 지속적으로 인식하는 백성으로 빚어지는 것을 의미합니다. 그들은 한 공동체로서, 일상 속에서 모든 사람이 함께 번영하는 삶을 지향하게 됩니다."

존은 한층 더 힘주어 말했다. "안식일은 또한, 우리의 가장 심각하고 극복하기 힘든 우상 숭배 행위를 억제합니다. 바로, 자기 정체성을 일에서 찾고 일을 인생의 중심 의미이자 가치로 만들어 일을 우상으로 섬기는 것을 말하는데요, 사족을 붙이자면 누구보다도 특히 목회자들이 범하기 쉬운 잘못이지요."

"그런 특정 우상에 대해 내가 한두 가지는 알 것 같네요만." 스티브가 말했다. "또 그 노예살이와 비슷한 것도 말이죠. 스스로에게 족쇄를 채우는 사람들이 있어요."

엘리가 끼어들었다. "그러면, 일이 나쁘다는 말씀이세요?"

"아닙니다!" 존이 말했다. "일은 좋은 것입니다. 최소한, 일은 좋은 것이어야 하겠지요. 아담과 하와는 에덴동산에서 할 일 없이 빈둥대지 않았어요. 그들의 일은 에덴동산을 보살피고, 하나님의 피조물들을 돌보고, 하나님이 창조하신 모든 것이 번영할 수 있도록 하나님과 손을 잡고 일하는 것이었습니다. 그리고 하나님이 하셨듯이 7일 중 하루는 쉬어야 했지요. 그러나 우리는, 하나님이 의도하신 대로가 아닌 우리 의도대로 살아가기를 원했고, 그러자 이내 일이라는 것은 전과 다른 무엇으로 변해 버렸습니다. 결국, 소수의 '바로'들을 위해 대다수 사람이 끝도 없는 무의미한 노동으로 바로의 건축물을 세우면서 노예나 다름없는 착취 시스템의 톱니로 전락하는 지경에 이르렀지요."

윌이 말했다. "그런 측면에서 저는, 무력하고 빈곤한 이웃을 보호하고 정의를 추구하는 모든 법 조항의 주된 기반이 바로 안식일이 아닐까 합니다."

제니도 이에 동참했다. "저도 그런 것 같네요. 앞서 샘이 말씀하신 것처럼, 사람들에게 7일 중 하루를 휴식하고 하인과 노예들 역시 그날 함께 쉬라는 명령은, 그럴 권력을 가진 자들만이 아닌 모든 사람이 휴식을 취하고 재충전할 기회를 가져야 한다는 뜻이 되네요."

"맞아요. 안식일은 단지 사람들이 지치고 피곤하다는 이유만으로 주어진 것이 아닙니다. 우리가 인간이고, 애굽에서 이미 겪었듯이 죽을 정도로 일하는 것은 부당하기 때문에 안식일이 주어진 것이지요. 그리고 분명히, 하나님은 백성이 곧 그 가르침을 잊고 결국 그들 자신이 바로와 같은 자들이 되리라는 것을 알고 계셨습니다. 그리하여, 그들이 하인과 노예를 두게 된다 해도 7일 중 하루는 모든 것을 정지하도록 하신 것이죠. 주인이라 할지라도 그 하루만큼은 어떤 명령도 내릴 수 없고, 노예들도 자유로울 수 있었습니다."

"하지만 그날 하루뿐이잖아요." 세라가 말했다. "월요일이면 곧바로 다시 노예 신세고요. 그게 월요일이든 언제든 말예요. 하나님은 왜 그냥 '노예를 두지 말라'라고 하지 않았대요?"

"노예를 두지 말라 하셨을지도 모르지요." 윌이 말했다. "자기에게 이로운 선택만 하려는 우리의 성향 때문에 하나님도 어쩔 수 없으셨는지 모릅니다. 하나님은 끊임없이, 그들이 애굽에서 노예였던 것과 하나님이 그들을 자유롭게 하셨다는 것을 주지시킵니다. 아마도 우리가 얼마나 빨리 잊는지 잘 아시기 때문일 겁니다. 일단 자신이 노예였다는 것을 잊고 나면, 노예를 거느릴 수 있는 기회가 생기면 누가 마다하겠어요? 그렇기 때문에 하나님은 이 계명을 돌에 새겨 그들의 이웃인 노예를 어떻게 대할지 알려 주려 하셨습니다."

그는 제니를 향해 말했다. "주인과 노예가 같은 날에 쉰다는 이 평등한 규칙을 실행함으로써, 노예를 둔다는 개념 자체에 대해 사람들이 의문을 갖게 되리라는 바람에서 말이지요."

"음, 그런데 우리가 그걸 눈치채는 데 몇천 년이나 걸린 거로군요."

"그러게 말입니다. 그러나 노예 제도 폐지는 법률에 이미 적혀 있었다고 생각해요. 안식일은 7일 중 하루를 쉰다는 것 이상의 의미이기 때문이죠."

"그러면 어떤 의미죠?" 릭이 물었다.

"우선, 사람들에게만 국한되는 의미가 아닙니다."

"저 알아요." 카를로스가 말했다. "동물들도 쉬어야 한다는 뜻이잖아요. 그렇죠?"

"맞습니다. 그리고 또, 땅을 쉬게 하는 안식년이라는 것도 있지요." 윌은 테이블 위에 펼쳐져 있는 성경을 집었다. 그가 몇 쪽 넘기니 해당 구절이 나왔다.

> 너는 여섯 해 동안은 너의 땅에 파종하여 그 소산을 거두고 일곱째 해에는 갈지 말고 묵혀 두어서 네 백성의 가난한 자들이 먹게 하라 그 남은 것은 들짐승이 먹으리라 네 포도원과 감람원도 그리할지니라[9]

"매 일곱째 해에는 땅을 놀리도록 했습니다. 땅을 갈거나 파종을 해서는 안 된다는 것이었지요. 이것은 모든 생명이 지속적으로 번성할 수 있게 하는 하나님이 창조하신 자연의 리듬, 즉 천지창조의 순서에 그 뿌리를 둡니다. 사람이든 동물이든, 7일에 하루는 일을 쉬고 휴식을 취합니다. 땅도 마찬가지로 7년에 한 해는 휴식이 보장됩니다. 일 년 동안 땅을 놀림으로써 토지가 양분을 보충할 수 있는 기회를 갖는, 중요한 농사 관습이지요."

"그런데 잘 지키지 않았어요." 제니가 말했다. "대신, 병충해를 조절하고 양분을 보충하며 토양을 쉬게 하기 위해 수 세기 동안 윤작을 하고, 소위 녹색 혁명을 이루었지요. 비료와 농약 덕분에 우리는 같은 땅에 해마다 작물을 번갈아 심으며 옥수수, 콩, 목화를 키워 내라고 땅을 몰아칠 수 있었어요. 이제는 자연적으로 토양 재생을 기다리지 않고, 척박해질 때까지 땅을 사용하고 인공적으로 생산을 계속하게 만듭니다. 아 물론, 그렇게 키운 옥수수가 세상을 먹여 살려 왔다는 건 아는데, 얼마나 더 오래 그럴 수 있을까요? 유전자 조작 식물의 종자가 번식 가능한 씨를 맺지 못한다는 이야기까지는 하지 않겠어요. 어쨌거나 인류는 곧 자멸할 것 같아요."

이번에는 존이 말했다. "땅을 묵히는 동안에 빈곤층은 밭에서 자라는 어떤 작물이든지 먹을 수 있도록 허용되었다는 사실이 놀랍습니다. 아마도 타인의 밭에서 자라는 것들을 일컫겠지요." 그는 책 한 권을 들어 보였다. "존 홀버트는 이렇게 적었습니다."

가난한 자들과 야생 동물이 먹을 수 있도록 하기 위해 우리도 쉬고 땅도 쉰다! 이것의 함의는, 휴식 없이 계속되는 노동으로 인해 빈곤층과 야생 동물들은 그 끝나지 않는 일의 수익으로부터 배제된다는 것이다. 이 둘의 관계는 …… 더 많이 일할수록 소수에 부가 집중되는 빈익빈 부익부의 통계적 결과를 낳는 우리 문화에 시사하는 바가 크다.[10]

"적극 동의합니다." 제니가 말했다.

"이 계명에는 굉장히 많은 경제학적 의미가 내포되어 있습니다. 단순히 주 1회 쉰다는 것만이 아니에요. '원래 다 그런 것'이라고 치부되던 많은 것들에 실질적으로 도전하는 것이죠. 그 가장 궁극적인 표현법이 '희년'이 아닐까 싶습니다. 여러분과 함께 희년에 대해서도 이야기를 나눌 시간이 있었으면 좋겠지만……." 존은 시계를 한번 들여다보았다. "시간이 거의 다 되었군요. 간단히 말하자면, 안식년들의 안식년이라 할 희년은 50년에 한 번씩 돌아왔습니다. 이스라엘 민족은 두 해 연속으로 땅을 쉬게 하고 모든 빚을 탕감해 주어야 했지요."

"저는 그 제도 대환영이네요. 벽에 걸려 있는 대학 졸업장을 따려고 받은 학자금 대출이 아직도 많이 남았거든요." 제니가 말했다.

"빚뿐 아니라 토지와 가옥 또한 원 주인에게 돌려주어야 했습니다. 어떤 이유에서 가진 땅을 팔아야만 했었다면, 희년에는 그것을 되찾게 됩니다. 또한 만약 자기 자신을 팔았다면, 즉 누군가에게 고용되어 매인 몸이라면, 어떤 남은 빚이나 의무 사항에서 자유롭게 되었습니다."[11]

"허, 그것 참." 스티브가 혀를 찼다. "뭐 그런 정신 나간 경제 체제가 있담. 그게 실제로 실행이 됐답니까?"

존은 소리내어 웃었다. "어땠을까요? 이스라엘에서 희년을 선포하여 지켰다는 증거는 없습니다. 심지어 토지에 안식년을 두었다는 증거도 없지요. 사실 이스라엘 민족은 추방당해 70년을 바빌론에서 지냈고, 그로 인해 의도하지 않았어도 땅을 놀릴 수밖에 없었다는 점을 이스라엘 역사가들은 지적합니다.[12] 그들이 돌아왔을 때 느헤미야는 토지를 쉬게 하고 모든 빚을 탕감하는 제도를 부활시키겠다고 맹세했어요."[13]

"보나마나 그것도 실현됐을 리 없겠군." 스티브가 말했다.

존은 고개를 저었다. "스티브 씨 말이 맞아요. 제니가 말했던, 지력地力이 다하도록 토지를 경작하는 악습은 20세기에 처음 생긴 일이 아닌 것 같습니다."

"아 좋아요 좋아." 세라가 말했다. "이걸 어떻게 다 정리하고 압축해서 주일 설교에 쓰실 셈인가요?"

"그러게 말입니다." 존은 손가락으로 머리를 쓸어 넘겼다. "어디서부터 시작해야 할까요? 언제나 그렇듯이, 의심이 들 때에는 예수님을 찾으면 되지요. 샘, 그렇지요?"

"맞습니다. 특히 예수님도 안식일에 늘 곤란을 겪으셨으니까요."

"저도 그 생각을 했습니다. 안식일은 예수님의 의도를 이해하는 데 여러 가지로 중요합니다. 최소한, 네 개 복음서의 저자들은 그렇게 생각했던 것 같아요. 마가복음과 누가복음에서, 예수님은 복음을 전하고 병을 고치는 사역을 안식일에 시작하십니다. 누가복음의 한 장면에서, 안식일에 예수님은 고향 마을 회당에 가셔서 이 땅에 오신 이유를 공표하십니다.

> 주의 성령이 내게 임하셨으니 이는 가난한 자에게 복음을 전하게 하시려고 내게 기름을 부으시고 나를 보내사 포로 된 자에게 자유를, 눈 먼 자에게 다시 보게 함을 전파하며 눌린 자를 자유롭게 하고 주의 은혜의 해를 전파하게 하려 하심이라 하였더라[14]

제가 성경만 파고드는 괴짜처럼 보일지 모르지만, 예수님은 이 장면에서 이사야 선지자의 말을 인용하고 있습니다. 이사야서 두 군데에서 발췌한 것으로 보입니다. 왜 다른 것이 아닌 바로 이 두 부분을 가져온 것일까요? 글쎄요, 그 두 부분에 공통적으로 등장하는 단어가 하나 있는데, 바로 아페시스aphesis입니다. 포로를 놓아 주고 눌린 자를 자유롭게 하러 오셨다는 표현에 쓰였지요. 아페시스라는 말은, 우리가 앞서 이야기했던 안식일의 부채 탕감을 뜻하는 히브리어 단어를 희랍어로 번역한 것입니다.[15] 예수님은 안식일에 회당에 모인 군중에게 이렇게 말씀하십니다. '이 성경 말씀이 너희가 듣는 가운데서 오늘 이루어졌다.' 다른 말로 하면, 하나님이 안식일로 의도하신 해방은 예수님의 사업 안에 녹아나야 한다는 것입니다." 그는 앞으로 더 다가앉았다.

"자, 아페시스는 용서, 혹은 죄와 죄책감의 구속에서의 자유 등 다른 형태의 해방으로 해석될 수 있습니다.[16] 산상 수훈의 팔복 중 첫째

복은 두 가지 다른 버전으로 성경에 나오는데, 마태복음에서는 '심령이 가난한 자는 복이 있나니'이고 누가복음에서는 '가난한 자는 복이 있나니'입니다. 저는 이것이 예수님의 삶과 죽음, 부활의 핵심에 접근하는 것이라고 생각합니다. 제4계명과 함께 소개된 개념을 궁극적으로 표현한 존재가 바로 예수님이지요. 가난, 부채, 질병, 죄, 수치심, 그 무엇이든 인간을 구속하는 모든 것으로부터의 자유 말입니다."

"하지만, 예수님이 안식일에 사람들을 자유롭게 해 주실 때 모두가 기뻐한 것은 아니었지요." 샘이 말했다.

"맞습니다." 존이 대답했다. "안식일이 뜻하는 해방이라는 원칙을 안식일 당일에 실제로 행하셨을 뿐인데, 이것에 사람들은 불평했고, 예수님은 이에 분노하셨습니다. 한번은 18년 동안 불구로 지내 온 여인을 고치셨는데, 회당장이 성을 내며 모인 사람들에게 말하지요. 병 고침을 받고 싶다면 안식일을 제외한 주중의 다른 엿새에 예수께 오라고요."

"와아." 제니가 놀랐다.

"자, 예수님은 회당장을 불러 말하십니다. '위선자들이여! 너희는 안식일에 당나귀를 풀어 끌고 가서 물을 먹이지 않느냐? 내가 열여덟 해 동안 불구의 몸에 매여 있던 이 여인을 풀어 주지 말아야 할 이유가 있느냐?'[17] 그들은 중요한 포인트를 놓쳤던 겁니다. 안식일은 인간적인 욕구를 충족시키라는 하나님의 선물이기에, 안식일에 맞닥뜨린 인간적 필요를 충족시키다 보면 가끔은 다른 사람들이 부적절하다 할 수 있는 일도 하게 될 수 있습니다."

"맞아요." 세라가 말했다. "언젠가 일요일 아침에 여기 계신 릭이 우리 집에 와서 전등 스위치를 고쳐 줬을 때 같은 경우가 그렇겠죠. 건드릴 때마다 전기가 흘러서 깜짝깜짝 놀랐었는데, 릭이 교회까지 빠지면서 그걸 고쳐 줬다구요."

"그렇다면 오히려 릭 자신이 교회가 된 셈이군요." 월이 말했다.

존은 미소를 지었다. "그렇습니다. 네 개 복음서에서 공히 예수님은 이렇게 선언하시죠. '인자는 안식일의 주인이다.' 마가는 그 문장에 이 문장을 덧붙입니다. '안식일이 사람을 위하여 있는 것이요 사람이 안식일을 위하여 있는 것이 아니니.'"[18]

그는 세라를 향해 말했다. "그러면, 안식일을 거룩히 지킨다는 것이 무슨 뜻이냐 한 세라의 질문으로 돌아가 본다면, 예수님의 삶과 말씀들로 볼 때 안식일은 단순한 휴식을 넘어서 타인에게 휴식을 주고, 생명을 주고, 이로운 일을 하고, 이웃을 내 몸과 같이 사랑하라는 의미인 것입니다."

"하지만 일주일 중 그날 하루만 그렇게 하라는 것은 아니지요." 월이 말했다. "하루 휴식을 취하면서 왜 안식일을 취하는지 반추해 보면, 각종 구속에 얽매인 사람들을 자유로이 하기 위해 일하는 '안식일 인간'이 되어 세상에 나갈 수 있습니다."

존이 말했다. "랍비들은, 유대인이 안식일을 지키는 것이 아니라 안식일이 유대인을 지켜 준다고 가르쳤습니다. 어떤 핍박이 그들을 억압해도, 아무리 유대인 강제 거주 구역에 갇혀 있어도, 안식일은 그들을 한 민족으로 지켜 주고 그들이 안식일을 지키도록 지켜 주었습니다. 유대 민족과 우리에게, 안식일은 다가올 미래의 모습을 어렴풋이 보여 줍니다. 모든 억압이 사라진 세상 말이지요."

한동안 모두 조용하다 싶더니 엘리가 침묵을 깼다. "그럼 그저 하루 쉰다는 의미만은 아니네요."

"그럼요, 그저 하루 쉬는 것 이상이지요."

"그렇다면……." 세라가 말했다. "목사님은 이 계명을 지키기 위해 구체적으로 어떻게 실천할지 염두에 두신 거라도 있나요?"

"네, 우선은 실제로 하루를 쉬는 것부터 시작하면 될 것 같습니다. 일주일 중에 24시간은 일을 완전히 접어 두는 것이죠. 여기 모인 우리들 대부분에겐 전화, 노트북, 컴퓨터 같은 것들을 치워 둔다는 의미겠지요. 어떤 사람들은 '안식일 바구니'라는 것을 두고, 안식일이 시작될 때 전자 기기들을 다 거기 넣어 기계도 휴식을 취하게 해요. 그러면 그 기계 주인들이야 당연히 쉬게 됩니다."

야스미나도 말문을 열었다. "유태인 친구가 하나 있는데, 그 집은 안식일을 철저히 지켜요. 그 집은 금요일 저녁이 되기 한참 전부터 집을 깨끗하게 정돈해 두어서 정말 쉴 수 있는 공간처럼 느껴지게 해요. 그러고는 촛불을 켜고 특별한 기도를 드린 뒤 가족들이 함께 잘 차린 식사를 먹지요. 한번 초대받아 갔는데 정말 좋았어요. 무슨 크리스마스나 특별한 휴일holiday 같아요."

"홀리 데이holy day, 성스러운 날이기도 하지요." 존이 말했다. "저희 집에서 지키는 것은, 안식일에 하는 일은 반드시 즐거워야 한다는 것입니다. 설령 그것이 다른 이에게는 일처럼 보일지라도 말이지요. 날씨가 좋다면, 콘크리트 숲을 벗어나 자연을 벗삼아 긴 산책을 나서지요. 비가 오거나 추울 때라면 가족이 둘러앉아 함께 보드게임을 합니다. 주중에는 그럴 시간이 별로 없잖아요. 조금이라도 일 같은 느낌이 드는 것은 피합니다. 교회에서 사역하시는 분들도 그날은 웬만큼 위급한 상황이 아니면 저를 불러낼 수 없다는 것을 알고, 저도 그날은 이메일조차 확인하지 않아요. 저의 휴식을 수호하는 방법을 터득했지요."

제니가 목소리를 높였다. "각자 쉬는 날이 다른 가족은 어떻게 하죠? 같은 날에 함께 쉴 수가 없다면요?"

"어려운 문제군요. 가족 전원이 모일 수 있는 저녁 몇 시간이라도 정해 놓는 방법이 있겠죠. 느긋하게 식사를 하고, 대화를 나눈다거나 게임을 함께 한다거나, 뭐든 모두가 여유롭다고 느낄 수 있는 활동을 하는 겁니다."

"안식일 경제학 이야기는 안 합니까?" 릭이 물었다.

"맞아요." 카를로스가 말했다. "그건 어떻게 해요?"

"그 주제는……." 존이 말했다. "한 시간을 더 토론해도 수박 겉핥기밖에 못할 주제입니다만, 교회로서도 사회 전체로서도 꼭 나눠 봐야 할 얘기입니다."[19]

엘리는 휴대 전화를 들여다보곤 화들짝 놀라며 야스미나의 팔을 잡고 일어섰다. "하나님 맙소사! 시간 좀 봐. 우리 늦겠어!"

엘리가 가방을 움켜쥐며 나서는데, 존이 말했다. "자연스럽게 다음 주 주제인 제3계명으로 넘어가네요."

엘리는 남은 커피를 급히 마셨다. "네? 뭐가요? 왜요?"
존은 빙긋이 웃으며 말했다. "집에 가면 찾아봐요."

8

신성 모독에서 경외로

제3계명

신의 이름으로 악마를 경배하는……

- 뉴 모델 아미New Model Army의 노래 "Christian Militia" 중에서

너는 네 하나님 여호와의 이름을 망령되게 부르지 말라

여호와는 그의 이름을 망령되게 부르는 자를 죄 없다 하지 아니하리라

- 출애굽기 20장 7절

신문을 읽던 샘은 고개를 들어 카페 여주인이 건네는 따뜻한 커피를 받았다. "샘, 여기 커피요. 기다리시게 해서 죄송하네요."

"무슨 말씀을. 문 열기도 전에 와서 커피가 준비되어 있길 바랄 수는 없죠, 암요." 그는 커피 한 모금을 마시고 커피 향에 입맛을 다셨다. "일찍 들여보내 주어서 고맙습니다."

"고맙긴요." 그녀는 바에 몸을 기댔다. "몇 주 전부터 여쭙고 싶은 게 있었어요. 월요일마다 하시는 모임을 눈여겨보게 되더라고요. 아침 시간이 워낙 붐비니까 잘 들을 수는 없지만, 항상 굉장히 재미있는 대화를 나누시는 것 같더군요. 게다가 모임 구성원들 때문에 더 관심이 가지 뭐예요. 여기 오시는 단골손님들 중에 가장 다양하게 섞인 그룹인 것 같아요. 무슨 이야기를 그렇게 하시는 거예요?"

샘이 모임이 구성된 자초지종을 설명하는 동안, 오전에 근무하는 바리스타 두 명이 출근하여 사장과 샘에게 인사를 하고 바 뒤의 주방 겸 창고로 들어갔다. "그러니까, 월요일마다 모여서 그런 토론을 하고 있지요." 샘은 그렇게 설명을 끝맺었다.

"정말 멋진걸요. 오늘 아침에는 어떤 계명에 대해 이야기하시나요?"

"'하나님의 이름을 망령되이 부르지 말라'에 대해서 얘기할 겁니다." 사장이 뭐라 대꾸하려 하는데, 안에서 그릇이 깨지는 와장창 소리에 한바탕 하나님, 예수님 찾고 난리가 났다. 사장은 한숨을 내쉬며 걸음을 뗐다. "이번 주는 시작부터 출혈이 좀 있네요." 그녀는 창고 쪽으로 가면서 어깨너머로 중얼거렸다. "오늘 토론 주제에 크게 신경 쓰지 않는 사람도 있는 것 같고요."

그녀가 스윙도어를 밀고 들어가고, 샘은 커피 한 모금을 들이키며 생각했다. '이 계명이 말하는 것이 과연 이런 것인지 모르겠군.'

◆

세라가 자리를 잡고 앉자 존이 말했다. "좋네요, 모두 다 오신 것 같군요. 바로 시작할까 하는데, 괜찮겠습니까?" 그는 성경을 테이블 건너편으로 전달했다. "세라, 오늘 계명은 세라 목소리로 듣는 영광을 누릴 수 있을까요?"

"기꺼이 읽겠습니다." 세라가 읽어 내려갔다. "너는 네 하나님 여호와의 이름을 망령되게 부르지 말라. 여호와는 그의 이름을 망령되게 부르는 자를 죄 없다 하지 아니하리라."[1]

그녀는 성경을 존에게 돌려주었고, 존은 좌중을 둘러보았다. "그럼 여러분은, 하나님 이름을 망령되게 부른다는 말이 어떤 의미라고 생각하십니까?"

카를로스가 토론의 포문을 열었다. "글쎄요, 일단 제일 뻔한 대답이라면 욕설이겠죠, 그렇죠? 예를 들면, 운전하다 웬 멍청이가 앞에 확 끼어들면 이런 말이 튀어나오죠. '천벌이나 받아라 Goddamn' 라든가 '제기랄 Jesus Christ' 같은 말 말입니다."

"친구들이 제게 보내는 문자 메시지 절반은 OMG Oh My God 로 시작한다는 사실, 어떻게 생각하세요?" 야스미나가 물었다.

"거기서 더 나아가서……." 엘리가 말했다. "어떤 친구는 그 말을 아예 입에 달고 산다는 사실." 그녀는 존을 보고 말했다. "맞죠? 저 지난 주에 진짜로 집에서 이 계명을 찾아봤다니까요."

존은 껄껄 웃었다. "엘리 양이 내 숙제를 진지하게 여겨 줘서 기쁘군요." 그는 다시 토론 멤버들을 향해 말했다. "제가 좋아하는 4컷짜리 만화가 있습니다.[2] 얼마 전에 본 것이 생각나는데요, 한 등장인물이 예수께, 자기가 문자 메시지에 OMG를 쓰는 것을 어찌 생각하시는지 묻습니다. 예수님은 대충 이런 대답을 하셨어요. '그보다 우선 OMFG에서 F라도 떨궈 내는 문제부터 얘기해 보는 게 어떨까?'"

제니가 피식 웃었다. "그것 참 재밌네요. 저도 그 만화 찾아서 봐야겠어요."

"나는 무슨 말인지 잘 모르겠네요." 샘이 말했다.

제니는 몸을 구부려 건너편에 앉은 샘의 팔을 톡톡 쳤다. "샘이 못 알아들으신다니 좋은데요, 샘."

샘은 여전히 어리둥절한 표정이었고, 카를로스가 말했다. "저주의 말과 욕설에 대한 거라면, 전 사실 누구 못지않게 많이 했을걸요." 그는 릭을 바라보았다. "AA 모임에서도 많이 했고요. 그런 말을 쓰는 것이 내가 얼마나 화났는지, 혹은 내가 얼마나 센지 보여 준다고 생각했어요." 그는 고개를 저었다. "그런데 사실은, 내가 얼마나 엉망진창인지를 보여 줄 뿐이었어요."

"그렇고말고." 릭이 말했다. "그리고 자네 어휘력이 얼마나 빈약한지 여실히 드러났지."

"압니다, 알다마다요. 그리고 릭 형님이 여러 번 지적했듯이, 상상력이 부족하다는 사실도 역시 들통나게 했죠."

"그런데 말이지, 이 말도 여러 번 했겠지만, 난 카를로스 자네가 일부러 신성 모독 행위를 하려던 건 아니라고 생각했어. 자네에게 신성 모독을 그만두라고 말한 사람들은 몇 있었지만 말이야. 요즘은 사람들이 어떤 권위 있는 인물도 존중하지 않기 때문에, 하나님과 예수님의 이름을 가볍게 들먹이는 일은 흔히 있는 것 같아."

샘이 말문을 열었다. "지금 이건 이해가 가네요. 저도 릭 말에 동의합니다."

존이 말했다. "자, 우선 분노나 좌절감을 표현할 때 하나님의 이름을 넣어서 욕을 하는 것이 첫 번째 신성 모독 사례군요. 그 밖에 어떤 의미가 제3계명에 담겨 있을까요?"

제니가 할 말이 있다는 표시를 했다. "제가 이 계명을 읽을 때 떠오른 것이 뭔지 말씀드릴게요. 음, 떠오른 인간들이라고 하는 게 맞겠네요. 웨스트보로 침례교회*입니다. 그들의 장례식 시위 사진과 역겨운 구호를 볼 때마다 토할 것 같아요. '하나님은 호모를 싫어한다'라고요? '군인들을 전사케 하신 하나님 감사합니다'라뇨! 바로 이런 것이 하나님 이름을 망령되이 부르는 것일 테죠. 그런 인간들은 뭔가 근본적으로 잘못됐어요."

존은 슬픈 얼굴로 고개를 흔들었다. "제니 말에 동감입니다." 그는 책 한 권을 집어들었다. "웨스트보로 침례교회 같은 집단의 야비한 행태에 대해 조앤 치티스터 수녀는 이렇게 말합니다. '우리가 타인의

---

* 장례식장에 나타나 성 소수자 배척 시위를 하는 것으로 악명 높은 조직

품위를 손상시키거나 폄하하기 위해 하나님 이름을 언급한다면, 그 대상이 되는 타인의 가치를 저울질하는 것이 아니라 우리 자신의 가치를 깎아내리는 것이다. 그것도 공개적으로. 얼마나 당황스러운 일인가.'[3]

"그 작자들은 진짜 침례교인도 아닌걸요." 샘이 성을 내며 말했다. "그냥 침례교인을 사칭할 뿐이지요. 전사 장병 장례식에서 시위라니, 부끄럽지도 않을까요? 이런 팻말도 봤습니다. '하나님은 당신을 미워하십니다'. 내가 아는 한, 하나님 이름을 망령되게 부르기로는 그게 최악이라 생각합니다."

"지당하신 말씀이에요." 세라가 말했다. 그녀는 존에게 물었다. "하나님하고 특별한 사이라도 되는 양 떠벌리는 건요? 이번 주에 그 생각을 했거든요."

"무슨 뜻이죠?" 엘리가 물었다.

세라가 곧바로 대답했다. "있잖아요, 마치 하나님이 자기들을 다른 사람보다 편애한다는 식으로 언행을 하는 경우가 있죠. 예수님과 엄청나게 특별한 관계라도 있는 것처럼요. 자기 행위나 특정 이슈에 대한 자신의 견해를 뒷받침하거나 정당화하기 위해 하나님을 언급하는 것 말이에요. 우리는 가끔 단순한 짐작이나 희망 사항, 아니면 그저 감에 불과한 것을 확실한 것처럼 말하려고 하나님 이름을 부르는 것 같아요."

"예를 들면요?" 야스미나가 물었다.

세라는 잠시 생각하더니 싱긋 웃으며 말했다. "음, 난 작은 기독교 재단 대학에 다녔는데, 졸업할 때쯤 이런 결론에 이르게 됐지. 하나님이 의도하신 결혼 형태는 일부일처제가 아닌가 보다."

"뭐라고요? 이유가 뭐죠?"

"내가 자기와 결혼할 거라는 하나님 말씀을 들었다고 굳게 확신하며 말해 준 남자들이 한둘이 아니었거든."

야스미나는 마시던 음료를 뿜을 뻔했다. "진짜로요? 정말 그대로 얘기를 했다고요?"

세라는 고개를 까딱했다. "나랑 결혼하고 싶어한 사람이 있다는 게 그렇게 놀라운 일이야?"

야스미나의 볼이 살짝 붉어졌다. "그런 뜻은 아니었어요."

"알아, 미안. 조금 놀리고 싶어서 참을 수가 없었어. 근데, 진짜 그랬다니까. 같은 수업에서 여러 명이 나를 꼬드겨 보겠다고 하나님 아는 체를 하더라구. 흔히들 써먹지만, 욕망의 대상을 쟁취하는 데 실패하는 대표적인 전략이지. 나 왕년에 잘나갔다고."

존이 크게 웃으며 말했다. "대단하군요, 세라. 그리고 그 이야기는 제가 이 계명에 대해 생각해 왔던 내용의 핵심을 짚어 주었습니다. 지난 며칠 동안 그것에 대해 생각하고 관련 서적들을 읽다 보니, 이것이 죄인들의 죄를 말하는 계명이라기보다는 도리어 나름 독실한 체하는 부류의 죄를 다루고 있다는 점을 점점 더 깊이 확신하게 되더군요. 카를로스가 지적한 바와 같이, 이 계명을 보고는 대부분 욕설하는 것을 떠올리지 싶어요." 그는 샘을 보며 말했다. "예전에는 욕하는 것이 꽤나 심각한 문제였죠. 아닌가요?"

"두말하면 잔소리죠. 어느 날 오후에 어떤 학교 친구가 우리 집에 와서 그런 말을 했어요." 샘은 목소리를 낮추고 말했다. "그 녀석은 우리 아버지 면전에서 '빌어먹을, 젠장!(God) damn it'이라고 외쳤는데, 아버진 그 녀석의 귀싸대기를 제대로 갈겨 주셨죠."

"그러면 샘은 그 말을 한 번도 쓴 적이 없다는 말이에요?"

"절대 안 쓰죠. 음, 누가 나를 정말 지독하게 도발하지만 않는다면."

"그래도 '이런 된장!' 같은 식으로 말한 적은 있죠?"

샘은 웃음을 터뜨렸다. "그래요, 그렇다고 칩시다. 뭔가 대체할 만한 표현을 쓰긴 했겠죠."

"그렇군요. 어떻게든 그런 나쁜 말을 할 때 하나님의 이름을 입에 올리는 불경을 피하려 했다는 것이겠지요."

"물론이죠. 그런데 그것도 옛날 얘깁니다. 텔레비전을 켜면 꼭 누군가는 '젠장G-damn it' 소리를 한단 말이에요. 더 심한 말도 하고 말이죠."

"그런데 그게 뭐 대수인가요?" 엘리가 물었다. "저는 그게 그렇게 신경 쓰이지 않거든요. 그리고 '살인하지 말라'라든가 다른 계명에 비하면⋯⋯."

윌은 존의 성경을 들고 뒤적거리면서 엘리에게 말했다. "저주하고 욕하는 것이 살인이나 절도와 같은 수준의 비도덕적 행위로 분류되는 것처럼 보이고, 그것이 이상하게 여겨질 수 있다는 점 충분히 이해가 갑니다. 사실 그렇게 분류되어 있지요. 또 재미있는 점은⋯⋯." 그는 두어 쪽 더 넘기고는 말을 이었다. "내가 그냥 엘리에게 말로 설명하는 것보다, 성경에서 이 계명을 어떻게 표현했는지 들려주는 편이

낫겠어요. 신명기와 출애굽기에 똑같이 나와 있는데, 지금까지 읽었던 다른 계명들과 다른 차이점이 눈에 띄면 나에게 말해 줘요. '너는 네 하나님 여호와의 이름을 망령되이 일컫지 말라 나 여호와는 내 이름을 망령되이 일컫는 자를 죄 없는 줄로 인정하지 아니하리라.'[4]

엘리는 아랫입술을 잠시 씹더니 위풍당당하게 말했다. "아! 여호와는 그의 이름을 망령되게 부르는 자를 죄 없다 하지 아니하리라, 이 부분이요. 전에는 계명을 어긴 사람을 어떻게 하겠다는 말을 못 들어 봤어요."

"정확해요. 엘리 말이 맞아요. 열 개 계명 중에서 직접적인 제재를 언급하는 유일한 계명이지요. 하나님께서 이를 지키지 않는 자에게 죄를 묻겠노라고 말씀하십니다."

"우와." 엘리가 말했다.

제니가 덧붙였다. "게다가 그 말을 두 번이나 하시네요."

"그렇군요." 윌이 말했다. "마치 이 계명에 밑줄이라도 그으신 것 같지요. 이렇게 내용이 반복되어 적힌 것도 십계명 중에 유일합니다." 그는 엘리 쪽을 보며 말했다. "그러니 주 하나님 이름을 함부로 쓰는 것은 꽤 심각한 문제가 맞겠죠."

"알겠어요. 그럼 그게 중요한 문제라면, 하나님 이름을 망령되게 부른다는 말이 과연 무슨 뜻인 거죠? 단지 욕설하는 걸 말하나요?" 엘리는 존에게 물었다. "조금 전에 하신 말씀이요, 이 계명이 죄인들의 죄라기보다는……." 그녀는 단어를 기억해 내느라 잠시 머뭇거렸다. "죄인들보다는 독실한 체하는 자들의 죄라고 하셨잖아요, 정확히 그게 무슨 뜻이었나요?"

"제 생각에는 이 계명의 진정한 의미 속에 그 질문의 답이 있는 것 같습니다. 우리는 어떤 식으로 하나님 이름을 망령되이 부르고 있을까요? 그에 대한 진지한 토론이 수없이 이루어졌습니다. 당연히 여러 가지 다른 표현으로 번역되기도 했겠죠. '하나님의 이름을 함부로 부르다'가 맞을까요, '하나님 이름을 부주의하게 사용하다'가 맞을까요? '하나님 이름을 오용하다'? '하나님 이름을 허투루 입 밖에 내다'라고 해야 할까요?"

"글쎄요." 엘리가 팔짱을 끼며 말했다. "그런 토론은 정말 지루해요. 그 번역 표현들, 전 다 그게 그거 같거든요."

존은 허허 웃었다. "엘리의 질문에 대답하기 전에, 먼저 우리가 함부로 부르거나 오용하거나 허투루 입 밖에 내서는 안 되는 그 이름 자체를 확인하는 것이 좋겠군요." 그는 윌 앞에 놓인 성경을 들어 책갈피가 꽂힌 곳을 펼쳤다. "누구의 이름이지요?" 그는 성경을 읽어 내려갔다. "십계명 첫머리에 '네 하나님 여호와니라'라고 하셨습니다. '나는 너를 애굽 땅, 종 되었던 집에서 인도하여 낸 네 하나님 여호와니라.'[5]

'하나님'은 이름이 아닙니다. 그 이름은 '주主, the Lord'라고도 번역되는 히브리어 단어 YHWH인데, 영어 식으로 발음하면 야훼 혹은 여호와가 됩니다. 불타는 떨기나무 속에서 하나님이 모세에게 보여 주신 바로 그 이름이지요." 그는 앞으로 몇 쪽 넘겨 그 부분을 찾아 읽었다.

모세가 하나님께 아뢰되 내가 이스라엘 자손에게 가서 이르기를 너희의 조상의 하나님이 나를 너희에게 보내셨다 하면 그들이 내게 묻기를 그의 이름이 무엇이냐 하리니 내가 무엇이라고 그들에게 말하리이까 하나님이 모세에게 이르시되 나는 스스로 있는 자이니라 또 이르시되 너는 이스라엘 자손에게 이같이 이르기를 스스로 있는 자^{YHWH}가 나를 너희에게 보내셨다 하라[6]

모세에게 처음 밝히신 이름이 바로 여호와이고, 히브리어 성경에 7,000번 가까이 나오는 이름도 여호와입니다. 하지만 정작 중요한 이름은 여호와 외에도 있어요. 여호와는, 시내 산에 모여든 군중에게 하나님을 드러내 보이기 위해 선택하신 이름일 뿐이죠. '너를 애굽 땅, 종 되었던 집에서 인도하여 낸 네 하나님 여호와니라.' 하지만 히브리어 성경 전체에 걸쳐 하나님은, 하나님이 누구시고 이스라엘의 지도자와 선지자들이 하나님을 어떻게 언급해야 하는지를 말씀해 주십니다. 그들을 애굽의 노예 신세에서 벗어나게 한 하나님이라는 것이에요. 출애굽이라는 사건은 이스라엘의 정체성을 결정하는 데, 또한 그들의 하나님이 누구신지 이해하는 데 핵심적인 사건입니다. 바로, 사람들을 속박에서 이끌어 내는 하나님이지요."

제니가 말했다. "그렇다면, 그 이름을 망령되이 부른다는 것도 그것과 어떤 관련이 있겠네요. 만약 사람들이, 주님의 이름으로 타인의 자유를 빼앗거나 압제를 가한다고 주장한다면, 그 이상 주의 이름을 망령되이 부르는 것은 없겠군요. 그렇죠?"

"옳습니다. 그것이 이 계명의 핵심이 아닐까 싶어요. 또한 그렇기 때문에 이 계명이 불신자가 아닌 독실한 신자의 죄를 말하는 것이라고 생각합니다. 주의 이름을 망령되이 부르는 것은 아마도 그 주님이 자신의 하나님이어야 가능할 테니까요. 그러므로, 엘리의 질문에 답을 하자면 주의 이름을 망령되이 부른다는 것은, 하나님이 성경에서 밝히신 하나님 이름의 의미와 상반되게 하나님에 대해 이야기하거나, 하나님 이름 하에 어떤 행동을 하는 것을 뜻하는 것이 아닐까 생각합니다."

존은 가방에서 책자를 하나 꺼냈다. "그것을 랍비 린 고틀리에브는 시의 형식을 빌어 이렇게 표현했습니다."

베르디체프*의 랍비 레비 이츠하크 Levi Yitzhak는
마을의 공장에서 만들어진 마짜**는
트라이프***, 즉 유월절에 사용하기에
부적합하다고 선언했다.
"돈 몇 푼 벌겠다고
황혼에서 새벽까지
빵을 구워야 하는
어린 소녀들이 보이지 않는가
그들이 굶주릴 때
그들 덕에 너는
배불리 먹을 수 있나니

* 우크라이나의 도시
** Matzah. 마짜 혹은 맛초라 일컫는, 유월절에 먹는 이스트로 부풀리지 않은 빵
*** Traif=treyf=not Kosher

외롭고 어두운 출퇴근 길도
그들은 상관하지 않는다
그 빵은 코셔가 아니다(율법에 어긋난다)!"
여자들은 아직도 그의 한 줄짜리 기도를 되뇐다
"만유의 주시여, 모든 지친 이에게 힘을 주소서."[7]

"멋지네요." 제니가 말했다. "알고든 모르고든 그런 것에 휩쓸리는 선량한 그리스도인이 얼마나 많을까요?" 그녀는 테이블에 다가앉아 존의 눈을 똑바로 보며 말했다. "목사님, 그래서, 목사님 교회에서는 주일 아침에 공정 무역 원두나 직거래 원두로 만든 커피를 내놓나요?"

존은 손을 들어 변호사 흉내를 냈다. "'판사님, 무죄를 주장합니다.' 제니, 이런 대답을 할 수 있어서 기쁘군요. 우리 교회에서는 10년 전쯤부터 오직 공정 무역 커피만을 사용하고 판매해 왔답니다. 더 큰 규모의 얘기를 하자면, 우리 교파에서는 착취적인 사업 행태를 가진 회사와 맺은 기업 연금 보험은 모두 해지했어요."

"와, 그것 참 인상적이군요."

"그럴지도 모르겠네요. 그런데 우리 집사람은 종종 이렇게 선언하지요. '모르는 게 약이다.' 정의가 무엇이냐 하는 문제를 일단 진지하게 받아들이기 시작하면, 곧 우리가 하나님의 뜻과 배치되는 온갖 행위에 얼마나 많이 연루되어 있는지 깨닫게 되죠. 여기서 하나님의 뜻이란 하나님이 만드셨고 사랑하시는 이 세상과 사람들에게 의도하신 바를 말합니다. 현재 우리 교회는 환경 문제에 신경을 쓰고 있어요."

"어쩌다 환경 문제까지 신경 쓰게 된 거죠?"

"찬송가를 부르다가요." 존이 대답했다.

제니는 의심스러운 듯 한쪽 눈썹을 올렸다.

"'참 아름다워라'[8]는 인기 있는 찬송가죠. 몇 달 전 어느 예배 시간 직후에, 우리 교회 신도이신 한 노부인이 저를 멈춰 세우고 이런 말을 하셨어요. '목사님, "주 찬송하는 듯 저 맑은 새소리" 부분에서, 언젠가부터 새소리는 못 듣고 있구나 하는 생각이 갑자기 뇌리를 스치지 뭐예요. 설교하시는 동안 그 찬송을 읽고 또 읽었어요. "망망한 바다와 늘 푸른 봉우리, 저 산에 부는 바람과 잔잔한 시냇물……, 주 하나님의 지으신 그 솜씨 깊도다." 그러자 이내, 우린 산봉우리를 깎아 없애고 숲을 밀어 버리면서 공장 굴뚝과 차량 매연으로 공기를 오염시키고 바다에 기름을 흘리고 있다는 사실에 생각이 미치더군요. 만약 우리 애들이 내 집을 그렇게 더럽힌다면 저는 무척 화가 날 거예요. 목사님, 우리 아버지 주님의 세계에다 우리가 무슨 짓을 하고 있는 건가요?'"

제니는 테이블을 탁 쳤다. "그분 만나 보고 싶네요. 딱 제 스타일이신데요?" 그녀는 씩 웃으며 한마디 덧붙였다. "찬송가 부르는 게 이렇게 체제 전복적일 수 있는 줄은 미처 몰랐어요."

"가사에 집중한다면 그럴 수도 있죠. 가사에 집중할 경우에만요."

"그래서 어떻게 하셨어요?"

"어떻게 했을까요? 먼저 위원회를 꾸렸습니다."

"와! 잘돼 가나요?"

"천천히 진행하고 있습니다. 그런데 이거 아세요? 저희 교회 주차장엔 미국산 대형 세단이 즐비하지만, 그중에 스바루 자동차에나 붙어 있음직한 진보적 문구가 적힌 범퍼 스티커를 붙인 차가 아주 많아요."*

"으음." 세라가 말했다. "그런 작달막한 노부인을 조심해야 해요. 그분들은 때때로 아주 거침이 없거든."

샘이 말했다. "큰 회사들만 사람들을 억압하는 것은 아니죠, 아시겠지만."

테이블 위의 수군거림이 잦아들었다. "제가 보기에는, 가정 내에서도 지속적으로 일어나는 일입니다." 일행은 모두 입을 다물었다. "최소한 제 가정에서는 그랬지요." 그는 손의 굳은살을 문지르며 자기 손을 내려다보았다. "회사가 할 수 있는 최악의 행동은 규칙을 지키지 않는 사람을 해고하는 것 정도죠, 그렇죠? 그런데 우리 집에서 규칙을 지키지 않으면 말입니다, 하나님을 들먹이며 협박을 합니다. '그런 짓을 하는 꼬마 녀석은 하나님이 벌하신다……'라든지 '하나님은 그런 애들을 좋아하지 않으셔……' 하는 식으로 말이죠. 회사가 협박을 일삼는다면 노동 재판소로 가면 되겠죠, 최소한 여기 미국에서는 그럴 겁니다. 하지만 하나님 이름으로 협박을 당하면 어디로 가죠?" 그는 다시 고개를 떨궜다. "제가 알려 드리죠. 죄책감과 공포 속으로 빠져들어 갑니다. 교회에서 허락하는 유일한 것이죠. 여기 계신 분들도 많이들 아시리라 생각합니다."

---

* 표현의 자유를 광범위하게 허용하는 미국에서는 범퍼 스티커가 정치적 의사 표현뿐만 아니라 다양한 용도로 폭넓게 활용된다. 스바루는 실용적이고 상대적으로 저렴한 일본 자동차 메이커로, 젊은 진보주의자 같은 이미지로 쓰인 듯.

그는 땅이 꺼져라 한숨을 쉬었다. "죄책감과 공포는 한참 더 나아가 제 부모님과 목사님들이 추구하던 복종을 이끌어 내죠. 최소한 한동안은 효과가 있습니다. 그런데, 과연 하나님이 추구하시는 것이 그 맹목적인 복종일까요?" 그는 존을 바라보며 말을 이었다. "목사님이 요 몇 주 동안 알아내려 하신 것이 이것이죠, 아닌가요? 이 모든 것이 자유에 관한 문제입니다. 이 열 개의 계명은 원래 자유를 주기 위한 것이에요. 이스라엘 민족이 노예살이에서 풀려난 뒤에, 하나님은 그들이 계속 자유를 누릴 수 있게 하시려고 전과 다른 삶의 방식을 자유롭게 선택하라고 초대하셨습니다.

뭐, 제가 자라면서 들은 이야기는 그게 아니었어요. 이 십계명이라는 것은 그야말로 계명, 계약입니다. 그 중에 뭔가를 어긴다면 하나님은 그 대가를 물으신다는 뜻이지요. 그런데, 물론 더 많은 다른 것에 대해서도 그렇죠. 자유에 대해서는 들어 본 기억이 많지 않아요. 착한 아이에게는 천국이 예비되어 있다는 약속뿐이었죠. 천국에 들어갈 때마저도, 자신이 평생 지은 죄를 영상으로 보여 주는 스크린 앞에 서야 한다고요. 최악인 것은 그걸 어머니가 지켜본다는 것이죠."

말이 끝나기가 무섭게 세라가 큰 소리로 웃음을 터뜨렸다. 손으로 입을 막으며 터져 나오는 웃음을 참으려 애썼지만, 피식피식 새어 나오는 소리까지는 막지 못했다. 그러다 제니와 눈이 마주쳤는데, 언뜻 보기에도 세라처럼 웃음을 참고 있었다. 세라와 제니는 동시에 폭소하고 말았고, 이내 일행 모두가 웃어 댔다. 샘 자신조차 낄낄 웃기 시작했다.

웃음이 진정되어 가자, 세라가 사과했다. "샘, 미안해요."

"괜찮아요. 우스꽝스러운 시나리오 맞는걸요. 그렇죠? 그런데 솔직히, 그 스크린 위의 비밀스런 죄를 예수님이 본다는 것보다 엄마가 본다는 점이 더 두려웠답니다."

그는 다시 존을 보며 말했다. "이번 주에 제3계명에 대해 생각하면서, 목사님과 같은 맥락에서 생각하기에 이르렀습니다. 제 아버지가 저에게 다른 계명을 지키게 하시면서 오히려 당신께서 제3계명을 수차례 어겼다고 생각해요. 맞아요, 아버지가 하나님 이름을 망령되이 불렀던 때가 꽤 있었던 것 같습니다. 인정하기가 쉽지는 않네요. 저 스스로도 아이들에게 그러지 않겠다고 맹세했었지만……." 그의 목소리가 잦아들었다. "'아버지의 악행을 자손 삼사 대까지 보응하리라'라는 하나님 말씀이 아마 그 때문일지도 모르겠어요. 자신이 당한 일을 똑같이 행하게 되니까요."

그는 잔을 들어 커피를 한 모금 마셨다. "제가 월요일 아침마다, 옛날이 좋았다면서 돌아가고 싶다고 여러분 귀가 닳도록 지껄였다는 것 압니다. 지난날을 그렇게 기억하고 싶었나 봐요. 그런데 이번 주엔, 늘 좋았던 것은 아니구나 하는 생각을 했습니다."

머뭇거리긴 했지만, 야스미나는 손을 뻗어 샘의 손을 잡았다. 그는 야스미나를 빤히 쳐다보더니 말했다. "아, 내 걱정은 말아요. 난 괜찮으니까." 그는 존의 성경을 가리켰다. "어쨌거나 저 책에 따르면, 하나님이 '동이 서에서 먼 것같이 우리의 죄과를 우리에게서 멀리 옮기셨다'9라고 하잖아요. 만약에 천국 입구에 스크린이 걸려 있다고 해도,

거기에는 아무것도 나오지 않을 거라고 생각합니다. 자 그럼, 이젠 웃긴 얘기를 좀 들어야겠어요." 그는 야스미나의 손을 힘 있게 쥐었다. "이 계명에 얽힌 재미있는 이야기 없어요?"

야스미나도 대답 대신 손에 힘을 주었다가 손을 거두고 모임 멤버들을 향해 이야기를 시작했다. "지금 방금 생각난 이야기가 하나 있어요. 이슬람 신비주의자인 수피교도들이 들려주는 이야기인데, 어떤 스승이 다가오는 축제일에 입으려고 맞춘 새 저고리를 제자들을 보내어 찾아오게 했어요. '이번 주는 정말 바빠서 저고리를 아직 완성하지 못했어요. 하지만 일주일 후에 다시 오시면, 신께서 보우하사 저고리가 준비되어 있을 겁니다.' 재단사가 이렇게 말했지만, 일주일 후에도 저고리는 완성되지 않았어요. '다음 주에 다시 오세요.' 재단사는 두 번째로 말했죠. '신께서 우리에게 광명을 주신다면, 선생님 저고리가 완성될 겁니다.' 그러나 그 다음 주에도 저고리는 아직이었죠. '내일 다시 오시죠. 신의 축복이 있다면 새 저고리가 기다릴 겁니다.' 제자들이 돌아가 그 말을 전하자, 그들의 스승은 이렇게 말했어요. '재단사에게 가서 물어 보아라. 신이 돕지 않으시면 저고리를 완성하는 데 시간이 얼마나 걸리는지.'"[10]

모두 한바탕 웃었다. 존은 열심히 메모했다.

"야스미나가 또 한 번 큰 도움을 주네요." 그는 펜 끄트머리를 씹으며 말했다. "사람들이 자신들의 흠결을 변명하고 상황을 뭔가 신성한 것처럼 꾸미기 위해 신의 이름을 남용하는 경우가 얼마나 많은지 모릅니다."

"무슨 뜻이죠?" 샘이 물었다.

"글쎄요, 이런 말 들어 보셨을 텐데요. '하나님이 내가 거기 취직하는 걸 원하지 않으셨나봐.' 아니면 '그 사람과의 관계에 대해 하나님은 다른 계획을 가지고 계신 게 분명해.'"

"많이 들어 봤지요." 샘이 대답했다. "저는 사실, 만약 그 사람이 하나님께 좀 더 노력하는 모습을 보였다면 하나님이 그에게 해 줄 수 있는 일이 더 있었을 거라고 생각합니다. 예를 들어 면접장에 제시간에 도착한다든가, 자주 씻는다든가 말이죠."

"맞습니다. 하지만 저도 그들보다 나을 바 없을 때가 있다는 점은 고백해야겠네요. 어떤 교구 주민이 와서 교회에 대한 정신 나간 제안을 한다 칩시다. 제가 마음에도 없이 이렇게 대답하겠죠. '네, 그걸 위해 기도하겠습니다.' 거기다 하나님 이름을 가져다 쓰면, 그때부터는 싫다고 말하기가 한결 쉬워질 겁니다. 앞서 제가 말했던, 독실한 자들의 죄악이랄까요. 거기에 저도 포함되지요."

"저는, 하나님이 자기 편이라고 주장하는 것이 어떤 의미인지에 대해 더 얘기하고 싶어요." 제니가 말했다. "웨스트보로 집단처럼 악행을 저지르면서 하나님 뜻이라 우기는 사람들 말이에요."

윌이 말했다. "설령 분명 정의로운 일 같아 보인다 해도 우리 목적을 위해 하나님 이름을 끌어다 쓰는 것은 언제라도 위험한 것이 아닌가 생각해 봅니다. 우리 미국 역사의 가장 어두웠던 순간들을 기억해 봅시다. 형제를 향해 총을 겨누었던 남북 전쟁 당시, 북군과 남군은 각각 자신들이 하나님의 지원을 받고 있다고 주장했지요. 애틀랜타가 연합군에 함락당한 후의 링컨 대통령 일화가 생각납니다. 어떤 여자가 백악관 행사에서 대통령에게 이렇게 말했다고 해요. '대통령님, 하나님은 우리 편이라고 전 확신해요. 대통령님도 그러시죠?' 대통령은 이렇게 대꾸했다 합니다. '부인, 저는 그보다, 우리가 하나님 편에 서야 한다는 생각이 더 많이 듭니다만.'"

야스미나가 말했다. "하지만, 스스로 '그리스도인'이라 일컫는다면, 무슨 행동을 하든 하나님 이름 안에서 하는 것 아닌가요? 그리스도인이라 말하면서 미워하고 증오하는 행동을 하고, 비열하고 잔인한 짓을 한다면, 그 또한 하나님 이름인 그리스도를 망령되이 부르는 것이겠죠?"

"저는 그렇다고 생각합니다." 샘이 말했다.

"비슷한 맥락에서 얘기할게요." 세라가 말했다. "제가 전에도 말한 적이 있지만 다시 말할게요. 크리스천^{Christian}이라는 단어는 '그리스도인'이라는 뜻의 명사로는 쓸모 있을지 모르지만, '기독교적인'이라는 뜻의 형용사로 사용하는 건 참 끔찍해요. 우리 교인들은 그 단어를 정치 공약이나 사회적 안건, 반려동물에 대한 도덕적 이슈 같은 것에 주저없이 갖다 붙이는데요, 사실 세례를 받는 것은 사람들이지 이슈가 아니잖아요."

"지당하신 말씀입니다." 제니가 말했다.

"9/11 테러 사건 이후 얼마 지나지 않았을 때의 일입니다." 존이 말했다. "엘리 비젤*이 종교적 극단주의와 폭력에 대한 토론 그룹의 패

---

*미국의 루마니아 출신 유대계 작가 겸 인권 운동가

널로 나왔어요. 그는 그 그룹의 다른 패널들에게, 성경에서 가장 불행한 인물이 누구인지 말해 보자고 했습니다. 대부분 욥이라고 대답했는데, 그가 감내해야 했던 고통 때문이었겠죠. 다른 인물의 이름을 댄 사람도 몇 명 있었습니다. 비젤은 자기가 생각하는 정답은 바로 하나님이라고 말했습니다. 하나님의 이름으로 서로 싸우고 죽이고 학대하는 것을 보면서 하나님이 느꼈을 고통 때문이지요."

존은 스티브에게 물었다. "스티브 씨, 이번 주에는 왜 이렇게 조용하신가요?"

"모르는 편이 나을 거요."

"말씀해 보세요."

"저, 지난 주에 이 계명을 읽고 나서, 이제 신문을 펼치든 페이스북을 들어가든 동네를 걸어 다니든 제니가 아까 말한 것과 같은 차원에서 내 신경을 긁는 것이 널려 있어서 말입니다."

"계속하세요."

"음, 예를 하나 들겠수다. 대학 교정에서 운동 삼아 산책을 하고 있었는데, 자칭 목사입네 하는 인간이 자유 발언대에서 학생들을 향해 소리치고 있는 걸 보게 됐죠. 그 자식은, 그냥 요즘 유행대로 차려입은 여학생들에게 옷차림 가지고 창녀라고 비난하고, 그 여학생들을 쳐다보는 남자애들에겐 호색한이라고 하더군요. 회개하지 않으면 그들 모두 지옥에 가게 될 거라고 합디다. 학생회에서 나왔음직한 학생들 몇 명이 그 자식을 설득하려고 했지만, 고래고래 소리지르며 성경 구절을 따발총처럼 내뱉는 걸 당해 내지 못하더라 이겁니다."

스티브는 샘을 보고 말했다. "무슨 잘못만 하면 지옥 간다는 협박을 받으며 커 온 사람이 샘 혼자뿐은 아닐 거요. 내 아버지 역시, 당신 자식들은 말할 것도 없고, 다른 사람들에게 영향력을 행사하기 위해 하나님 이름을 쓰는 데에는 아주 전문가였지요."

그는 목청을 높여 말을 이었다. "자, 기도 얘기를 해 봅시다. 하나님을 교묘히 조작하기 위해서 하나님 이름을 사용하는 성탄절 얘기를 해 보자구요. 어떤 사안에 대해 하나님에게 자기 편에 서 달라고들 청하죠. 자기가 뜻하는 바를 이루어 달라고, 해치고 싶은 사람이 있지만 남들에게 보이고 싶은 독실한 신자 이미지 때문에 실행은 하지 못하는, 그런 대상을 혼쭐내 달라고 기도하지 않습니까? 자기 자신의 실패를 인정하지 않으려고 하나님 이름을 쓰는 것도 얘기해 볼까요? 자기 스스로 해야 할 일을 하나님에게 대신 해 달라고 하는 것도 말해 봅시다. 수백만의 기아 문제를 해결해 달라, 집 없는 자들에게 주거를 제공해 달라, 생계를 해결할 임금을 보장하고, 전쟁을 종식시켜 달라고 기도하지요. 그래 봤자 이건 모두, 냉방 장치가 완비된 편안한 교회에 앉아서 하는 기도들이라는 겁니다. 교회 공과금에 쓰일 푼돈을 헌금통에 넣고 나서 말이죠."

스티브의 어조가 점점 격해지자, 커피를 사려고 줄 선 사람들까지 귀를 기울이기 시작했다.

"성경 구절을 들먹이면서 마치 그게 토론의 결론을 낸다거나 요지를 밝혀 내기라도 하는 줄 아는 예수쟁이들에 대해서도 얘기해 봐요. 즉 하나님이 이렇게 말했으니 그건 곧 내 의견에 동의한다는 뜻이다,

이런 거겠죠. 자신이 도덕적으로 남들보다 우월하다는 걸 뒷받침하려고 하나님 이름을 갖다 쓰는 건 또 어떻습니까? '하나님이 말씀하셨어요. 난 그걸 믿어요. 그러니 만사 해결 God said it. I believe it. That settles it' 같은 범퍼 스티커 개똥철학 따위로는 간단히 답할 수 없는 실생활의 어려운 질문들은 편리하게 무시하면서 말입니다."

그는 의자에 기대앉으며 손가락 빗질을 했다.

"목사 양반, 하나님 이름을 망령되이 부르는 거 말인데, 내가 한 얘기는 어떤 것 같소?"

모두 한 방 맞은 듯 조용해졌다. 존은 스티브를 똑바로 바라보며 말했다. "이번 주일에 교회에 와서 저 대신 설교해 주실래요, 스티브 씨?"

자신을 놀리는 것인지 미심쩍은 듯, 스티브는 존을 바라보다 이내 멋쩍게 웃음지으며 말했다. "내가 좀 너무 갔나 봅니다. 그렇죠?"

"그래도 좋은 내용이었어요, 스티브 씨. 그래서 말하는 겁니다. 이번 주일에 설교단 바꿔 서기를 해 보자고요. 저는 여기 카페에서 연설을 하고, 스티브는 제 설교 시간에 연설을 해 보는 거죠." 존은 곧 한마디를 덧붙였다. "스티브 씨 방문 기념으로 냉방은 꼭 끄게 할게요."

스티브가 박장대소했고, 다른 사람들도 모두 함께 웃었다. "내가 당장은 그런 큰 무대에 설 준비가 안 된 거 같으니 이번에는 넘어갑시다. 목사님이 괜찮다면 말요." 그는 다시 진지한 태도로 말했다. "그나저나, 여러분의 그 위대한 책에는 위선자들에 대해서는 한마디도 없어요? 타인을 위해서는 꿈쩍도 않는 그리스도인들에게 내가 손가락질을 할 때에도, 나머지 손가락 세 개는 나 자신을 가리키고 있다는 걸 알고 있거든요."

"그리고 또……." 카를로스가 거들었다. "여기 계신 제 AA 스폰서님이 늘 하는 말인데, 우리가 남에게 손가락질할 때 한 손가락은 하나님을 향해 위로 쳐들고 있다고 하지요." 그는 자기 손을 내려다보았다. "그게 엄지손가락이죠, 아마. 목사님은 이게 독실한 신자들의 죄라고 하셨지만, 저도 그 죄를 진짜 많이 저질렀던 것 같은데, 저는 독실하다는 말과는 완전 거리가 멀거든요.

여기서 얘기하는 하나님 어쩌고 하는 건 사실 저한테는 생소하기만 하고요, 아직 제가 그리스도인이라고는 말 못하겠습니다. 제가 몇 번이나 그분과 거래를 하려고 했는지 모르실 거예요. 그러니까 이런 식으로요. '마지막으로 이번 한 번만 해결해 주시면 진짜 다시는 이런 일 저지르지 않겠습니다'라든가, 해골이 쪼개지는 듯한 숙취를 제발 없애 달라고 기도하는 거요. 내가 일 저질러 놓고, 내가 술 퍼마셔 놓고요. 저는 우주를 창조하신 하나님을, 응급 상황에서만 부르는 어떤 아저씨 정도로 취급한 겁니다. 아 그래요. 그러니까 저도 하나님 이름을 망령되게 부르는 경우를 한두 가지 알고 있었네요."

존이 말했다. "카를로스, 중요한 점을 잘 말해 주었어요. 뭔가 필요한 것이 있을 때에만 하나님 이름을 입에 올리는 사람들이 있다는 사실입니다. 또 세라가 말한 것처럼, 자신의 말에 무게를 더하기 위한 목적으로 하나님 이름을 쓰기도 하고요. 두 경우 모두, 하나님 이름을 이 계명에서 요구하듯 경외심을 갖고 언급하는 것이 아니라 이용하는 것입니다. 법정에서 증언할 때 성경에 손을 얹고 진실을 말하겠다는 선서를 하게 된 것은 그리 오래 되지 않았지요. '진실만을 말하도록 도와주십시오, 하나님.'*"

"그런데 말입니다." 샘이 말했다. "많은 사람이 그 선서를 하고도 진실을 말하지 않았습니다. 이거야말로 하나님과 자기 자신을 거짓말쟁이로 만드는 행위겠지요."

윌이 말했다. "유대인 철학자 필론은 서약에 대해 많은 저서를 남겼지요. 그는 대부분의 경우에 어떤 맹세도 불필요하다는 주장을 펼쳤습니다. 진실을 말하고 있다면 맹세할 필요가 없어요. 거짓말을 하고 있다면, 진실을 말하고 있다는 맹세가 그 거짓말을 더 나쁘게 만들 뿐이죠. 가장 통탄할 일은, 거짓 증언을 하기 위해 신성한 진리의 이름을 부름으로써 모든 존재와 진리 자체이신 하나님의 이름을 모욕한다는 점입니다."

"오직 너희 말은 옳다 옳다, 아니라 아니라 하라." 샘이 말했다.

"잘 말씀하셨습니다." 존이 말했다. "예수님은 그렇게 서약하는 행동의 요구 수준을 높이신 것 같습니다.[11] '진실을 말하고, 네가 한 말을 지키지 못할 때 하나님을 함께 끌고 내려가지 말아라'라고요."

야스미나가 다시금 입을 뗐다. "학교 친구 중에 유태인 가정의 아이가 있어요. 한번은 역사 수업 프로젝트를 같이 하고 있었는데, 그 애는 하나님^{God}이라고 쓸 때 이렇게 쓰더라고요." 그녀는 공책을 펴서 큰 글씨로 'G_d'라고 적어서 모두가 볼 수 있게 들어 올렸다. "좀 특이하다고 생각해서 왜 그렇게 쓰느냐고 물어봤죠. 그 애는 하나님 이

---

* So help me God. 미국에서 공적인 맹세를 할 때의 관용구

름이 너무나 거룩하기 때문에 큰 소리로 말하는 것조차 안 된다고 했어요. 그 이름을 적어야만 한다면 이런 식으로 적어서, 혹시라도 이 계명을 지키지 못하게 될 가능성을 피하려는 거라고요."

"제 생각에는······." 제니가 말했다. "웨스트보로 인간들이 그걸 좀 배워야 될 것 같네요. 그 작자들은 자기들이 싫어하는 사람들을 하나님 책임으로 맡기고, 그러면서 자신들의 역겨운 짓거리에 하나님을 동참시키려고 하지요. 들고 다니는 표어를 이렇게 고쳐야 하지 않을까요? '하나님'은 빼고, '우리는 당신을 미워합니다.' 이렇게요. 물론 그런 일이 있으리라는 기대는 하지 않지만요."

세라도 말을 보탰다. "그 사람들이 하는 짓은, 그냥 '하나님은 당신을 저주한다God damn you'라고 말하는 것과 다를 바 없어요. 그자들의 행위 이면에는 정말 그 말이 숨어 있는지도 모르죠. '하나님이 당신을 저주한다'라고 말하는 것이야말로 정말 하나님 이름을 망령되게 부르는 짓이라고 생각해요. 그게 욕이라서가 아니라, 그 말에 담긴 뜻 때문에요. 그들이 저주받아 마땅하다고 생각하는 사람들을 하나님이 저주하실 거란 말이잖아요."

"옳소." 스티브가 말했다. "그럼 목사님, 하나 더 물어봅시다. 대체 웨스트보로 집단 같은 이상한 놈들이 왜 이리 많은 거요? 그리고 텔레비전에 나와 떠들어 대는 설교꾼들은 뭡니까? 모든 자연재해를 하나님 뜻이라 하더군요. 죄인들을 단죄하기 위해 하나님이 내린 벌이라는 둥, 아니면 학교에서 기도 시간을 없앴기 때문이라는 둥 도통 말 같지도 않은 소리를 늘어 놓는 놈들 말이외다."

"카트리나 태풍이 뉴올리언즈를 강타했을 때처럼요?" 카를로스가 물었다.

"그래요. 아이티 대지진으로 포르토프랭스가 초토화되고 수십만 명이 죽었을 때에도 그랬다고요. 그 텔레비전 설교꾼은 그러더군요. 200년 전에 악마와 계약을 맺은 사람들이 아이티에 있었기 때문에 하나님이 벌을 줬다고요. 그럼 뭐, 하나님이 고민고민하며 '엄벌' 버튼을 누르기까지 200년이 걸렸다는 말인가 보지요?"

"또 있어요." 세라가 말했다. "9/11 테러를 하나님 뜻으로 돌리는 것도 봤어요. 테러리스트들의 행위라는 점에 집중하기보다, 대안적인 생활 방식, 전통에 어긋난 생활 방식을 택한 사람들을 하나님이 벌하신 거래요. 이 계명을 어기는 것 중 최악이 어느 건지 난 모르겠어요. 신의 이름을 입에 달고 쌍둥이 빌딩으로 비행기를 날린 사람들일까요, 자기가 싫어하는 사람들을 하나님 이름으로 저주하는 텔레비전 설교꾼들일까요?"

존은 턱을 만지작거렸다. "이 질문에 스티브 씨는 뭐라고 대답하시겠어요? 저는 그런 말을 하는 사람들이 셀 수 없이 많다고는 보지 않습니다. 소수의 사람들이 다수의 관객을 향해 그렇게 말하는 거죠."

"아니 내 말이 바로 그 말이오. 그런 말을 나불대는 건 몇 명 안 될지 모르지만, 그걸 텔레비전으로 보는 사람들, 한 술 더 떠 그런 소리를 계속 지껄일 수 있도록 돈을 보내는 사람들이 한없이 많다고요. 그들이 지지하지 않으면 어떻게 그 작자들이 계속 방송에 나오겠냔 말입니다."

존은 고개를 저었다. "그 방송국의 다른 볼 만한 방송 내용들이 그런 괴상하고 정신나간 발언들을 상쇄시켜 주는 것일 수도 있죠. 글쎄요, 저도 당황스럽습니다. 하지만 스티브 씨 말이 맞군요. 그런 단정적인 선언을 들으면 텔레비전을 끄고 돈 보내기를 중단해야겠지요. 하지만 개집에 에어컨을 설치한다든지 할 정도로 그 설교꾼들이 호화롭고 사치스러운 생활을 한다는 것이 알려지기 시작했는데도, 금전 지원이 끊이지 않았어요."

"이랬다면 훨씬 도움이 됐겠지요." 샘이 말했다. "그 텔레비전 설교꾼들이, 하나님의 단죄가 다가오고 있다는 것을 사전에 알아서 사람들에게 회개하라는 경고를 했더라면, 아니면 최소한 다른 곳으로 피하라고 말해 줬더라면 말입니다. 예언자를 자처하던데요."

"바로 그겁니다." 윌이 말했다. "요 몇 주 동안 우리가 이야기한 것이 바로 이것 아닙니까? 제가 볼 때 그자들에게 수표를 보내는 사람들 중 다수가 십계명을 알고 있을 거고, 다니는 교회 건물이나 자기 집에 십계명이 걸려 있을 겁니다. 그러면서 그 계명들이 어떻게 살라는 뜻인지는 전혀 이해하지 못하고 있겠죠." 그는 샘을 보고 말했다. "그래서, 그들이 열광하는 텔레비전 설교꾼들이 하나님이 이 세상에 행하시는 일들에 대해 어처구니없는 주장을 할 수 있는 겁니다. 그 설교꾼들이 주장하는 바는 성경이 우리에게 보여 주는 하나님 모습과는 완전히 모순됩니다. 이것이야말로 하나님 이름을 망령되이 이르는 것이라고 생각합니다. 그리고 그런 설교 방송의 애청자들은 제3계명과 설교꾼의 잡설 사이의 연관성을 보지 못하는 것이고요."

"하지만 이런 생각은 안 드세요?" 야스미나가 말했다. "텔레비전 설교꾼들이 하는 말은 바로 그 애청자들이 듣기 원하는 말이라는 생각 말이에요. 누구든 무대에 서면 관객을 만족시키려 하잖아요. 선거 운동 할 때 보세요. 모든 입후보자들이, 어떤 유권자 앞에 서느냐에 따라 다른 공약을 얘기하는 것 같다고요. 그리고 하나같이, 세상을 '그들과 우리'로 양분하는 것에 가장 큰 관심을 두는 것 같아요. '우리'에게 닥칠 일 때문에 '그들'을 두려워해야 한다는 메시지를 전하죠. 경제 불황은 '그들'의 정책 때문일 수 있고, '그들'이 피도 눈물도 없는 냉혈한이기 때문에 의료 복지 부족으로 사람들이 죽어 가는 것일지 모른다고요."

"바로 그래서 그 텔레비전 설교꾼들이 정신 나갔다는 거요." 스티브가 말했다. "아이티에서 죽은 사람들이 전부 다 부두교 신자는 아니잖아요? 우리 부모님이 다니시는 교회에서 아이티에 있는 교회와 자매결연을 맺어 선교 팀을 보냈었어요. 그런데 그 교회도 싹 날아가고 신도 절반이 세상을 떴어요. 설교꾼들 말대로라면, 하나님은 '죄인들'을 벌하기 위해 하나님 백성들까지 죽여야 했으니 참 가슴 아팠겠다 싶네요! 대의를 위해 어쩔 수 없이 감수해야 하는 부수적 피해란 말입니까?"

존이 말했다. "그래서 문제가 되는 겁니다. 쉽게 생각할수록 특히 더 심각하지요. 만일 어떤 뉴스 속보 내용을 이용하여 자기 세계관을 주입시키려거나, 그 기회를 틈타 큰 돈을 벌고자 한다면, 결국 자기 말을 곧이듣는 일부 청중 외에는 다른 사람들이 그 비논리성에

도리질을 치든 말든 상관하지 않겠죠."

샘이 말했다. "그 다른 사람들은 수표를 보내는 사람들이 아니니까 상관하지 않는다는 거군요. 맞습니까?"

야스미나가 고개를 끄덕였다. "그 청중이 듣고 싶은 것을 계속 듣는 한, 즉 자신들은 옳고 하나님 편이고 '그들'이 누구든 간에 '그들'은 틀렸고 죄인이며 불신자라는, 그런 설교가 계속 방송된다면, 그들은 계속해서 방송을 들으며 수표를 쓸 거예요. 그것이 어떤 사이비 교단일 수도 있고 정치 선전일 수도 있겠지요. 우리는 그 거짓을 믿고 싶기 때문에 거짓말을 믿는다, 이거예요. 우리 의견에 힘을 실어 주기 때문에요. 진실보다 '우리가 옳다'는 게 더 중요하기 때문에."

"대단해요." 존이 말했다. "스티브 씨는 거절했는데, 야스미나가 대신 와서 설교해 주지 않겠어요?"

야스미나의 볼이 살짝 붉어졌다. "엘리, 목사님이 나 놀리신다."

"아니, 내 생각에는 야스미나가 한 말 중에 설교에 적용하기 좋은 것이 꽤 있는걸요."

그는 모임 멤버들 전원을 향해 말했다. "여러분, 오늘 아침 모임은 굉장히 도움이 많이 되었습니다. 물론 인간이 저지르는 죄도 상당히 많이 밝혀 냈지요. 저는 목회자로서, 설교하려고 나설 때마다 이런저런 식으로 하나님 이름을 망령되이 부르는 위험을 감수한다는 것을 인정합니다. 저의 삶이 제 말과 일치하지 않을 때가 너무나 많다는 것 또한 사실이죠. 그나마 그 빈도가 일정 정도를 넘지 않기를 바랄 뿐입니다. 여러분 모두 이번 주일 설교 준비에 활용할 생각거리를 많이 주셨어요."

"염두에 두고 계신 성경 말씀이 있나요?" 샘이 물었다.

세라도 질문했다. "또, 이 계명을 지키기 위한 실천 방안도 생각하고 계세요?"

"오늘 아침에 이야기 나눴던 잘못된 행동들과 반대되는 언행을 하는 것으로도 좋은 출발이 되리라 생각합니다! 그리고 성경 구절로는 주기도문 도입 부분을 생각하고 있었어요. 제3계명은 하나님 이름을 망령되게 부르지 말아야 한다는 부정 화법이었다면, 예수님의 기도는 '하늘에 계신 우리 아버지여 이름이 거룩히 여김을 받으시오며'라는 긍정 화법으로 시작합니다. 아마도 뒤에 이어지는 이 말을 실천한다면 하나님 이름을 거룩히 여길 수 있겠지요. '나라가 임하시오며 뜻이 하늘에서 이루어진 것같이 땅에서도 이루어지이다'.

예수님의 삶과 그가 선포하신 하나님 나라에 대해 기술한 네 개 복음서를 읽어 보면, 중심에 계신 하나님의 존재를 보지 못하고 지나친 이들은 이른바 독실하다는 자들이었습니다. 예수님에게서 하나님 존재를 보고 사랑한 이들은 죄인이라 불리는 자들이었지요. 독실하다고 자부하는 자들은 점령 로마군의 존재를 죄인들 탓으로 돌렸지만, 예수님은 죄인들의 집에서 저녁 식사를 하셨습니다. 아버지 하나님의 뜻을 행한다는 예수님의 주장과 권위에 대해 종교 지도자들이 도전했을 때, 예수님은 이렇게 말하셨습니다. '내가 진실로 너희에게 이르노니 세리들과 창녀들이 너희보다 먼저 하나님의 나라에 들어가리라.'[12]

그래서 저는, 우리 중 상대방을 '죄인'이라고 쉽게 일컫는 사람이야말로 그 손가락질을 받는 대상보다 하나님 이름을 망령되게 부를 위험이 더 크다고 생각합니다. 왜냐하면 예수님이 창녀들이 더 먼저 하나님 나라에 들어가는 이유로 제시하신 것이, 창녀들은 자신들이 죄인이라는 것을 알고 있기 때문이라는 점입니다. 독실하다는 자들은 자신을 그렇게 겸허히 바라보지 못해요."

샘이 소리 높여 말했다. "죄는 미워하되 죄인은 사랑하라.*"

"지당하신 말씀이에요." 세라가 말했다.

"다시금 모두들 고맙습니다." 존이 말했다. "오늘 와 주시고, 이 계명에 대한 고민을 도와주셔서요. 이번 주일 예배를 위해 좋은 공부거리를 많이 주셨습니다." 그는 잠깐 쉬었다 다시 덧붙였다. "이 계명을 정말 잘 보여 주는 사례 하나를 얘기해 볼까 해요."

"성경에 나오는 얘기예요?" 엘리가 물었다.

"아뇨, 우리 가족 얘기입니다. 몇 년 전에 예수님의 길을 따르기 시작한 남동생이 있어요. 분명 흙 속의 진주 같은 녀석인데, '너를 애굽 땅, 종 되었던 집에서 인도하여 낸 네 하나님 여호와니라'라는 구절을 접한 게 확실해요. 골동품 수집에 푹 빠져 있고, 장사에 무척 능하답니다. 돌아가신 분이나 이사 나가는 집의 물품을 경매 처분하는 에스테이트 세일estate sale에서는 엄청나게 싼 가격에 물건을 구할 수 있기 때문에 그 녀석이 굉장히 좋아하지요. 같은 일을 하는 친구들도 많아서, 싸게 산 물건을 온라인 장터에서 얼마나 큰 이윤을 붙여 팔았

*마하트마 간디의 명언

는지를 서로 늘 자랑해요.

얼마 전에도, 요양 시설로 옮기시면서 집에서 쓰던 물건 대부분을 처분하는 한 노부인의 에스테이트 세일에 다녀오더군요. 거기서 굉장히 값비싸 보이는 가구가 포함된 가구 일습의 경매에 입찰해서 친구들을 제치고 낙찰받았어요. 제 동생은 그 가구를 팔아서 한몫 단단히 챙겼습니다."

그는 스티브를 보며 말했다. "제 동생이 그 후에 어떻게 했는지 아세요? 친구들에게 성공적인 거래를 자랑하는 대신, 벌어들인 돈의 절반을 그 가구의 원 주인인 노부인에게 드렸답니다. 노부인이 얼마나 놀라고 기뻐했을지 상상이 가시죠? 어찌어찌하여 그 녀석 친구들도 그 사실을 알게 됐는데, 그가 그랬다는 것을 믿지 못하더군요. 제 동생더러 바보라 했습니다. 그 부인에게 돈을 줄 이유도 없는데, 교회 다니더니 사람이 너무 유해진 것 아니냐고 했다지요."

"동생분은 뭐라고 대답하셨대요?" 엘리가 물었다.

"아무 말 하지 않았답니다. 그 이야기를 듣고 저는 어떻게 그런 행동을 하게 됐느냐고 물었지요. 그는 '아니 왜 형까지 그런 걸 묻는 거야?'라고 하듯이 고개를 갸웃했어요. 그러고는 말했습니다. '그렇게 하는 게 옳으니까.' 저는 그것이 제3계명을 지키는 행동이라고 생각합니다. 하나님 이름을 거룩하게 하는 일이고, 하늘에서 이루어짐과 같이 땅에서도 하나님 나라가 임하시는 것이 이런 것이라고요."

"나까지도 이런 말을 하게 만드는군요. 옳습니다, 아멘." 스티브가 말했다.

엘리가 말했다. "우린 이제 가야 돼, 야스미나." 그녀는 존을 보고 씩 웃었다. "더 있다가 제3계명을 어기게 되면 안 되잖아요." 엘리는 가방을 들어 올리며 의자에서 일어섰다. "다음 주에는 무슨 계명을 가지고 얘기하지요?"

존이 말했다. "못 믿을지 모르지만 이제 겨우 두 계명밖에 남지 않았어요. 다음 주에는 제2계명, 우상^{idol} 금지에 대해 이야기할 겁니다."

엘리는 장난스레 입을 삐죽 내밀었다. "아이돌이라면, 제가 제일 좋아하는 텔레비전 프로그램이란 말예요!"

"알았어요, 엘리. 우리가 저마다 가지고 있는 우상들에 대해서 얘기하면서, 이런 질문에 대해서도 생각을 해 보면 어떻겠어요? 무엇이 최고의 '아메리칸 아이돌'*인가?"

"그럼 진짜 재미있는 대화가 되겠군요." 세라가 말했다.

"언제는 안 그랬나요?" 야스미나가 일어서며 말했다.

나머지 일행들이 일어서고 있을 때, 존이 스티브의 팔을 잡아 도로 앉혔다. "우리가 오늘 스티브 씨 머릿속에 있는 버튼 여러 개를 누른 것 같은데요, 거기에 대해서 좀 더 얘기해 보고 싶지 않으신가요?"

스티브는 존의 눈을 바라보더니 미소를 띠고 말했다. "난 버튼이 많은 사람인데요." 그러고는 이내 심각한 표정을 지었다. "하지만 뭐, 그래요, 이제 내가 어떻게 그런 버튼들을 달게 됐는지 얘기할 때도 된 것 같습니다. 그러려면 카페인이 좀 더 필요하겠습니다만." 그는 존의 컵을 가리키며 물었다. "리필해다 드릴까?"

---

* 미국 Fox 텔레비전의 서바이벌 오디션 프로그램 "American Idol"

"맛있는 커피를 마다할 리가요."

"커피 우상을 숭배하는 거 아뇨?" 스티브는 웃으며 빈 컵을 들고 일어섰다.

9

우상 숭배에서 찬미로

제2계명

너를 둘러싼 온 세상이 지옥 같을 때

이 약 한 모금이면 나아질 거야

- 빅 오디오 다이너마이트Big Audio Dynamite의 노래

"Medicine Show"의 가사 중에서

너는 나 외에는 다른 신들을 네게 두지 말라

너를 위하여 새긴 우상을 만들지 말고 또 위로 하늘에 있는 것이나 아래로 땅에

있는 것이나 땅 아래 물 속에 있는 것의 어떤 형상도 만들지 말며

그것들에게 절하지 말며 그것들을 섬기지 말라 나 네 하나님 여호와는 질투하는

하나님인즉 나를 미워하는 자의 죄를 갚되 아버지로부터 아들에게로 삼사 대까

지 이르게 하거니와

나를 사랑하고 내 계명을 지키는 자에게는 천 대까지 은혜를 베푸느니라

- 출애굽기 20장 3-6절

야스미나의 엄마는 백미러로 뒷자리에 앉은 엘리를 보며 말했다. "너희가 매주 빼먹지 않고 이 모임에 참석하는 게 정말 대견해. 야스미나를 힘들여 깨우지 않아도 되는 날은 이 월요일뿐이지 뭐니."

"내가 뭘 안 일어난다고 그래? 엄마는!" 야스미나가 말했다. "재미없거든요."

휴대 전화를 보고 있던 엘리는 손가락으로 계속 문자를 쓰면서 고개를 들어 대답했다.

"전 그냥 카페라떼에 중독된 것 같은데요."

"그건 아닐걸." 야스미나의 엄마는 백미러로 딸을 보며 말했다. "우리 야스미나를 보면 말야. 너희 분명 대단히 재미있는 토론을 하고 있는 것 같아, 나야 잘은 모르지만. 얘는 너희가 거기서 무슨 얘기를 나누는지 도통 말해 주지 않거든. 그리고 내가 거기 동참하는 건 싫다고 아예 못을 박더라."

엘리는 문자 보내기를 멈췄다. "그게요, 저도 사실 저희 엄마가 안 오셨으면 하는걸요." 야스미나 엄마의 얼굴에 나타나는 표정을 살핀 엘리는 얼른 덧붙였다. "아, 그게 말예요, 저희가 엄마 얘기를 하거나 그래서가 아니고요, 그저 뭐랄까, 다른 어른들하고 같이 재미있는 주제에 대해 이야기하는 게 좋아서 그래요. 그리고 있잖아요, 그분들이 우리가 어떤 할 말이 있는지 듣고 싶어하더라고요."

야스미나의 엄마는 다시금 딸과 눈을 맞추었다. "나도 네가 어떤 할 말이 있는지 듣고 싶어."

야스미나는 고개를 돌려 창 밖을 바라보았다.

그녀의 엄마는 한숨을 내쉬었다. "그럼 오늘 아침 화제는 뭐니?"

"우상이요."

"우상? 그 뭐냐, 지난 주 현장 학습 때 박물관에서 봤던 조각상 같은 거 말이니?"

"네, 그런 거 같아요. 어떤 건 진짜 소름끼쳤어요, 그렇죠?"

야스미나의 엄마는 웃으면서 대답했다. "그럼, 그랬지. 근데 큰 부리가 달린 조각상은 너희 수학 선생님을 좀 닮았더라."

"엄마!" 야스미나가 소리쳤다.

"어머, 너도 듣고 있었구나." 야스미나의 엄마는 엘리를 돌아보았다. "그러면, 고대의 신 같은 것들 얘길 한다구?"

"그럴지도요. 그냥 제 생각엔 그럴 것 같아요." 엘리는 휴대 전화에 시선을 떨어뜨리고 재빨리 글자 몇 개를 더 쓰고는 다시 고개를 들었다. "근데 얘기하다 보면, 토론을 시작할 때에는 생각조차 못했던 것들에 대해 이야기하다 끝나기도 해요." 엘리는 잠깐 동안 손톱을 물어뜯었다. "제가 그냥 라떼 마시러 가는 것만은 아닌가 봐요."

"그러면 왜 가는 거니?"

"왜냐하면 거기서 토론하는 게요, 글쎄요, 진짜 같아서요. 그냥 공허한 생각이나 신념이 아니구요. 항상 우리 삶에 대해서 얘기하게 돼요." 그녀는 야스미나를 보았다. "사람들이 자기 이야기를 하는 것이 상당히 놀라워요." 휴대 전화에서 문자 수신 진동음이 들렸지만, 엘리는 무시하고 말을 이었다. "성경 공부 모임에서 흔히 보고 듣는 그런 게 아니에요."

차가 주차장에 들어설 때 야스미나의 엄마가 말했다. "참 좋은 시간인가보다. 너희가 그런 모임에 참여하게 되어서 기쁘구나. 끝나면 섭섭하겠네?"

엘리가 불쑥 고개를 쳐들었다. "네, 뭐라고요?"

"아니, 오늘이 아홉 번째 월요 모임이잖니. 십계명에 대해서 얘기하는 거라면, 오늘 빼고 딱 한 주만 남은 거 아니니?"

"그렇네요." 엘리는 야스미나에게 말했다. "난 그 생각은 못 해 봤어. 너는 해 봤어? 다음 주 이후엔 모임이 없는 걸까? 그렇담 완전 멘붕인데."

그러나 야스미나는 이미 차에서 내린 뒤였다.

두 소녀는 손에 라떼 한 잔씩을 받아 들고 자리에 앉았다. 존은 그들에게 눈인사를 건네곤 모임의 시작을 알렸다. "오늘도 모두 와 주셔서 참 기쁩니다. 오늘 아침은 더욱 특별하겠죠. 왜냐하면 이번 주에 다룰 계명이 이스라엘 역사의 나머지 부분을 정의한다고 할 수 있으니까요. 구약 성경에 수많은 살인, 절도, 간음 이야기가 담겨 있는 것은 사실이지만, 성경책 아무 곳이나 펼쳐도 어디든 우상 숭배는 꼭 찾을 수 있습니다. 누군가 우상을 숭배하고 있거나, 어떤 선지자가 우상 숭배 행위를 꾸짖고 있거나, 드물게는 어떤 사람이 우상 숭배를 거부하고 있을 겁니다. 우상 숭배는 최초의 순간부터 하나님의 백성들 사이에 전염병처럼 퍼진 죄악이었죠. 곧 그 이야기를 할 겁니다. 하나님이 허락하신 자유를 누리던 그들에게 가장 큰 장애물이 된 것 또한 우상 숭배였습니다. 자, 제2계명을 함께 들어봅시다. 샘, 부탁드려도 될까요?"

샘은 펼쳐 놓은 성경을 들고 읽었다.

> 너는 나 외에는 다른 신들을 네게 두지 말라
> 너를 위하여 새긴 우상을 만들지 말고 또 위로 하늘에 있는 것이나 아래로 땅에 있는 것이나 땅 아래 물속에 있는 것의 어떤 형상도 만들지 말며 그것들에게 절하지 말며 그것들을 섬기지 말라 나 네 하나님 여호와는 질투하는 하나님인즉 나를 미워하는 자의 죄를 갚되 아버지로부터 아들에게로 삼사 대까지 이르게 하거니와 나를 사랑하고 내 계명을 지키는 자에게는 천 대까지 은혜를 베푸느니라[1]

샘은 성경을 내려놓았다. "참 기네요."

"맞습니다." 존은 인정했다. "우리 개신교도들에게는, 사실 제1계명과 제2계명을 합친 것이니까요."

"로마 가톨릭에서는," 윌이 말했다. "이게 첫 번째 계명이죠."

"그럼 왜 여기선 이걸 제2계명이라고 하는 거죠?"

"유대 전통에서 그렇게 번호를 매겼기 때문입니다. 유대인들의 제1계명을 교회는 십계명에 달린 서문으로 여깁니다만, 이렇게 유대식으로 이해하면 우리가 놓친 점을 짚고 넘어갈 수 있다고 생각합니다."

"그게 뭔데요?" 엘리가 물었다. "제1계명은 뭐고요?"

존은 성경을 펼쳤다. "나는 너를 애굽 땅, 종 되었던 집에서 인도하여 낸 네 하나님 여호와니라."[2]

"그건 계명이 아니잖아요. 그런 건 명제 아니에요?"

"그래서 교회에서는 제1계명을 십계명에 대한 서문 내지는 도입부로 보는 것이지요. 하지만 교회가 그런 관점을 택함으로써, 하나님의 선언이라는 중요성, 하나님이 갓 해방된 노예들에게 하신 첫 번째 말씀이라는 중요성을 간과하게 되었고, 하나님이 그의 백성에게 실어 주고자 의도하신 정체성 확립의 힘도 가려진 것이 아닌가 생각합니다. 우리가 이미 살펴보았듯이, 바로 뒤에 이어지는 내용은 어떻게 살아갈 것인가에 대한 것이지요. 하나님이 이스라엘 민족에게 주신 자유를 지속적으로 누리며 살아갈 수 있도록, 그들을 압제했던 애굽과 같아지지 않기 위해 실천해야 하는 것들입니다."

존은 커피를 한 모금 마셨다. "성경을 읽을 때, 또 출애굽에 대한 역사적 기록을 살펴볼 때 맞닥뜨리는 어려운 점이 하나 있습니다. 우린 그 후에 일어난 일들을 알고 있기 때문에, 오히려 그 당시에 일어나고 있었던 일을 놓쳐 버릴 때가 종종 있지요."

"어, 저는 그게 무슨 말씀인지 모르겠어요." 엘리가 말했다.

"설명할게요. 예로 들 만한 게 있을까? 음, 역사적 사실은 아니지만 한번 들어 봐요. 두어 주 전에 우리 집사람과 나는 우리 애들이 이제 컸으니 스타워즈 영화를 봐도 무서워하지 않을 거라는 결론을 내렸습니다. 그래서 처음으로 아이들과 함께 스타워즈를 본다는 기대에 차 있었어요. 그 애들도 우리가 스타워즈를 처음 봤을 때 느낀 놀라움을 느낄 거라고 생각하면서 말이죠. 레아 공주가 루크 스카이워커에게 키스를 하자 우리 딸은 이렇게 소리쳤어요. '우왝, 자기 오빠한테 뽀뽀를 해!' 저는 깜짝 놀라 물었습니다. '오빠라는 걸 어떻게 아니? 3편까지 봐야 아는 건데.' 딸애는 눈동자를 굴리며 말하더군요. '아휴 아빠, 그걸 누가 몰라요?'"

엘리는 웃음을 터뜨렸다. "아, 이제 무슨 뜻으로 하신 말씀인지 알겠네요."

"우리가 보통 하나님에 대해 언급할 때는 절대자, 우주의 창조주 등의 개념을 떠올립니다. 유대교는 기독교, 이슬람교와 함께 3대 유일신 신앙에 속하지요. 그러나 이런 일반적인 사실도 시내 산 기슭에 모인 전직 노예들에게는 먼 미래의 이야기였습니다. 그들에게는 유일하신 하나님이 아닌 수많은 신들이 있었어요. 애굽에서 알았던 많은 신들과 인접 문화권에서 넘어온 다른 신들까지 섬겼지요. 그런 신들의 이미지를 가정에서, 신전에서, 길가의 성지와 건물 벽에 새겨진 부조에서 보았던 겁니다. 애굽에서 노예로 살며 그런 건물들을 세워야 했었죠."

"저희는 지난주에 박물관에 가서 그런 걸 봤어요." 엘리가 말했다. "동물 머리나 새의 머리를 한 사람 모습을 많이 봤죠."

"그래요. 그러나 시내 산 기슭의 그들은 그 신들의 실체를 똑똑히 보았습니다. 종살이에서 풀어 주신 야훼라는 이름의 하나님 앞에서, 그런 신들은 가면이 벗겨진 힘없는 형상이 되었어요. 하나님은 그들을 애굽에서 이끌어 내어 노예 생활에 종지부를 찍게 하시고, 광야로 데리고 와 하나님과의 계약 관계를 제안하셨습니다. 모세와 아론이 산 위로 올라가고, 하나님은 모세에게 이 열 계명을 말씀하시고, 그 계명을 지킨다는 것이 어떤 의미인지를 설명하는 율법을 함께 주십니다. 이에 모세는 산을 내려가 그것을 전합니다. 그 부분을 읽어 볼게요." 존은 성경을 들었다. "'모세가 와서 여호와의 모든 말씀과 그의 모든 율례를 백성에게 전하매 그들이 한 소리로 응답하여 이르되 여호와께서 말씀하신 모든 것을 우리가 준행하리이다 모세가 여호와의 모든 말씀을 기록하고.'[3]

그런 다음 모세는 제단을 쌓고, 청년들이 황소를 제물로 바칩니다. 모세는 그 피를 가지고 사람들을 다시 불러 모아요."

> 언약서를 가져다가 백성에게 낭독하여 듣게 하니 그들이 이르되 여호와의 모든 말씀을 우리가 준행하리이다 모세가 그 피를 가지고 백성에게 뿌리며 이르되 이는 여호와께서 이 모든 말씀에 대하여 너희와 세우신 언약의 피니라[4]

존은 성경을 다시 탁자 위에 내려놓았다. "기억이 나실지 모르겠는데, 하나님과 이스라엘 사이에 맺은 이 계약을 결혼과 같은 약속이라고 말씀드린 적이 있었어요. 어찌 보면 하나님은 모세를 매개로 하여 이스라엘 백성 앞에 무릎을 꿇고 청혼하신 것과 같지요. 그들은 그 청혼을 받아들였고 하나님과의 결혼을 약속한 것입니다."

야스미나가 이맛살을 찌푸리는 것을 눈치채고 존이 말했다. "좀 이상하게 들린다는 건 알아요. 하지만 여러 측면에서 결혼 과정과 비슷했습니다. 결혼식 전날까지는 그 결정을 무를 수 있는 요즘의 약혼과는 조금 다르지만요. 하여튼 이리 보나 저리 보나 하나님과 이스라엘은 결혼한 사이가 되었습니다. 아직 반지 교환이 남았군요. 그래서 모세는 결혼 반지를 대신하는 두 개의 돌판을 받으러 다시 산으로 올라갑니다. 하나님이 그 위에 십계명을 쓰시지요. 모세는 40일 동안 시내 산에서 하나님과 지냅니다."

"고양이가 사라지자 쥐들이 날뛰지요." 샘이 말했다.

"음, 그렇게 표현할 수도 있겠네요."

"어떻게 됐는데요?" 엘리가 물었다.

"금송아지 사건이죠." 샘이 말했다. "결국 사단이 나고 맙니다."

"어렴풋이 기억이 날 것 같네요." 엘리가 말했다.

"지난주에 박물관에서 하나 봤잖아." 야스미나가 상기시켰다.

"아 맞다! 그 조그만 금송아지! 머리 위에 동그란 것도 있었지."

"아피스를 봤군요." 윌이 말했다. "그 어미인 하토르의 태양의 원반이 아피스의 머리 위에 있지요. 아피스는 이집트 왕의 장례 절차에서 왕의 상징으로 쓰였어요."

엘리는 혼란스러워 보였다. "아니, 이스라엘 사람들이, 그 뭐죠, 아피스? 그걸 애굽에서 가지고 왔다고요?"

"그게 아니고." 샘이 말했다. "자기들이 직접 금송아지를 만들었어요."

"왜 그런 걸 만들었대요?"

"그게 제2계명의 핵심이 되는 질문이에요." 존이 설명했다. "어째서 우리 인간은 숭배할 우상을 만드는 데 매료되는 걸까요?"

엘리는 손에 쥔 컵을 만지작거렸다. "하지만 이제는 더 이상 그런 일은 하지 않잖아요? 그런 우상들은 다 박물관에나 있는 거고요. 옛날 물건이라서 거기 있는 거 아닌가요? 방안에 송아지 상 갖다 놓고 옆에 촛불을 켜 놓는다거나 그런 건 하지 않아요." 그녀는 성경을 가리켰다.

"수천 년 전 일이잖아요. 미신 같은 거죠 뭐."

이에 야스미나가 엘리에게 물었다. "그러면 넌 오늘날 우리에게 우상이 없다고 생각해? 현대인인 우리는 오래된 미신 따위에서 모두 벗어났다고?"

엘리는 어깨를 으쓱해 보였다. "아니, 그래, 아니 몰라. 우상이 있어?"

"여행 다녀 봤죠, 엘리 양?" 윌이 물었다.

"그럼요."

"비행기에서 13열에 앉아 봤어요? 호텔 13층에 묵은 적 있어요?"

"아뇨. 그건, 12 다음에 바로 14로 넘어가니까요. 그렇지만 나무로 새 머리 인간 조각상을 만들거나 그 앞에 엎드려 절하거나 한 적은 없다고요."

"하지만 다른 데에다 절을 하잖아?" 야스미나가 대뜸 물었다.

"절을 하긴 어디다 해?" 엘리는 야스미나의 얼굴을 빤히 보면서 말했다. "내가 절을 했다고?" 엘리는 고개를 흔들었다. "너 대체 뭔 소리야? 하나도 모르겠네." 그녀는 존에게 물었다. "그러면 우상이 뭐라는 건가요? 요즘 같은 시대의 우상이란 뭐죠?"

TEN

"내 생각에 우상이란, 우리가 고통을 겪을 때 향하게 되는 모든 대상이 아닐까 해요. 우리가 무력하다고 느낄 때, 두려울 때, 외로울 때, 열등감을 느낄 때요. 불안할 때, 정체성이 흔들릴 때, 삶의 의미를 찾지 못할 때 찾는 것이면 그게 무엇이든 우상이라 할 수 있겠지요. 이스라엘 백성을 애굽의 종살이에서 인도하여 낸 하나님이 아닌 다른 대상을 우리가 향하고 찾는다면 그것이 우상입니다."

"그리고 우상은 하나님이 아니기 때문에, 우리가 원하는 것을 들어주지 못해요." 세라가 말했다. "우상을 섬기는 목적을 우상이 이루어 주지 않아요. 한동안은 우리에게 도움이나 기쁨을 주는 것 같아 보이겠지만, 결국은 우리가 일방적으로 그 우상을 섬길 뿐이죠."

"바로 그게 모든 우상에 해당되는 위험입니다." 윌이 말했다. "우상이 끌리는 이유 중 하나는, 그것이 하나님이 아니라는 점을 우리가 알기 때문이죠. 우리는 우리가 가지고 살아가는 아픔과 불안과 공포를 다루기 위한 수단으로, 자신을 기꺼이 바칠 수 있는, 그러면서도 우리가 통제할 수 있다고 생각하는 대상을 찾습니다."

"이를 테면 술 같은 거죠." 릭이 말문을 열었다. "엘리, 내가 가졌던 우상에 대해 말해 줄게요. 물론 우상이라고 부르지는 않았지만, 결국 그게 우상이었지. 내가 자네들 나이 정도부터 술을 마시기 시작했는데, 어린 시절에 벌어졌던 어떤 일로 인한 고통에 대항하기 위한 거였어요. 술을 마셔서 얻게 되는 안락한 무력감에 젖은 상태로 고등학교와 대학 시절을 버텨 냈어요. 그 후 사업이 잘 되자 그 우상을 섬기는 제단을 지었죠. 우상을 위한 작은 집이랄까, 아주 멋진 홈 바를 집에 설치한 거예요. 매일 밤 그 제단에 가서 나의 우상에게 경배했지요. 그 우상을 향해, 그 우상을 위해 무엇이든 희생할 수 있을 정도가 됐어요. 술이 내 아픔을 어루만져 주는 한, 나는 술을 위해 뭐든지 기꺼이 포기하려 했어요. 술이 나에겐 우정, 가족, 일, 심지어 건강보다도 더 중요한 것이 되어 버렸죠. 윌이 말한 것처럼 난 나만의 신을 통제할 수 있다고 생각했지만, 결국은 술이 나를 지배해 버렸어요."

"술은 아주 교활하고, 사람을 당혹하게 만들고, 강력해요." 카를로스가 거들었다.

"맞아요. 술만 그런 것이 아니죠. 모든 우상이 카를로스가 말한 대로입니다. 또 세라가 말했듯이, 한동안 그게 우릴 돕는 것 같겠지만 결국 우리만 일방적으로 그걸 섬기게 돼요. 우리가 우상 앞에, 나아가 인생 자체에 대해 얼마나 나약한지를 솔직히 인정할 때까지 우상 숭배는 계속됩니다. 그러나 운이 좋다면, 온전한 정신으로 돌아오게 해 줄 수 있는, 우리 인간들보다 위대한 권력자를 소개받을 수 있을 겁니다." 그는 이제 존을 향해 말했다. "노예들을 속박에서 풀어 주는 그런 권력을 가진 분이죠." 그는 다시 엘리를 보고 말했다. "고대 애굽의 노예만 두고 하는 말은 아니에요."

존은 고개를 끄덕여 동의했다. "우리가 다시는 다른 우상을 섬길 필요가 없도록 영적 각성을 가능하게 하시는 권력자시지요. 우상 대신, 하나님과 고통받는 이웃을 섬기는 법을 배우게 됩니다. 맞습니까?"

"맞습니다." 릭이 대답했다.

존은 일행 전부를 향해 말했다. "의심의 여지 없이, 술은 우리의 모든 것을 빼앗아 가는 신적인 존재가 될 수 있습니다. 물론 어떤 사람들은 그런 일을 겪지 않고 술을 즐길 수 있지요. 스포츠를 보면서 맥주를 몇 잔 마시고, 와인 한 잔을 곁들여 저녁을 먹는 등, 술의 지배를 받지 않으면서 즐겁게 술을 마실 수 있습니다."

존은 탁자에 더 다가앉았다. "하나님만이 할 수 있는 일을 술에게 부탁하면 그때부터 문제가 시작됩니다. 고통을 다스려 달라든지, 인생에 의미를 찾아 달라는 식으로요. 그 순간 술은 우리의 우상이 되어 버립니다. 모든 좋은 것들이 다 그렇지만, 오직 하나님만이 할 수 있는 일을 해 달라고 청하면 뒤틀린 모습이 드러나지요."

"모든 좋은 것들이라구요?" 엘리가 물었다.

"뭐든지요. 어떤 물건이나 부, 경력, 스포츠, 미모, 가족, 음악, 국가 등이요. 우리가 자신의 정체성을 그것에서 찾고, 안정감을 위해 그것을 신뢰하고, 두려움을 잠재워 주고 고통을 달래거나 덮어 주는 무언가가 있다면 다 우상이 될 수 있습니다. 그리고 사람들은 제가 방금 나열한 것들을 취하기 위해 희생을 감수하려고 한다는 점도 분명하죠."

"자기 자식을 우상으로 삼을 수도 있을까요?" 야스미나가 질문을 던져 모두의 시선이 그녀를 향했다. "자녀들을 통해 대리 만족을 느끼는 것도 우상 숭배 아닌가요?" 그녀는 커피 잔을 감싸 쥐고 한동안 거품 방울을 노려보았다. "저는 엄마를 사랑해요. 그리고 엄마는 저를 위해 뭐든지 최고로 해 주시려고 한다는 점도 알아요." 그녀는 엘리를 바라보았다. "그런데 그 최고라는 건 늘 엄마만의 생각이에요. 최고의 유아원, 최고의 유치원, 중학교도 최고, 지금 다니는 고등학교도 최고로 골라 주셨죠. 전 항상 최고만 누렸고, 그건 부모님의 희생이 있기에 가능했다는 것도 알아요. 그렇기 때문에 부모님은 제게도 최고의 성과를 기대하세요. 성적도 최고여야 하고, 최고 동아리에서 활동해야 하고, 당연히 최고의 대학에 지원할 수 있어야 하지요. 그래야 엄마가 친구들에게 최고의 엄친딸을 자랑하실 수 있을 테니까요. 제가 볼 때 우리 엄마의 자아상은 '세계 최고 엄친딸의 엄마'예요.

"그건 너무 심한 말 아니니?" 엘리가 물었다.

야스미나의 어깨가 축 처졌다. "그럴까? 그런데, 엄마가 나한테 주는 성공 스트레스가 얼마나 큰지 넌 아마 모를 거야. 그리고, 내가 혹시 아이비리그 대학에 가고 싶지 않다고 한다면 어떻게 될까? 내가 평화 봉사단에 가입해서 우선 세계 평화와 복지를 위해 봉사하고 싶다고 하면? 내가 진짜 되고 싶은 것이 사업가가 아니라 작가라고 한다면 어떨까? 아니면 성공한 법률가가 되는 대신에 제니 선생님처럼 비영리 단체를 꾸리고 싶다고 한다면?" 그녀는 잠시 숨을 고르고 말을 이었다. "내가 뭘 원하는지는 중요하지도 않아. 내가 원하는 그런 것들은, 엄마가 우상화하는 이상적인 딸의 조건에 부합하지 않으니까."

"그런 무거운 짐을 어깨에 짊어지기엔 아직 어린데." 샘이 말했다.

야스미나는 희미한 미소로 화답했다. "아, 나쁘기만 한 건 아니에요. 저랑 상황을 바꾸자 하면 두말할 나위 없이 달려올 아이들이 수없이 많겠지요. 엄마의 행복이나 엄마의 정체성이 저의 성취에 지나치게 의존하고 있다는 것을 알고 있어서 부담스러운 거예요."

엘리는 야스미나의 손을 힘주어 잡았다. "그럼, 넌 내가 어떤 우상에게 경배한다고 생각하는 거야?"

"정말 알고 싶어?"

"당연하지, 솔직하게 말해 봐! 내가 너희 엄마께 한 얘기 알지? 여기선 진짜 얘기를 해서 좋다고."

"알았어." 야스미나는 엘리와 양손을 맞잡고 눈을 똑바로 보며 말했다. "난 네 우상이 너의 몸이라고 생각해. 아니, 그보다는, 네가 생각하는 이상적인 너의 몸이겠지."

엘리는 한참 동안 눈을 피하지 않고 친구의 시선을 받아 냈다. "그건 사실이 아닐걸." 갑자기 눈물이 차올랐지만, 엘리는 눈을 깜박거려 눈물을 참았다.

"엘리, 넌 예뻐. 웬만한 다른 여자애들이 꿈에 그리는 외모라고. 그런데 넌 네 몸에 만족 못하지, 안 그래?"

엘리는 반박하려 했지만, 이내 야스미나에게 막혔다.

"넌 만족 못해." 야스미나는 엘리의 가방을 가리켰다. "네가 항상 가지고 다니는 잡지 하나만 꺼내 볼까? 넌 거기 나오는 모델 사진을 하나하나 보면서 네가 왜 그들보다 못한지 얘기하지. 보정과 포토샵 같은 온갖 작업을 거친 사진들이라, 그게 그 모델의 진짜 몸매도 아니라는 걸 네가 모르는 것도 아닌데 말야. 넌 학교에 있는 진짜 애들이 아닌, 잡지에 실린 비현실적인 아름다움의 허상과 경쟁하고 있어. 아무리 운동을 하고 식사 조절을 한대도 그렇게 되는 건 불가능해." 야스미나는 엘리의 손을 놓고 자기 눈에서 떨어지는 눈물을 훔쳤다. "네가 체중을 줄이려고 별 짓을 다 해도 그런 몸이 될 수는 없어."

엘리는 이제 눈물을 참지도 않고 신경도 쓰지 않고 있었다. 그녀는 야스미나를 힘껏 끌어안았다. 야스미나는 엘리의 귀에 대고 귓속말을 하려고 했지만, 오히려 사람들은 그것을 들으려고 귀를 쫑긋 세웠다. "자기 정체성과 의미를 찾기 위해, 또 고통을 해결하기 위해 우상을 찾는 거라면, 난 네가 거울을 볼 때마다 네 우상에게 경배하는 거라고 생각해. 그리고 거울 안에 있는 네 우상을 더 예쁘게 만들려고 무언가를 하겠지." 엘리는 야스미나에게서 떨어졌다. "고대 역사에 나오는 우상 얘기를 할 때가 더 재밌었던 것 같아." 그녀는 손등으로 눈가를 훔치고 야스미나를 한참 바라보다 뺨에 입을 맞추면서 속삭였다. "고마워." 그리고 존에게 물었다. "그 뭐죠, 그 금송아지 얘기로 돌아가 봐야죠. 그 다음에 어떻게 됐어요?"

존은 엘리를 물끄러미 바라보았다. "괜찮은 건가요?"

"아니요. 하지만 그 얘긴 그만했으면 좋겠어요."

제니가 엘리의 팔을 토닥이며 말했다. "우리끼리 나중에 그 얘기 좀 더 해요."

엘리의 굳은 얼굴이 풀리기 시작했다. "그럴까요?" 그녀는 다시 존을 재촉했다. "금송아지 얘기 해요, 얼른요."

"좋습니다. 그래서 이스라엘 민족은 모세가 산에서 오랜 시간을 보내는 동안 불안해지기 시작했어요. 여러 주가 지났거든요. 버려졌다는 생각이 들었겠지요. 식량은 떨어져 가고, 사막에서 길을 잃은 셈이고, 불안하고 쓸쓸하고 두려웠습니다. 앞으로는 무슨 일이 닥치려나? 애굽인들이 그들이 숨은 곳을 알아내 군사를 일으켜 잡으러 오면? 끌려가 다시 노예가 되면 어떡하나? 이번에는 지팡이를 들어 바다를 가를 모세도 없는데.

그래서 그들은 아론에게 갔습니다. 우리 대부분이 두려울 때 하는 행동을 했지요. 직접 만질 수 있는 대상, 안도감을 주는 대상을 찾기 시작했습니다. 그들은 아론에게 신을 만들어 달라고 했죠. 모세와 그들을 애굽에서 이끌어 낸 하나님을 대신할, 눈에 보이고 손으로 만질 수 있는 신을 만들어 달라고 했습니다."

"그들은 하나님이 자신들에게 주신 게 무엇인지도 알지 못했지요."

"그렇습니다. 대신 눈에 보이는 신은 잘 알고 있었기 때문에, 이전에 하나님이 하신 일은 두려움에 사로잡힌 지금에 와서는 너무나 쉽게 잊었어요. 그들은 직접 만질 수 있는 것을 원했습니다."

"아론은 그래서 어떻게 했나요?" 야스미나가 물었다.

"아론은 그들에게 차고 있는 금귀고리를 가져오라 해서, 그것을 모아 금송아지를 하나 만들었어요. 완성된 금송아지를 보고 사람들은 눈물을 흘리며 말했습니다. '이스라엘아 이는 너희를 애굽 땅에서 인도하여 낸 너희의 신이로다.'[5]

"대체 어떻게 그 우상을 보고 그게 애굽에서 자기들을 인도해 냈다고 말할 수 있죠? 아론이 그걸 만드는 것을 다 봤을 텐데요!"

"그것도 우상의 특징이지요." 윌이 말했다. "우상은 각자의 신을 대표하는 것이지 그 신이 결코 아닙니다. 그러나 우상을 믿게 되면 그것을 신과 너무나 흡사하게 인식한 나머지 그 우상이 하나님인 것처럼 행동하게 되는 것이지요."

이때 스티브가 갑자기 큰 소리로 웃어서, 놀란 엘리가 외마디 소리를 질렀다.

"깜짝이야! 아저씬 뭐가 그렇게 웃겨요?"

스티브는 좌중을 둘러보며 물었다. "이게 얼마나 앞뒤가 안 맞는 일인지 아무도 모르겠어요?" 모두 의아한 표정을 지을 뿐이었다. "이것들 봐요, 생각 좀 해 보라고요!"

그러나 여전히 아무 대답도 없었다.

스티브는 답답한지 고개를 흔들었다. "나 원 참. 내가 일일이 풀어서 말을 해야 되겠군. 우상이라는 건 조각해서 만든 이미지란 말입니다. 하나님을 상징한다고 돌에 새겨 만든 거겠지요. 거기다 절도 하고, 아마 다른 사람들도 그렇게 하기를 바라겠지요. 우상을 위해 큰 희생도 마다하지 않을 것이고. 우리 우상을 공격한다, 그건 곧 우리 하나님을 공격하는 것이자, 나아가서 그를 충성스레 따르는 우리를 공격하는 것과 같지 않겠습니까?" 그는 대답을 요구하며 손을 내밀었다.

"아." 카를로스가 말했다. "알겠어요. 십계명 말하는 거죠? 십계명도 그런 거라는 얘기, 맞죠?"

스티브는 만족스러운 표정으로 의자 등받이에 기댔다. "정답, 카를로스. 우리가 뭣 때문에 여기 모여 이런 얘기를 하게 됐죠? 켄터키 동부 쪽에서 예수쟁이들이 돌에 새긴 그 뭔가를 건물에 게시하겠다고 우겨서 이렇게 된 거 아뇨? 자기들만 다니는 교회도 아니고, 공공 건물인 법원에다가 십계명을 걸어 놓으면 법원 문턱을 더럽히는 불신 죄인들이 그 앞에 절하고 자기 잘못을 깨달을 거라는 망상 때문에 그런 쓸데없는 짓을 하려고 했잖아요. 게다가 자기들이 믿는 그 우상이 대단하다는 확신으로 큰 희생, 즉 꽤 많은 비용을 쓰려고 했단 말입니다. 50만 달러, 기억나요? 물론, 자기 주머니에서 나온 돈이 아니니 그리 큰 희생이라 여기지는 않는가 봅니다만."

"그 말은 좀 심한 것 같은데요, 스티브." 세라가 말했다. "하지만, 인정하고 싶지는 않지만 스티브 말이 아주 틀린 말은 아닌 것 같네요."

"그리고 지난주에 다루었던 제3계명의 주제도 건드리는 것 같아요." 제니가 말했다. "구속에서 자유롭게 하시는 하나님의 상징을 법원에 게시하려 한다면, 우선 법정에서 행해지는 정의라는 것이 하나님 이름을 망령되이 부르지 않는지를 먼저 확실히 해야 한다고 생각해요. 아닌가요? 감옥에 가두어 부당하게 속박되는 일이 더 이상 일어나지 않도록 하는 것이 전제되어야 해요. 또, 지금까지 십계명을 토론하면서 여러 번 되풀이하여 언급되었듯 하나님이 사회 최약층에게 관심을 두신다는 것이 사실이라면, 우리의 형법 제도가 그 점을 반영하는지를 먼저 확인하고 나서 하나님의 상징을 법원에 게시하는 것이 옳겠죠."

"보나마나 제니는, 법원이나 법 제도가 그런 조건에 부합한다고 생각하지는 않을 테죠." 스티브가 말했다.

"글쎄요, 혹시 부합하나요? 우리는 이 나라에서, 정의의 여신은 눈을 가렸으니 만인이 법 앞에 평등하다고 생각하고 싶어하지요. 하지만, 저는 소위 정의라는 것이 행해지는 동안 그 여신은 사실 다른 데를 보는 것 같아요."[6]

엘리가 앞으로 나섰다. "그렇군요. 그래서, 아론이 금송아지를 만들었고, 그건 '너를 위해 새긴 우상을 만들지 말고'라는 제2계명을 어긴 거고요. 맞죠? 그러자 사람들은 그 송아지가 자기들을 애굽에서 인도해 낸 하나님을 형상화한다고 말했는데 그건 곧 첫 번째 계명도 어긴 거죠. 하나님이 그걸 그냥 두셨어요? 아니면 이 시점에서 본때를 보여 주시나요? 그들은 우상을 세우고 하나님을 완전히 배신한 거잖아요. 바람을 피운 거라고요."

"제대로 잘 봤어요." 샘이 이렇게 말하자, 엘리는 살짝 우쭐하여 눈썹을 추켜올렸다. 샘은 존을 향해 씁쓸한 미소를 지어 보였다. "그 다음엔 어떤 일이 벌어지죠?"

존은 안타까움에 고개를 저으며 말했다. "네, 샘. 계속할게요." 그는 엘리를 보며 다시 이야기를 시작했다. "엘리가 정확하게 말했어요. 아론은 송아지를 만들어서 제2계명을 어겼는데, 사람들이 그걸 보면서 하는 말을 듣고는 잘못을 되돌리려고 애쓰기는 했어요."

"어떻게요?"

"그 송아지를 어떤 알 수 없는 신이 아닌 여호와 하나님으로 인식시키려고 했습니다. 그들이 '이스라엘아 이는 너희를 애굽 땅에서 인도하여 낸 너희의 신이로다'라고 말하는 것을 듣고 아론은 이렇게 선언했죠. '내일은 여호와의 절일이니라.' 그는 그 송아지 형상 앞에 제단을 쌓고, 사람들은 그 다음날 그 위에 하나님에게 바치는 제물을 올려 태웠습니다."

"그 다음에는요?" 샘이 물었다.

"샘, 제가 꼭 이 말을 해야겠습니까?"

"당연하죠!"

"어휴, 엘리, 샘이 들으려고 하는 건 이거랍니다." 존은 성경을 펼쳤다. "백성이 앉아서 먹고 마시며 일어나서 뛰놀더라."7

"그게 뭐가 어색한데요?" 엘리가 물었다.

"'일어나서 뛰놀더라'의 뜻을 생각해 봐요."

"그게 뭔데요?"

"그러니까, 그들이 여호와께 바친다고 한 '절기'가 질펀한 난교 파티로 변해 버렸다는 뜻이지요."

"음, 좀 그렇긴 그렇네요."

윌이 한마디 보탰다. "게다가 그 이후에 이스라엘 역사에서 뒤따라 일어난 사건들이 한동안 그런 분위기였어요. 우상 숭배가 종종 풍기문란으로 이어졌지요. 이스라엘은 반복적으로 그런 추악한 행위에 빠졌어요. 우상 숭배가 항상 다른 죄악을 부른다는 가정입니다."

윌은 릭에게 말했다. "릭이 가족을 등한시하고 앞서 언급한 다른 해로운 행동을 한 것은 그의 의도가 아니었을 겁니다. 그건 확실해요. 하지만 결국 그런 좋지 않은 결과가 빚어졌고, 거기에는 그의 우상이었던 술이 있었습니다."

"최소한 내가 그런 짓들을 하려고 한 것은 아니었다고 생각하고 싶네요." 릭이 말했다.

샘이 말했다. "하나님이 '본때를 보여 주시도록' 만든 것은 그 질펀한 난교 파티였겠군요. 이건 엘리의 표현이죠?"

"좀 더 정확하게 말하자면," 존이 말했다. "하나님은 모세에게 이스라엘 백성을 '진멸하겠다'라고 하셨습니다."

"그렇지요."

"정말로 그렇게 했나요?" 엘리가 물었다. "그들을 다 죽였다고요? 진짜로?"

"아니죠. 모세가 하나님을 설득하여 그것은 막았어요.[8] 그는 하나님과 함께 맺은 계약, 즉 하나님이 쓰신 십계명이 새겨진 돌판 두 개를 가지고 사람들에게 돌아갔습니다. 눈앞에 널브러져 있는 난잡한 잔치의 흔적들을 마주한 모세는, 돌판을 던져 부수고 사람들이 있는 진영으로 들이닥쳤어요."

"그 중요한 걸 왜 깨 버려요?" 카를로스가 물었다.

"그들이 하나님과 맺은 계약을 깼다는 것을 상징하기 위해서일 수도 있고," 존은 스티브와 눈을 맞추었다. "또는 그들이 그 돌판 자체를 또다른 우상으로 삼을 수도 있겠다고 생각해서였을지도 모르지요. 이유가 무엇이었든, 모세는 진영 안으로 뚜벅뚜벅 걸어 들어가서 그 금송아지를 들어 그것을 부수고 갈아서 가루로 만들었습니다. 그리고 그것을 물에 타서 사람들에게 마시게 했습니다. 배반의 쓰디쓴 맛을 경험하게 한 것이지요."

"모세가 아론에게는 뭐라고 했어요?" 야스미나가 물었다. "어쨌거나 모세는 아론에게 맡기고 산에 올라갔던 거잖아요."

존의 얼굴에 환한 미소가 번졌다. "제가 성경 전체를 통틀어서 그 부분을 제일 좋아하는 것 같습니다. 그런데 그건 제 모습이 떠오르기 때문이에요. 또한 비극적인 이야기 한가운데에 자리잡은 희극적인 상황으로서 잠시 숨을 돌리게 해 준다는 이유도 있지요."

"그런가요? 아론의 대답은요?"

"당연히 모세는 아론에게 설명을 요구했습니다. 아론은 경위를 설명하기 시작했고, 다음과 같은 말로 끝맺었지요." 존은 성경을 펴고 읽었다. "'내가 그들에게 이르기를 금이 있는 자는 빼내라 한즉 그들이 그것을 내게로 가져왔기로 내가 불에 던졌더니 이 송아지가 나왔나이다.'"[9]

존은 일행의 반응을 기대하며 둘러보았지만, 별 반응이 없음에 실망한 눈치였다. "아니, 이게 웃기지 않아요?"

"글쎄요, 왜요?" 야스미나가 물었다.

존은 고개를 연신 저었다. "이것 보세요! 상상해 봅시다. 아론은 자신의 행위를 애써 변호하고 있는데, '내가 금을 모아서 애굽의 우상을 만들었다'라고 사실대로 말하는 대신에, '내가 불에다 금을 던졌는데, 음, 그게, 이 송아지가 저절로 나왔다'라는 소리를 하고 있는 겁니다."

"그러네요." 야스미나가 말했다. "이제 이해가 가요. 확실히 우습고 어설픈 변명이네요."

"물론 여러분은 그런 변명은 평생 단 한 번도 해 본 적이 없으시겠죠."

"글쎄요……. 한 번이나 두 번 정도는……."

"솔직히 저는 여러 번 그런 변명을 했습니다." 릭이 말했다. "아침에 집사람에게 저녁 식사 때까지 들어오겠다고 해 놓고는 자정이 넘어서 기어 들어온 적이 많아요. 집사람이 어떻게 된 거냐고 물으면, 대충 이런 식으로 둘러댔죠. '몰라. 퇴근하고 집으로 오고 있었다고. 그런데 어느새 나도 모르게 술집에 앉아 있지 뭐야.' 정말 기가 막힌 건 뭐냐면, 그게 거짓말이 아니라는 점이었어요. 정말로 어떻게 술집으로 갔는지를 몰랐다니까요."

"그랬더니 이 송아지가 저절로 나오더라." 존이 말했다.

"그랬더니 이 송아지가 저절로 나오더라, 맞아요." 릭이 말했다.

"처음에는 우리에게 잘해 줄지 몰라도, 세라 말대로 결국에는 우리가 섬기게 되는 우상인 송아지죠." 존은 여기까지 말하고 책 한 권을 집어들었다. "제1계명과 2계명의 표현을 보면 이것이 더 명확해집니다." 그는 책을 뒤적여 원하던 부분을 찾아냈다. "존 홀버트가 그 점에 대해 어떻게 썼는지 들어 보시죠.

> 제1계명에서 여호와는 주로 '우리를 애굽 땅에서 인도하여 낸 하나님'으로 표현되었다. 반면 애굽은 특정지어 '종 되었던 집'으로 표현되었는데, 제1계명에서 '종살이^{slavery}'로 번역된 단어는 오늘날 제2계명에 등장하는 동사인 섬기다^{serve}에서 비롯된 명사다. 그러므로 우상이나 다른 신을 섬기는 것은 곧 또다시 종, 노예가 되는 것을 의미한다. 여호와가 우리를 구속에서 풀어 주신 것은 가짜 신에게 매여 또다시 종살이하게 하기 위함은 아닐 것이다.[10]

"밥 딜런 노래가 역시 일리가 있는 건가?" 스티브가 말했다. "누구든 섬기긴 섬겨야 한다고."*

"그러니까 대상을 현명하게 골라야 해요."

"아멘. 옳으신 말씀." 샘이 말했다.

릭은 머리를 긁적였다. "그런데 모든 우상이 다 나쁜 건가 모르겠군요." 멤버들은 일제히 릭을 바라보았다. "깊이 생각하고 하는 말은 아닌데, 우리가 갖고 있는 우상들이 우리의 가장 큰 우상을 감추는 것은 아닐까요?"

"우리의 가장 큰 우상이라는 건 뭔데요?" 엘리가 물었다.

릭은 자기 가슴을 가리켰다. "나 자신입니다. 모든 우상 숭배가 궁극적으로는 자기 숭배가 아닐까 하는 생각이 들어요. 내 인생을 통제하려는 욕구, 다른 모든 대상과 다른 모든 사람에 앞서서 최우선 순위에 서고자 하는 욕구 말입니다. 그래요, 저에게도 우상들이 있어요. 저는 제 공포, 불안, 정체성 혼란 때문에 그 우상들을 찾습니다. 모두 나 자신과 관련된 것이지요. 나 자신을 통제할 수 있었으면 하는 욕구, 나 자신을 통제할 수 있다고 스스로 믿고 싶은 욕구 때문에 그런 우상들을 두는 겁니다."

카를로스가 재빨리 끼어들었다. "저한테 귀에 딱지가 앉도록 하시는 말씀이잖아요. '이기심, 자기중심성! 그것이 모든 문제의 근원이란다.'"[11]

"그렇고말고. 그 말이 나와 있는 AA 빅북에는 거기서 한 발짝 더

---

* Bob Dylan의 1979년작 'Gotta Serve Somebody'를 가리킴. 악마든 주님이든 누군가 섬겨야 한다는 가사 'it may be the devil or it may be the Lord, but you're gonna have to serve somebody'가 논란이 되었다

나아간 이런 문장이 있지. '아집이 제멋대로 날뛰는 극단적인 사례가 바로 알코올 중독자들인데, 정작 당사자들은 그리 생각하지 않는다. 무엇보다도, 우리 알코올 중독자들은 이 이기심을 없애야 한다. 그러지 않으면, 이기심 때문에 죽게 될 것이다!'"[12]

샘도 덧붙였다. "마치 예수님 말씀 같기도 하군요. '이에 예수께서 제자들에게 이르시되 누구든지 나를 따라오려거든 자기를 부인하고 자기 십자가를 지고 나를 따를 것이니라 누구든지 제 목숨을 구원하고자 하면 잃을 것이요 누구든지 나를 위하여 제 목숨을 잃으면 찾으리라.'"[13]

스티브가 코웃음쳤다. "목숨을 구원하기 위한 방법이 '자기를 부인'하는 거라고? 무슨 그런 미친 소리가 있나! 내 말은, '당신은 소중하니까요'라든지 '당신만 생각합니다', '마음껏 누리세요' 같은 광고 문구에 홀딱 넘어가는 일이 없다면 경제가 어찌 되겠냐는 말입니다."

"계속 빈정대는 투로 말씀하시는 건 알아요, 스티브." 제니가 말했다. "그런데 제 생각에는 경제야말로 가장 거대한 아메리칸 아이돌, 미국의 가장 거대한 우상이에요. 어떤 정치적 이슈에 대해 얘기를 하더라도 결국은 무엇으로 귀결되지요? '자 됐고, 그것이 경제에 미치는 영향은 무엇입니까?' 이런 식이죠. 경제 성장은 말할 나위 없이 절대 선으로 추앙받고, 세상 어떤 것이라도 경제 성장 앞에 무릎을 꿇어요. 어떻게 경제를 성장시킬 것인지에 대해서만 이견이 존재하지요. 이 우상이 우리에게 약속해 주는 게 뭐죠? 이 우상이 제시하는 신화는 뭘까요? '삶의 목표는 물질적으로 부자가 되는 것이다'라는 신화겠지요. 이 신화의 미국식 버전은, 누구든지 열심히 일한다면 부유해질 수 있다는 것이에요."

그녀는 창밖을 가리키며 말을 이었다. "하지만 이 동네에서만도, 죽도록 일하고도 부자가 되기는커녕 먹고 살기도 빠듯한 사람이 얼마나 많은데요. 생계를 꾸려 나갈 수 있을 정도의 일자리 하나에 집중하는 대신 시간제 노동 두세 가지를 힘들게 병행해야 하는 사람이 얼마나 많은지 아세요?" 그녀는 다시 스티브에게 말했다. "스티브 씨는 직원들에게 항상 정당한 대우를 하셨다는 점 알고 있어요. 그런데 스티브 씨는 예외에 속하는 고용주이셔요." 그녀는 존을 보고 말했다. "우상은 우리가 필요한 것을 주겠노라 약속하지만 그 약속을 지키지는 못하고, 우리가 결국 그 우상을 섬길 뿐이라는 목사님 말씀이 맞다면, 경제 성장이 우리의 가장 큰 우상이라는 제 주장과 일맥상통하는 것 같아요. 우리는 경제 성장의 제단 위에 우리 아이들과 우리의 세상을 기꺼이 바치려 하니까요."

"이 금송아지 이야기 속에 그게 다 들어 있어요." 윌이 말했다. "그들이 무엇으로 송아지를 만들었던가요? 주위에 굴러다니는 나무토막인가요, 산비탈에서 떨어진 바위 조각이었나요? 아닙니다. 그들은 이 우상을 만들기 위해 자신의 재산인 금을 내놓았어요. 성경에서, 우상 제작은 금과 은, 즉 재산과 밀접하게 관련되어 있어요. 모세가 십계명의 글귀를 다듬으면서 처음으로 꺼낸 말이 이것입니다." 그는 성경을 들어 읽기 시작했다. "'너희는 나를 비겨서 은으로나 금으로나 너희를 위하여 신상을 만들지 말라.'[14] 이것을 비롯한 수많은 우상은 넘쳐 나는 부의 상징이지요."

샘이 다시 한마디 보탰다. "'너희가 하나님과 재물을 겸하여 섬기지 못하느니라.'"[15]

"왜 하나님과 재물을 동시에 섬기면 안 된다고 생각하죠, 샘?" 윌이 물었다.

"예수님이 금하셨으니까요."

"당연하지요. 그런데 왜 예수님은 그런 말씀을 하셨을까요? 그것은 고대 근동 지역에 두 주인을 섬긴 사람들이 있었기 때문입니다."

"난 잘 모르는데……. 그것에 대해 깊이 생각해 본 적은 없어요." 샘은 겸연쩍게 웃었다. "그냥 인용만 한 겁니다."

"사람들은 부를 얻기 위해서라면 무엇이든 하니까, 그래서가 아닐까요?" 야스미나가 말했다. "마트 계산대 옆에 진열되어 있는 잡지들에 실리는 삶을 누리기 위해서, 부유하고 유명한 삶을 위해서 말이죠."

"네 이웃의 재산을 탐하지 말라?" 세라가 말했다.

"그래야 하는데 다들 남의 부를 탐하고 있지요!" 야스미나가 힘주어 말했다. "저희가 다니는 사립 학교에서만 그런 건 아니에요." 그녀는 제니를 보며 말했다. "제니 선생님이 돌봐 주는 애들도 그럴걸요. 저도 다 안다고요. 고급 SUV들이 학교 뒷편 도로를 질주해요. 선생님 학생들에게 그 차들은 성공의 상징이겠죠. 그걸 얻기 위해 마약 거래도 불사할, 우상 같은 존재랄까요? 그걸 위해서라면 서로에게 총구를 겨눌지 몰라요. 그 방법이 아니면 소위 아메리칸 드림에 조금이라도 다가갈 수 없다고 생각해서요. 제 말이 틀린가요?"

제니는 고개를 흔들었다. "야스미나 말이 틀렸다면 좋겠다는 말밖에 못하겠네요."

야스미나는 좌중을 둘러보며 말했다. "그래서 우리는 어떻게든 텔레비전 리얼리티 쇼에 얼굴을 들이밀어 보려고 애쓰죠. 15분짜리 유명세를 얻기 위해, 또 혹시나 그에 따라올지 모르는 부를 얻기 위해서, 성격의 결함을 수백만 명에게 노출시키는 걸 감수해요. 주식 시장에서 크게 한몫 잡아 보려고 평생 모은 노후 대비 저축을 걸고 도박을 하고요. 불량 주식을 매입하더라도, 다른 사람의 변변찮은 재산마저 깡그리 없애 버리고 자신은 큰 보너스를 얻어요. 제가 본 증권 중개인 인터뷰만 가지고 판단한다면, 다들 그런 짓을 아주 멀쩡한 정신 상태로 해치우나 봐요."

"주식 투자만 그렇겠어요?" 제니가 말했다. "사회 구조 전체가 그런걸요. 내부 고발자 처벌 법안이 왜 필요하죠? 불법적인 사업 행태를 고발하는 사람은 칭송받는 것이 아니라 오히려 처벌을 받아요. 회사에 이윤을 가져다주기만 한다면 그 방법이 무엇이든 상관없이 보상을 받지요. 그런 현상들을 보면서, 성공하기 위해서는 자신이 갖고 있던 옳고 그름의 판단 기준을 왜곡해서라도 남보다 앞으로 나아가야 한다는 믿음을 갖게 되는 거예요."

존은 책 한 권을 꺼냈다.

왜 이런 일이 생기는 것을 바라만 보는가? 두려워서다. 우리보다 우월한 자들에게 좋은 인상을 심어 주지 못할까봐, 편안한 삶을 누릴 기회가 엉망이 될까봐, 직장을 잃게 될까봐 두렵고, 실직으로 인해 자아 존중감과 재정적 안정을 잃는 것이 두려워서다. 생계 유지를 위해 비의 신에게 기도하던 고대의 농부들을 사로잡던 것과 같은 공포다.[16]

세라가 말했다. "샘, 아마 그래서 하나님과 재물을 동시에 섬길 수 없는가 봐요." 그녀는 한바탕 웃더니 가방을 뒤져 1달러 지폐 하나를 꺼내 흔들었다. "그래서 돈에 새겨진 이 글귀가 더 모순으로 느껴지죠. '우리는 하나님을 믿습니다In God We Trust.'"

"혹시 오타 아닐까요?" 제니가 말했다. "재무부에서 원래 지폐에 찍으려고 한 문구는 이거였을지도 몰라요. '우리는 황금을 믿습니다In Gold We Trust.'"

"재계에서만 통용되는 원칙은 아니잖습니까?" 스티브가 말했다. "안 그래요?" 그는 존에게 물었다. "매 주말 목사님 얘기가 그렇게 끝나는 거 아뇨? 천국에 가는 사람들 얘기, 거긴 도로가 황금으로 포장되어 있다면서요? 또 채널 돌리다 보면 피할 수 없는 텔레비전 설교꾼들은 어떤데요? 자기 설교 듣는 사람들에게 그럽디다, 하나님은 '여러분이 나처럼 부자가 되기를 원하십니다.' 그놈들은 어떻게 떼돈을 벌었게요? 그 설교 듣는 바보들을 홀딱 벗겨 먹은 덕분이죠! 그 양반들 교회 건물들도 좀 보라지요. 어떤 건 이 동네 어느 극장보다도 으리으리해요. 내 보기엔 탐욕의 신 맘몬이 득실대는 곳이 다름아닌 교회더구만요."

"저도 교회에서 탐욕의 신을 많이 보았습니다." 존이 말했다. "최고급 차를 타고 예배 드리러 오는 분들을 내 멋대로 재단한 적도 있었지요. 그분들 집에 있는 화장실 개수가 저희 집 방 수보다 많을 겁니다." 그는 앞으로 당겨 앉았다. "그런데, 그중에도 굉장히 관대하신 분들이 계시더군요. 도움이 필요한 곳을 보면 얼마나 빨리 조치를 취하시던지요. 게다가 교회에서만 그러시는 것도 아니었습니다. 부를 우상 삼지 않는 분들이 분명 있습니다. 그분들에게 부란 하나님을 섬기기 위한 수단이었어요."

"그런 사람이 몇이나 되길래 그러슈?" 스티브가 물었다.

존은 한숨을 내쉬며 의자에 몸을 기댔다. "그렇게 많지는 않지요, 아마. 그렇지만 그분들은 아주 많은 사람을 위해 아주 많은 선행을 합니다. 그분들은 자신의 부에 지배당하지 않고, 자신의 재산에서 정체성을 구하지도 않아요." 그는 성경을 들고 스티브에게 말했다. "그리고 '황금으로 포장된 도로'는 성경에서 하나님 이야기를 마무리하는 수많은 이미지 중 하나에 지나지 않습니다. 다른 것을 읽어 드리죠." 그는 페이지를 넘겼다.

> 끝날에 이르러는
> 여호와의 전의 산이 산들의 꼭대기에 굳게 서며
> 작은 산들 위에 뛰어나고 민족들이 그리로 몰려갈 것이라
> 곧 많은 이방 사람들이 가며 이르기를
> 오라 우리가 여호와의 산에 올라가서 야곱의 하나님의 전에 이르자
> 그가 그의 도를 가지고 우리에게 가르치실 것이니라

우리가 그의 길로 행하리라 하리니

이는 율법이 시온에서부터 나올 것이요

여호와의 말씀이 예루살렘에서부터 나올 것임이라

그가 많은 민족들 사이의 일을 심판하시며

먼 곳 강한 이방 사람을 판결하시리니

무리가 그 칼을 쳐서 보습을 만들고 창을 쳐서 낫을 만들 것이며

이 나라와 저 나라가 다시는 칼을 들고 서로 치지 아니하며

다시는 전쟁을 연습하지 아니하고

각 사람이 자기 포도나무 아래와 자기 무화과나무 아래에 앉을 것이라

그들을 두렵게 할 자가 없으리니

이는 만군의 여호와의 입이 이같이 말씀하셨음이라[17]

존은 성경을 내려놓으며 말했다. "저는 선지자 미가가 그려 본 앞날의 모습이 좋습니다. 안전을 위한 욕망 때문에 지금 전 세계에서 얼마나 많은 갈등이 벌어지고 있습니까? 힘 있는 부유한 나라들이 현재 누리고 있는 삶의 방식을 보호하느라고 생기는 갈등은 얼마나 될까요? 나중에 무슨 결과를 얻게 되든 상관없이, 또한 후손들의 미래 따위는 신경도 쓰지 않고, 우리가 원하는 삶을 얻어 내기 위해서 하나님이 사랑하시는 세상을 우리가 얼마나 훼손하고 있습니까?"

그는 몸을 앞으로 내밀었다. "선지자 미가가 바라본 다가오는 하나님 나라의 모습은 이런 것이 아닙니다. 하나님 나라는 광활한 과수원과 포도밭이 있는 곳이 아니에요. 모든 사람이 필요한 만큼만 소유한

세상입니다. 포도나무 하나, 무화과나무 하나씩이요. 부자는 없지만, 모든 사람이 충분한 만큼을 소유하지요. 그러나 경제 성장은 '충분함'을 추구하지 않고, 언제나 '더 많이'를 추구합니다. 순전히 단어의 정의만 가지고 볼 때 그렇습니다. 그리고 경제 성장을 위해 어떤 고통과 환경 파괴도 기꺼이 감수하는 것 같아요. 그래 봤자 '더 많이' 갖는 것은 우리 중 소수뿐인데 말이죠."

"지금 설교하시는 건가요?" 제니가 활짝 웃어 보였다.

"그런지도 모르죠, 제니. 어쩌면요."

샘이 불쑥 말했다. "목사님께서 지난 주에 남기고 가신 물음에 대해 생각해 봤습니다. '아메리칸 아이돌', 즉 미국의 우상은 무엇인가? 지금 제니는 미국의 우상으로 경제를 들었죠. 저는 경제만큼이나 큰 다른 우상이 있다고 생각합니다."

"그게 뭔가요?" 제니가 물었다.

"개인의 자유, 나의 권리라는 우상입니다."

"극단적인 개인주의 말이군요." 제니가 덧붙였다.

"그래요. 릭이 말한 것처럼, 모두 '나'만 생각하지요. 목사님은 십계명이 왜 필요한가에 대해 끊임없이 말씀하시는데, 한 공동체로서 하나님 백성을 구성하고 그들의 정체성을 확립하기 위해서죠. 모래알 같은 개인들 한 무리가 아니라 하나의 공동체 말입니다. 사회 각 구성원이 바람직한 삶을 살아가는 것을 목표로 삼는 공동체죠. '네게 복을 주니 너는 복이 될지라'라고 하지요? 우리가 타인에게 복이 되도록 하나님이 우리에게 복을 주셨다고요. 우리는 지금껏 시기, 기만,

절도, 배신, 살인, 효도 등에 대해 논했어요. 십계명에 반하는 행동을 한다면 그 이유는 우리가 타인에 대해 생각하지 않기 때문이 아닐까 생각합니다. 오직 자기 자신만 생각하기 때문에요."

샘은 자세를 조금 고쳐 앉았다. "이 나라의 무엇이 잘못되었는지, 또는 어떤 사회적 이슈에 대해 무엇을 해야 하는지 토론할 때마다, 정치적 성향이 무엇이든 간에 결국은 우리 개인의 권리에 대해 말하게 됩니다. 예를 들어 극장이나 초등학교에서 총기 난사 사건이 터졌다면, 희생자들의 장례를 치르기도 전에 제 친구들 과반수는 자기방어를 위한 총기 소지 권리에 대해 떠들어 댈 겁니다. 출근길에 낙태를 화제 삼아 이야기한다면, 자기 몸을 가지고 자기가 원하는 것을 할 수 있는 권리는 있는 것 아니냐고들 말하겠지요. 결혼과 이혼에 대한 대화라면, 행복해질 권리며 성적으로 만족할 권리 같은 것을 주장할 테고요. 의료 보험 얘기가 나온다면 정부가 선택권을 빼앗아 간다는 말들을 합니다. 그런데 아무도, 우리 나라를 위해 무엇이 최선인지는 묻지 않아요. 모두에게 무엇이 최선인지, 공동의 이익을 위한 선택은 무엇인지 묻지 않습니다. 물론 그렇게 보이도록 포장할 수는 있겠지만, 결국은 '나'로 귀착되지요. 나의 권리, 나 개인의 자유. 다른 사람은 어떻게 되든 상관없고요."

그는 테이블 앞으로 더 바짝 당겨 앉았다. "그게 미국의 우상입니다. 그래서 개인의 자유가 우리를 어디로 이끌었을까요? 나는 여기 앉아서 내 권리를 주장할 테니 너는 거기 앉아서 네 권리를 주장해라, 결국 우리는 모두 한 바구니에 담겨 함께 지옥을 향하는 겁니다."

샘은 할 말을 마쳤는지 의자에 등을 기대고 머리칼을 매만졌다. "제가 좀 흥분했다면 죄송합니다."

"대단해요, 샘." 존이 말했다. "샘이 이번 주일에 와서 설교 좀 해 주시는 게 어떨까요?"

"그거 좋네." 스티브가 말했다. "그러면 나도 그거 들으러 교회라는 델 한번 가 볼까?"

샘은 커피 잔을 들어 남은 커피 몇 방울을 삼켰다. "아, 스티브를 교회로 데려오고 싶은 마음만큼이나 설교단에 안 서고 싶은 마음이 커요. 그보다도, 교회 학교 개근 기록을 깨고 싶지 않거든요."

존은 껄껄 웃었다. "내키면 언제든지 오세요, 샘. 방금 자유의 모순에 대해 핵심을 찌르는 말씀을 해 주셨어요. 그 사막에 서 있던 전직 노예들은 자유인들 a free people이 아니었습니다. 그들은 자유를 부여받은 사람들 a freed people이었죠. 누구에게 충성을 바쳐야 할지, 누구를 섬겨야 할지 아직 선택하지 못한 상태였어요. 시내 산에 모인 것은 그들을 자유롭게 풀어 준 하나님을 섬김의 대상으로 선택하게 하기 위함이었습니다. 그러나 그들은 끊임없이 다른 신들과 우상을 찾았고, 그것은 다시금 온갖 속박만을 가져다주었지요."

"알겠수." 스티브가 말했다. "뭣 좀 물읍시다. 목사님도 우상이 있으신가?"

"오 스티브 씨, 샘이 설교를 하면 스티브 씨는 분명히 엄청나게 참견하시겠군요."

"그야말로 내가 인생에서 스스로 정한 역할이거든요. 수석 참견쟁이 말요."

존은 턱을 어루만졌다. "목회자로서 저는 교회 안에서 수많은 우상을 접할 수 있었습니다. 물론 조각상을 말하는 것은 아니지만, 신성한 암소라 할 만한 것들은 분명 매우 많습니다. 우리가 정체성, 안정감, 안전감 등을 얻기 위해 향하는 하나님 외의 모든 것, 하나님보다 더 찾는 존재를 우상이라 하는 것이라면, 교회에는 셀 수 없이 많은 우상이 존재합니다."

"예를 들어 주세요." 야스미나가 말했다.

"제가 처음 사역했던 교회에서는 우상이 오르간이었습니다. 웃지 마세요! 가끔 청소년들이 기타를 치며 예배를 진행하게 해 보자고 제안하면 제가 신성 모독을 범한다고 생각하시겠지만, 수년간 제가 보아 온 바로는, 많은 교회들이 훌륭한 설교나 소위 '순수한' 교리, 또는 교회의 음악 프로그램을 우상화하더군요. 그 교회들이 정체성을 기대는 것이 그런 것들이기 때문이죠. '오, 우리는 성가대가 훌륭한 교회입니다. 우리는 훌륭한 설교를 하시는 목사님과 전도사님이 계신 교회입니다' 하는 식이죠. 드물게는 이런 곳도 있어요. '아, 우리는 하나님과 이웃을 내 몸처럼 사랑하는 데 최선을 다하는 교회입니다.'"

"뭐요, 내 질문을 요리조리 피하시겠다?" 스티브가 집요하게 다시 물었다. "우상 갖고 있냐고요."

"음, 스티브, 저를 가장 자주 유혹하는 것은 하나님의 존재에 대해 제가 얼마나 이해하고 있는가 하는 사실입니다. 그리고 거기 덧붙여서, 제가 하나님이 허하시는 것과 금하시는 것이 무엇이라고 생각하는가 하는 것도 있겠죠. 신학은 너무나 불확실한 게임이기 때문에, 그 게임 도중에 우상 숭배로 빠질 위험이 항상 존재합니다."

"전 이해 못하겠어요." 엘리가 말했다. "하나님이 어떻게 우상이 될 수 있단 말이죠?"

"하나님은 아니죠. 하나님이 어떤 분이신지에 대한 내 생각이 그렇다는 거죠."

윌이 불어로 말했다. "Si Dieu nous a faits a son image, nous le lui avons bien rendu. 볼테르. '하나님이 그의 형상대로 우리를 만들었다면, 우리는 그에게 은혜를 갚은 것이다.'"

엘리는 머리를 흔들며 감탄했다. "윌 선생님, 정체가 대체 뭐예요?"

"윌이 제 얘기를 잘 설명해 주셨어요." 존이 말했다. "저는 늘, 극히 한정된 저의 하나님에 대한 이해가 하나님의 실체라고 생각할 위험에 빠지기 쉽습니다. AA 빅북에서 말하는 것처럼 이기심과 자기중심성이 모든 문제의 근원이라면, 그것이 하나님에 대한 저의 인식에 영향을 주지 않을 수가 있겠어요?" 그는 테이블 위에 쌓인 책 더미에서 한 권을 골랐다. "자, 여기 이 저자가 그것에 대해 훨씬 잘 설명합니다.

그러므로 오히려 신학자들과 성직자들이 우상 숭배를 허용할 수도 있다. 이미지, 신학적 구조, 신에 대한 해석 등을 통해 하나님이라는 초월적 존재를 대상화함으로써, 눈과 손으로는 불가능할지라도 인간이 정립한 개념을 통해서 하나님을 신학적으로 볼 수 있다는 자기기만을 이끌어 내는 것이다.[18]

한 친구는 제게 종종 상기시켜 줍니다. 믿음의 반대는 의심이 아니라 확신이라고요. 내가 하나님을 완벽하게 이해했다고 생각하는 순간 저는 우상을 빚어낸 것이라는 거죠."

"그런데, 하나님이 누구인지 확실히 모르면 어떻게 하나님을 믿을 수가 있죠?" 세라가 물었다.

"이건 저에게만 해당됩니다만." 존이 대답했다. "저는 성경에 드러나 있는 대로의 하나님을 믿습니다. 그리고 성경에 나타난 하나님 모습을 제가 이해한 바와 일치하게, 또 그것에 충실하게 살려고 노력합니다. 하지만 아직 배워야 할 것이 많다는 것을 겸허히 인정하려고도 항상 노력하지요. 특히 저와는 많이 다른 사람들에게서 말입니다. 그래서 이 월요 모임 같은 대화가 큰 도움이 되죠. 제가 믿고 있는 것을 재점검하도록 해 주고, 그러면서 하나님이 누구시며 이 세상에 무엇을 하기 원하시는지에 대한 제 이해의 폭과 깊이가 넓고 깊어집니다.

수년간 저는 하나님의 진리를 모두 안다고 확신해 왔었는데, 바로 그 오만함이 제가 섬기려던 이웃들에게 상처를 주었을까 두렵습니다. 제가 이미 답했다고 생각한 질문을 묻는 사람들에게 저는 위협을 받는 듯한 느낌을 받았습니다. 저 자신에게 정직했던 드문 경우에는, 저도 감히 하지 못했던 질문을 받았을 때에도 위협을 느꼈죠. 그렇지만 저는 드디어, 하나님이 누구인지에 대한 제 생각으로는 그 질문들에 대답할 수 없다는 것을 깨달았습니다. 그래서 저는 기독교 신비주의자 마이스터 에크하르트의 기도 한 구절을 빌렸습니다. '하나님, 제게서 하나님을 없애 주소서.'"

엘리의 찌푸린 표정을 간파한 존은 급히 말을 이었다. "아, 하나님을 믿지 않기로 했다는 뜻이 아니에요. 성경을 읽지 않겠다거나 목회자를 그만둔다는 건 더더욱 아니고요. 저는 단지, 내가 생각했던 하나님 모습 위에 문화적, 가족적, 개인적 짐을 지웠다는 것을 솔직하게 인정하게 된 겁니다. 그래서 이제는 성경을 펼칠 때면 저는 먼저 그 기도를 올리고, 하나님이 어떤 분이시라는 제 의견을 뒷받침할 성경 구절을 찾는 대신에, 성경에 드러난 그대로의 하나님을 찾으려 노력합니다. 이게 이해가 가는지 모르겠네요."

"대충은요." 엘리가 말했다.

윌이 말했다. "하나님이 매사에 내 편이시라 생각하는 것은 언제나 위험하다고 생각합니다."

"맞는 말입니다. 아멘." 존이 말했다.

"그러면 목사님이 성경을 읽을 때 알게 되는 하나님은 누구인가요?" 엘리가 물었다.

존은 미소 지으며 시계를 내려다보았다. "다음 주 주제로 자연스럽게 이어지는군요, 엘리. 드디어 제1계명까지 왔어요. 하나님에 대해 얘기합니다." 그는 모여 앉은 일행을 둘러보았다. "다음 월요일에도 한 분도 빠짐없이 와 주시리라 기대합니다. 제게 정말 고무적인 시간이었어요. 설교를 앞두고 여러 각도로 생각할 수 있게 해 주셨을 뿐 아니라, 저마다의 이야기를 들려주셔서 모두 함께 나눌 수 있었던 것에 감사드립니다. 솔직히 다음 주가 우리의 마지막 토론이 아니었으면 좋겠습니다."

"저도 그래요!" 엘리가 외쳤다. "십계명 설교 끝나고 다른 주제로 도와드릴 건 없어요?"

"오래 전부터 계획해 놓았다면 좋겠지만, 이제 뭔가 빨리 생각해 내야 해요, 엘리."

"얼른 생각해 내세요." 여기저기서 엘리와 같은 생각으로 맞장구치는 소리가 들렸다.

모두 일어서고 있을 때, 제니가 엘리의 손을 부드럽게 잡아끌었다. "아까 빈말한 것 아니에요, 엘리. 얘기하고 싶다면 난 정말 듣고 싶어요." 제니는 세라에게 눈길을 보내며 말했다. "이야기를 들어 줄 사람이 있는 건 좋은 거예요."

"고마워요, 제니 선생님. 생각해 볼게요."

10

하나님
제1계명

사랑은 배반하지 아니하며

낙담케도, 구속하지도 않으리니

그대를 자유로이 해 주리라

- 멈포드 앤 선즈 Mumford & Sons 의 노래 "Sigh No More" 중에서

하나님이 이 모든 말씀으로 말씀하여 이르시되

나는 너를 애굽 땅, 종 되었던 집에서 인도하여 낸 네 하나님 여호와니라

- 출애굽기 20장 1-2절

의자에 털썩 주저앉는 바람에 스티브의 잔 밖으로 커피가 튀었다. 그는 냅킨을 그러쥐며 사과했다. "늦어서 미안합니다, 여러분. 차 배터리가 나갔지 뭐요. 내가 차에다가 욕지거리를 쏟아붓고 있는데 누가 나왔는지 맞춰 봐요." 그는 껄껄 웃어 제꼈다. "옆집 재규어 모는 양반이지 누구겠소. 점프선 연결하면서 한마디도 안하더군요. 틀림없이 속으론 낄낄대고 있었겠죠." 그는 모인 사람들을 휘둘러보았다. "뭐야, 존 목사는 어디 갔어요?"

"지금 그 얘기를 전하던 중이었습니다." 윌이 말했다. "오늘은 못 오실지도 몰라요. 교회 성도 한 분이 어제 병원에 실려 가셨는데, 수술 들어가기 전까지 목사님이 병원에 계실 거라네요. 여러분께 죄송하다고 전해 달랍니다."

"그래도 마지막인데 안 오시면 어떡해요?" 엘리가 소리쳤다. "이건 말도 안 돼요!"

"엘리 말이 맞아요." 제니도 말했다. "목사님이 안 계신 건 좀 이상하잖아요." 그녀는 허탈하게 웃었다. "그럼 무슨 얘길 하죠?"

"원래대로 해야죠." 샘이 제니의 눈을 보며 말했다. "우리가 모이는 게 단지 존 목사님 설교를 돕기 위해서일까요? 난 그건 아닌 것 같아요."

제니도 샘의 눈을 피하지 않았다. "아닐 수도 있죠, 샘. 말이 나와서 말인데요, 그게 궁금했어요. 여기 혹시 존 목사님 설교 들으러 다녀오신 분 계세요? 세 분 빼고요." 그녀는 릭, 세라, 카를로스 쪽으로 손짓을 했다.

"저 다녀왔어요." 야스미나가 말했다.

"뭐?" 엘리가 깜짝 놀랐다. "나한테 말도 없이? 같이 가자고도 안 했잖아!"

"너랑 갈 생각 없었어, 엘리." 야스미나는 엘리가 대꾸하기 전에 얼른 말을 이었다. "내 말은, 너 말고 다른 사람하고 가려고 한 거니까."

"그게 누군데?!" 엘리가 버럭 소리질렀다.

"우리 엄마."

엘리는 말없이 의아한 표정이 되었다.

"지난주 집에 돌아가서 내가 엄마에 대해 했던 말을 생각해 봤어요. 그리고 몇 주 전에 부모 공경에 대해 나눴던 이야기들도 생각이 났죠. 마음이 편하지 않아서, 엄마하고 뭐라도 같이 해야겠다는 생각이 들었어요. 엄마가 여기 정말 오고 싶어하시는 건 알고 있었지만, 그러고 싶지는 않았죠. 그래서 차선책으로 존 목사님 설교를 같이 듣는 것도 좋을 것 같았어요. 그래서 어제 엄마하고 존 목사님 교회에 같이 갔죠."

"그래 어떻던가요?" 제니가 물었다.

"좋았어요. 설교 재미있게 잘하시던데요."

"아니, 그게 아니라." 제니는 탁자 쪽으로 몸을 기대며 물었다. "어머니와 같이 가니 어땠냐고요."

"뭐 그렇죠, 정말 좋았어요. 색달랐어요. 평소엔 엄마랑 같이 다닌대봤자 제가 가야 할 곳에 태워다 주시면서 이런저런 잔소리나 하시는 게 다였는데, 어제는 엄마랑 함께 어딘가 가는 거였잖아요. 점심 먹으면서 기분 좋게 얘기도 나눴어요." 야스미나는 카페라떼 거품에 손가락을 넣어 휘휘 저었다. "아마 연기할 필요가 없어서 그랬겠죠. 그냥 완전히 엄마랑 같이 있었던 거예요."

"교회에 또 갈 생각이에요?" 샘이 물었다.

야스미나는 고개를 들었다. "아직 생각해 보진 않았는데요, 다음 주말에 같이 외식하자는 얘기는 했어요. 엄마하고 단둘이서요. 좋을 거 같아요."

샘은 스티브에게 말을 건넸다. "스티브는 어떻게 할래요? 우리 모임이 함께 토론했던 십계명 설교를 들을 수 있는 마지막 기회가 다음 주랍니다. 스티브가 같이 가겠다고만 하면 교회 학교도 빠질 생각인데요, 어떻게 하시겠어요?"

"아, 글쎄올시다. 그리고 샘, 교회 학교 개근 기록을 나 때문에 깨서야 되겠어요?"

"스티브와 같이 교회에 가는 거라면 기꺼이 빠지리다." 샘은 씩 웃으며 말했다. 그는 스티브 쪽으로 쿡쿡 찌르는 시늉을 했다. "어쨌거나 스티브가 이 모임에 원인 제공을 했으니 마무리도 해야 하지 않겠어요? 이제 남은 단어는 하나뿐이군요. 가장 거대하고 중요한 단어, 바로 하나님입니다." 그는 눈썹을 찡긋해 보였다.

스티브는 의자 등받이에 깊이 기대고 한참 동안 샘을 바라보았다. 그러다 그는 다가앉으며 탁자 위에 놓인 신문을 집어들었다. "몇 달 전 신문 머리기사 때문에 이걸 시작하게 된 것 같으니, 오늘 기사를 한번 함께 훑어 보는 게 어때요? 그런 다음에 샘한테 대답을 하겠소." 그는 신문을 한 장 한 장 넘기며 기사 제목을 읽어 나갔다.[1]

TEN

뉴타운 애도 물결 속 등교 재개*

상점들도 AR-15 소총 취급 기피**

강간 피해 여성, 경찰관이 가해자라 주장

총기 난사 관련 2명 기소

청년 노숙자 증가 추세

엑손모빌 유전 개발 계약이 이라크-쿠르드 간 갈등 점화

  스티브는 신문을 테이블에 집어 던졌다. 그는 머리칼을 쓸어 올리며 깊은 한숨을 내쉬었다. "신이 존재하느냐에 대해서는 난 회의론자이지만, 우리 인간에 대해서는 생각이 달라요. 우리는 완전히 완벽하게 맛이 갔고, 방금 읽은 헤드라인 류의 사건들을 해결할 방법은 아무도 모른다 이거죠." 그는 앞으로 다가앉으며 말했다. "얼마 전에 샘한테 그런 얘기를 했는데, 십계명에 대해 얘기하다 보니 내가 신문을 예전과는 다르게 읽더란 말입니다. 무슨 기사를 읽든지, 그 사건이 어떤 계명을 어겼는지 애써 찾게 되지 뭐요. 항상 해당되는 게 있고, 두 가지 이상 위반하는 경우도 허다해요.

  여기 모인 우린 어떻죠? 십계명이 하라는 대로 하지 못한 사례들을 편하게, 또 솔직하게 인정하고 있지요. 그에 대한 생각이 어떻든 간에 터놓고 얘기를 합니다. 또 십계명을 깡그리 무시한 성경 속 인물들 얘기도 들었죠. 마지막으로 예수라는 등장인물이 있군요. 십계명을 가르칠 뿐 아니라 그 실천의 요구 수준을 확 올린 인물이죠."

---

* 2012년 12월 14일 코네티컷 주 뉴타운 샌디훅 초등학교 총기 난사 사건과 관련. 해당 초등학교는 잠정 폐쇄, 동 지역 내 학교 등교 재개 뉴스

** 샌디훅 초등학교 총기 난사 사건 이후 월마트 등 몇 업체가 반자동 소총 판매를 중단하는 등 총기 규제 움직임에 동조하고 있다는 뉴스

그는 뒤로 기대앉았다. "그래서, 내 생각엔 십계명이라는 게 말하는 건 이런 것 같습니다." 그는 윌의 성경을 가리키며 말했다. "우리는 저 책이 살라는 대로 살고 있지 않다, 아니면 그렇게 사는 건 불가능하다 이거죠. 십계명을 여기저기 아무리 많이 붙여 놔 봤자 소용없어요. 존 목사가 계속 하는 얘기는 '서로를 챙기는 공동체를 만들기 위해 십계명이 생겨났다'라는 거지만, 인간들은 대부분 자기 자신만 챙기고 있어요. '공동 선', '공익' 따위는 그저 희망 사항으로 존재하는 거란 말입니다."

"제 생각은 달라요." 야스미나가 말했다.

"나도 그래." 엘리도 야스미나에게 동의했다.

"지금이야 그렇게 생각하겠지만……." 스티브가 말했다. "곧 알게 될 걸." 그는 고개를 흔들었다. "아, 그렇지만 내 말 너무 신경 쓰지 말게들. 난 원래 좀 비관적이라서. 나이 먹느라 그렇겠지, 아마."

샘이 말문을 열었다. "음, 스티브 말에 반박을 해야 하는데, 어느 정도는 동의하게 되네요." 그는 신문을 가리키며 말했다. "우리 교회 교인들 이름이 저 신문에 많이 오르지야 않을 거라 생각하지만, 요 몇 주 동안 이런 생각이 들더군요. 우리 침례교인 대다수도 십계명을 어기는 경우가 상습적으로 자주 있지 않을 뿐이지, 가끔씩은 자기도 모르게 위반하고 있으리라는 생각이죠. 나는 '네 이웃을 네 몸처럼 사랑하라'라는 성경 구절이 몇 장 몇 절인지는 바로 말할 수 있지만, 그 말이 진정 의미하는 바가 무엇인지는 전혀 모르고 있다는 생각을 했습니다."

"침례교인에만 국한된 얘기는 아닐 것 같네요." 세라가 말했다.

"세라 말이 맞겠지요."

"교인들만 그럴까요?" 제니가 말했다. "교회 안 다니는 저희라고 별반 다를 것 없을 거예요."

"그렇게 말하니 김빠지네요." 엘리가 말했다. "오늘 멋진 마무리를 예상했거든요." 그녀는 서둘러 한마디를 덧붙였다. "물론 전, 오늘이 마지막이라는 마음의 준비는 안 돼 있어요."

야스미나는 샘 쪽을 바라보며 말했다. "우린 그렇다 치고, 저기 나오는 인물들 중에서 찾으면요." 그녀는 테이블 위의 성경을 가리켰다. "등장인물 중에 십계명을 지킨 사람이 있기는 한가요? 아니면 그냥 희망 사항에 불과한 건가요?"

"예수님은 제외하고 말이죠?"

"그럼요. 하나님과 같은 분은 빼고, 우리 같은 사람들 중에서요."

"그런데 그 점을 짚고 넘어가야 해요." 윌이 한마디 보탰다. "예수님은 우리와 같았어요."

"하지만 그분이 곧 하나님이라고 믿는다면, 그분은 우리와 같을 수 없잖아요, 아닌가요?"

윌은 손을 뻗어 성경을 집었다. "이 부분을 읽어 볼게요."

> 너희 안에 이 마음을 품으라 곧 그리스도 예수의 마음이니 그는 근본 하나님의 본체시나 하나님과 동등됨을 취할 것으로 여기지 아니하시고 오히려 자기를 비워 종의 형체를 가지사 사람들과 같이 되셨고 사람의

모양으로 나타나사 자기를 낮추시고 죽기까지 복종하셨으니 곧 십자가에 죽으심이라²

엘리가 이맛살을 찌푸렸다. "그게 무슨 말이에요?"

"누구에게 묻느냐에 따라 다른 대답을 듣게 될 거예요, 엘리. 예수님이 '자기를 비워'라는 부분의 의미에 대해 아직도 논란이 활발히 진행 중이니까요."

야스미나는 윌에게 물었다. "어쨌든 이 부분을 읽어 주신 이유가 있으실 거 아니에요? 윌 아저씨는 그게 무슨 뜻이라고 생각하세요?"

"요한복음에 있듯 '말씀이 육신이 되었을' 때에 성자聖子이신 예수님이 신성을 내려놓으신 것을 말하는 거라 생각합니다." 샘이 반박하려는 것을 눈치챈 윌은 손을 들어 그의 말을 막았다. "압니다. 그 의미에 대해서만 오늘 아침 시간 내내 이야기할 수도 있겠죠. 그러나 그것이 무엇을 뜻하든 결론은 같습니다. 상황이 좋지 않을 때 예수님은 소위 '하나님 카드'를 쓰지 않기로 하셨다는 것이지요. 예수님에게 그런 선택권이 있었는지 여부는 제쳐 두더라도 말이죠. 예수님은 우리들과 같은 조건의 삶을 살기로 하셨습니다. 삶을 헤쳐 나가면서 그가 할 수 있는 최선을 다하거나, 아버지 하나님께 복종하고 그것을 도우시는 성령을 믿기로 하신 것이지요."

카를로스가 대뜸 말했다. "오직 우리를 위한 하나님의 뜻만 알게 하시고 그것을 행할 힘을 주십사 기도할 뿐."

"아주 잘 표현했어요, 카를로스."

"제가 생각해 낸 표현은 아니에요." 카를로스가 씩 웃었다. "AA 11단계*랍니다."

엘리는 불편해 보였다. "저는 이 내용이 감당이 잘 안 돼요."

"엘리만 그런 건 아니에요. 내가 장담합니다." 윌이 말했다. "내가 말하려는 건 이겁니다. 눈부시게 흰 가운을 입고 땅 위 30센티미터쯤 둥실 떠 계신 예수님 그림을 더러 봤을지 모르겠네요. 그가 곧 하나님이라는 이유로 모든 율법을 완벽하게 준수하는 예수님의 모습을 생각한다면, 사실 그 반대입니다. 예수님도 하루 일과를 마치고 피곤에 절어 귀가하시곤 했어요. 더러워져 냄새나는 발로 집에 돌아와 우리와 다를 것 없는 유혹에 직면하셨지요."

"그러나 예수님은 죄는 없으십니다."[3] 샘이 재빨리 말했다.

"맞습니다. 죄는 없으셨어요. 예수님은 우리에게, 하나님을 사랑하고 이웃을 내 몸과 같이 사랑하는 것이 어떤 의미인지를 보여 주셨습니다. 예수님은 율법을 지키셨고, 우리는 그 이유로 그를 십자가에 못 박았지요."

"여전히 감당 안 되는걸요." 엘리가 말했다.

"하지만 딱 한 명 있습니다." 윌은 샘을 보고 말했다. "예수님 외에 십계명을 준수한 사람이 있어요. 최소한 본인 스스로는 그렇게 생각했죠. 그렇지요, 샘?"

샘은 턱을 만지작거렸다. "음, 그래요. 한 젊은 부자 관리 말이죠."

세라도 말했다. "저희 엄마는 늘 그런 사람은 유심히 지켜보라고 하

---

* "기도와 명상을 통해서 우리가 이해하게 된 대로의 신과 의식적인 접촉을 증진하려고 노력했다. 그리고 우리를 위한 그의 뜻만 알도록 해 주시며, 그것을 이행할 수 있는 힘을 주시도록 간청했다."

셨는데요, 십계명도 잘 지키는 사람으로요. 하하. 그리고 하필 그런 사람이 부유하다 해도 나쁠 것은 없죠."

"그럼 그 부자 관리가 모든 계명을 잘 지킨 건가요?" 카를로스가 물었다.

이에 샘이 대답했다. "월 말이 정확했어요. 그는 자기가 모두 지킨다고 생각했습니다. 그가 아는 한은 정말 다 지켰을 수도 있지요." 그는 씁쓸한 미소를 지으며 말했다. "이 모임을 시작하기 전까지 저도 제가 그렇다고 생각했으니까요."

제니가 한마디 했다. "그 이야기를 모르는 사람도 있어요. 저도 그렇고요."[4]

"아, 미안해요." 샘이 말했다. "자, 한 젊은이가 예수님 앞에 나아가 말합니다. '영생을 얻으려면 무엇을 해야 합니까?' 예수님은 말씀하십니다. '네가 계명을 아나니 간음하지 말라, 살인하지 말라, 도둑질하지 말라, 거짓 증언 하지 말라, 네 부모를 공경하라 하였느니라.' 이에 그 젊은이는 말했지요. '그것은 어려서부터 다 지켰습니다.'"

"대단하네요." 카를로스가 말했다.

"아니면 엄청난 뻥쟁이거나요." 엘리가 말했다.

샘은 웃었다. "글쎄, 거짓말은 아니었을 거예요, 엘리. 왜냐하면 예수님이 그를 보시고 사랑하셨다고 나와 있거든요."

"왜요?"

"음, 제가 이해한 바로는, 그 당시 사람들은 십계명을 잘 지키면 영생을 얻을 수 있다고 믿었지요. 그런데 그것을 다 지킨 이 청년은 예수님에게 그 밖에 또 무엇을 해야 하느냐고 묻고 있었습니다. 그것만으로는 부족하다는 것을 알고 있었나 봐요. 그래서 예수님이 그를 사랑스럽게 보신 것이리라 생각합니다. 무언가 빠진 것이 있다는 것을 인정했기 때문에요. 그에게 예수님은 거기서 더한 것을 요구하셨습니다."

"어떻게요?" 야스미나가 물었다.

"예수님은 말하셨어요. '네게 아직도 한 가지 부족한 것이 있으니 네게 있는 것을 다 팔아 가난한 자들에게 나눠 주고 와서 나를 따르라.'"

"돈이 많은 것이 잘못이라서요?" 엘리가 말했다.

윌이 다시 거들었다. "그 사람이 부유해서가 아니었어요. 예수님에게도 부유한 친구들이 있었고, 예수님과 제자들을 후원한 여자들도 부유했어요.[5] 이 젊은이의 문제는 그의 재산이 아니었고, 그 재산이 그에게 어떤 의미인지가 문제였습니다."

"어떤 의미였는데요?"

"그의 정체성. 그의 사회적 지위. 채점표라고 하면 이해가 될까요? 성적표에 전부 A를 받는 것이죠. 좋은 대학에 가고, 좋은 직장을 얻고, 아메리칸 드림을 이루는 데 필요한 성적표에서 그 누구보다 높은 점수를 얻는 것이었을 거예요. 인생의 사다리에서 위로 올라가기 위해 효과적인 그 무엇이죠. 그 사다리의 끝이 닿아 있는 벽이 잘못된 목적지라는 것을 깨닫기 전까지는 훌륭한 성과지요. 이 젊은이는 옳은 일을 모두 했지만 핵심을 놓치고 있었습니다. 그는 그의 재산이 있어서 자신이 훌륭하고 독실한 삶을 살 수 있다고 생각했지요. 모두가 우러러보는 사람이 될 수 있는 것도 그 때문이라고 생각했고요. 그러나 그 이면에는, 그것으로 충분하지 않을 거라는 의심이 고개를 내밀고 있었어요."

"그래서 예수님은 그에게 재산을 포기하라고 하신 겁니다." 샘이 말했다. "그냥 포기하라는 것도 아니고, 가난한 이들에게 나누어 주라고 하셨죠. 그렇게 하면 그 역시 가난해지게 되죠."

"맞습니다." 윌이 말했다. "그리고 만약 그가 예수님을 따라나선다면, 예수님을 후원하는 사람들에게서 도움을 받아야 한다는 의미지요. 사람들이 도움을 구하러 찾아오는 대상이었던 사람에게는 대단한 몰락이지요. 그러나 예수님을 따른다는 것의 의미는 바로 그겁니다! 제가 아까 읽었던 바와 같이, '하나님과 동등됨을 취할 수 있었으나 자신을 낮춰 종의 형체를 가지사 사람들과 같이 되신' 예수님이니까요. 이 젊은이가 자신을 낮춘다는 것은 본인에게 부족한 부분이 있다는 것을 인정하는 것뿐이었나 봅니다. 그저 삶에 작은 변화 정도가 필요하다고 생각했던 것 같아요. 하지만 예수님은 삶의 작은 변화 따위에는 관심이 없으셨고, 그가 변화하기를 바라셨습니다. 저는 예수님이 그 청년에게 요구하신 것이 단지 예전의 생활을 포기하라는 것만은 아니었다고 생각합니다. 그의 인생을 송두리째 뒤집어 놓을 완전히 새로운 삶의 방식을 받아들이라는 것이었겠죠."

세라는 고개를 갸우뚱하고 말했다. "그게 바로 십계명의 본질 아니었나요? 원래의 의미 말이에요. 존 목사님이 늘 말씀하시는, 노예들을 인간으로 변화시킬 완전히 새로운 삶의 방식이 아니었냐고요. 예수님이 기대 수준을 높이신 게 아니고, 원래 십계명이라는 것이 우리

내면으로부터의 변화를 지향하는 지침이었다고 볼 수는 없을까요?"

"좋은 말이에요, 세라." 릭은 멤버들을 둘러보았다. "오래도록 저는 AA 가입 목표가 술을 끊는 것이라고 생각했었습니다."

"엥, 그럼 그게 목표가 아니란 말이에요?" 엘리가 말했다.

"아니란다, 엘리. 술을 끊고 싶다는 욕구 때문에 AA 모임을 찾았지만, 금주는 최종 지점에 도달하게 해 주는 수단에 불과하다는 것을 알게 됐어요. 금주 자체가 최종 목표는 아니었죠."

"그럼 그 목표는 뭐죠?"

"영적인 각성. AA 12단계의 마지막 단계에 나와 있지요. '이런 단계들의 결과, 우리는 영적으로 각성되었고, 알코올 중독자들에게 이 메시지를 전하려고 노력했으며, 우리 일상의 모든 면에서도 이러한 원칙을 실천하려고 했다.' 제가 술을 마시지 않는다고 해서 다 되는 것이 아닙니다. 사실 술은 수백 번도 더 끊어 봤었죠! 술을 끊었을 때에도, 술만 안 마셨지 맨정신은 아니었어요. 오히려 저더러 술 마실 때가 낫다고 하는 사람들도 있었으니까요. 맑은 정신으로 살아가려면 술을 끊는 것만으로는 부족해요. 완전히 새로운 삶을 시작해야 하지요. 덜 이기적으로, 덜 자기중심적으로 변하고, 여전히 고통받고 있는 중독자들에게 봉사하는 법을 배우는 것입니다. 자신의 잘못을 깨닫고 용서를 구해야 해요.

내 음주로 인해 고통 받은 사람들에게 보상하고, 무엇보다 그것을 맑은 정신에서 해야 합니다. 하나님께 내 성격적 결함을 없애 주십사, 그럼으로써 스스로 하고 싶지 않은 일들을 그만둘 수 있게 해 주십사 도움을 청하는 것입니다. 물론 그러기 위해서는 우선적으로 술을 끊어야 하겠지만, 금주가 목표는 아니에요. 목표는 영혼이 깨어나는 것, 영적 각성입니다. 세라 말대로 내면으로부터 변화하는 것이지요."

그는 윌의 성경을 집어 들었다. "그래서 저는, 우리가 지금까지 이야기했던 이 십계명이 그저 특정 행위들을 금지하는 것 이상의 의미가 있다고 생각합니다. 생각해 봅시다. 만약 내가 죽은 다음 내 비석에 쓸 말이 이런 것뿐이라면 어떨까요? '살인은 하지 않았다', '도둑질은 하지 않았다', '부인을 때리지는 않았다', 이게 전부라면 자랑스러운 추도문이 될 수 없겠지요."

그는 샘 쪽을 보고 말했다. "그 젊은 부자 관리의 비석에는 그런 글귀밖에 쓸 수 없었을 것 같습니다. 그러나 그 젊은이도 그것만으로 충분하지 않다는 것을 알고 있었죠. 그의 삶의 총합은 그 이상이 되어야 한다는 사실을 알았던 겁니다. 허나 그가 자신의 권력인 재산을 포기하지 않았다면 그 경지에 도달하지 못했을 테지요. AA에서도 제1단계는 우리가 무력하다는 것과 우리 자신보다 큰 힘이 필요하다는 것을 인정하는 것입니다. 아마도 그는 재산을 포기하지 않고는 그 첫 발걸음을 뗄 수 없을 것이기에, 예수님이 재산을 포기하도록 직접 권유하셨을 거예요. 그리고 예수님을 따라 제자들에게 합류하라고 초대하십니다. 그들과 함께 모든 가르침을 실천하라고요."

카를로스는 릭의 어깨에 손을 올리고 일행을 둘러보았다. "내 AA 스폰서로 릭 형님이 좋겠다는 생각을 굳힌 날이 기억나요." 그는 릭을 바라보며 말을 이었다. "형님이 그날 AA 모임을 주관하고 계셨고,

형님 경험을 얘기할 때 이런 식으로 말씀을 하셨었죠. '어느 날이라도 하자고만 하면 제 행동을 통제할 수 있었습니다. 24시간 동안 술 한 방울 입에 대지 않을 수도 있고, 직장에서는 일에 전념하고, 집사람에게 친절히 대하는 것도 할 수 있었어요. 그러나 그런 날들이 연달아 오래 지속되지는 않았죠. 왜냐하면 어느 하루도 제 마음을 변화시킬 수는 없었기 때문입니다. 제가 술을 마시는 것이 문제였던 것이 아니라, 제 마음이 문제였던 것이죠.'"

릭은 고개를 끄덕였다. "나 자신보다 큰 어떤 힘만이 저의 마음을 변화시킬 수 있었어요. 예의 그 12단계를 행해 나가면서 제 의지와 제 삶을 온전히 하나님께 맡기게 되었고, 제 힘으로 할 수 없는 것을 하나님이 저를 위해 해 주신다는 것을 알게 되었습니다. 하나님의 약속을 경험하기 시작한 것이죠. 그러면서 음주 충동에서 벗어났습니다." 그는 성경을 펼쳤다. "나는 너를 애굽 땅, 종 되었던 집에서 인도하여 낸 네 하나님 여호와니라."

"나는 너를 중독의 구속에서 인도하여 낸 네 하나님 여호와니라." 릭은 바꾸어 말하고 성경을 제자리에 놓았다. "저는 제 삶을, 제 행동을 통제하려 애쓰는 것을 그만두고 하나님에게 항복했죠. 하나님께 모두 맡겼습니다. 그 이후로는 전혀 술을 마시지 않고 있습니다."

엘리의 얼굴에 경외심이 차오르는 것을 눈치채자 릭은 재빨리 덧붙였다. "아, 아직 갈 길이 멀어요! 아까 말했죠, 금주는 그저 시작에 불과합니다. 아직 많이 남아 있는 제 성격적 결함들을 하나님이 해결해 주셔야 해요. 저 스스로는 할 수 없는 일을 하나님이 알아서 해 주시고 있습니다."

샘이 말했다. "이제는 내가 사는 것이 아니요 오직 내 안에 그리스도께서 사시는 것이라."[6]

우르릉대는 오토바이 기어 변속 소리가 들려왔다. "아, 다행히 존 목사님이 오늘 모임을 놓치시지는 않았군요." 샘이 말했다. "목사님 들어오시기 전에 커피 리필하실 분?"

존은 의자를 빼고 스티브가 내민 커피 잔을 받아 들었다. "스티브, 고마워요. 아직 약간 몽롱하군요. 너무 일찍 일어났어요."

"그 신도분은 좀 어떠세요?" 윌이 물었다.

"수술실 들어가실 때까지는 기분이 좋으셨어요. 아마 괜찮으실 겁니다. 의사도 늘 하는 수술이라 잘 끝날 거라고 자신 있게 말하는 것 같았어요."

"메스 잡는 입장에서야 늘 있는 일이겠지요." 샘이 말했다. "메스 끝에 누운 입장에서는 그러기 쉽지 않아요."

"그야 그렇죠, 샘! 자, 제가 오기 전에 무슨 말씀들 나누셨습니까? 제1계명에 대해서 토론하고 계셨어요?" 그는 스티브를 바라보았다. "아니면 하나님 말고 다른 이야깃거리가 있었나요?"

"이거 알아 두쇼, 목사 양반. 여기 모인 목사님 양떼도 목사님이 있건 없건 하나님 얘기 정도는 잘할 수 있다는 사실 말요."

"당연히 그럴 줄 알고 있죠, 친애하는 스티브 씨. 그런데 저는 우리가 스티브 씨의 양떼라고 생각했는데요?"

스티브가 신문으로 후려치는 시늉을 하자 존은 얼른 몸을 숙여 피했다. "알았어요, 알았어. 항복합니다."

스티브는 다시 자리에 앉아 신문을 가지런히 했다. "거 참 재미있네. 릭이 방금 그 단어를 썼는데." 그는 존에게 지난 대화를 요약하여 들려주고 좌중을 둘러보았다. "내가 뭐 빠뜨린 거 있습니까?"

"아뇨, 잘하셨어요." 제니가 말하고 존을 향했다. "그럼 이제 목사님 차례군요. 제1계명에 대해 무슨 생각을 하셨어요?"

"여러 생각을 했지요. 그중엔 이미 여러분이 이야기한 것도 있는 듯합니다. 저는 지난주에 엘리가 던진 질문에 대해 주로 생각했어요."

"그게 뭐였더라······." 엘리가 머뭇거렸다.

"성경 속에서 찾은 하나님은 누구인가?"

"아 맞아요. 답을 찾으셨어요?"

"글쎄요, 답은 모르겠어요! 그래서 이 계명에서 출발해 봤습니다. 하나님이 그 노예들에게 말씀하실 때 어떻게 소개하셨지요?"

"그들을 종 되었던 곳에서 인도하신 하나님이라고요." 엘리가 대답했다.

"맞습니다. 그런데 왜 그 표현을 쓰셨을까요? '나는 온 만물의 창조주이니라', 아니면 '나는 하늘과 땅의 주인이다'라고 하지 않으시고, '나는 너희 조상 아브라함, 이삭, 야곱의 하나님이다'라고도 하지 않으셨던 이유가 무엇일까요? 왜 하필 '나는 너를 애굽 땅, 종 되었던 집에서 인도하여 낸 네 하나님 여호와니라'라고 하셨을까요?"

"어, 그냥 그때 하신 일이 그거라서요?" 엘리가 말했다.

"하나님은 창조주이시고 그들 조상의 하나님인 것도 맞죠. 그럼에도 불구하고 하나님이 굳이 이런 표현을 택하신 이유가 뭘까요?"

야스미나가 조심스레 말을 꺼냈다. "그건 하나님이 바로 그런 분으로 기억되기를 원하셨기 때문이 아닐까요? 노예에게 자유를 주시는 하나님으로?"

"맞아요! 최소한 제 생각은 그렇습니다. 그 뒤에 따르는, 우리가 지금까지 토론했던 계명들은 제1계명과 다르게 흘러가지요. 하나님은 노예를 자유롭게 하시는 하나님이셨습니다. 보시죠. 오늘날에는 그게 대수롭지 않게 여겨질지 모르지만, 불과 200년 전만 해도 이곳 미국에서 그런 요구를 하는 것은 매우 충격적인 사건이었을 겁니다! 그 시절에는 노예 제도를 정당화하기 위해 성경을 활용하고 있었죠. 노예들이 경제 활성화의 주역이었습니다. 노예 제도는 전 세계 곳곳에서 수천 년간 삶의 일부로 받아들여져 온 관습이었지요.

월이 말했다. "그러나 일 년에 한 번 유월절에는, 애굽 노예들의 후손들은 하나님이 노예들을 자유롭게 하셨다는 것을 기억했습니다. 수천 년 동안 노예 제도가 당연시되던 세상에서도 하나님의 계명을 생생히 지켜 온 민족이었지요."

"맞습니다." 존이 말했다. "그리고, 그 민족을 노예살이에서 해방시키신 하나님은 다른 아홉 계명을 주시어 그들의 일상을 정립하게 하셨고, 그리하여 그들은 약하고 힘없는 자들을 억압하지 않고 모든 구성원의 필요를 충족시키는 전혀 새로운 삶의 방식을 실천하는 산 증인이 될 수 있었습니다. 모든 이가 번성하는 공동체를 이루고, 사람뿐 아니라 땅과 모든 살아 있는 피조물 또한 번성하는 공동체가 되도록, 매사에 공동 선을 추구하는 민족이 되라고 주신 계명들이지요. 신들이 소수의 상류층에게 권력과 부를 주어 나머지 모두를 사슬에 묶든 어쨌든 제 뜻대로 지배하게 했다는 다른 공동체들의 이야기와 상반되는 전혀 다른 이야기가 되도록 그 계명들을 내리셨습니다."

"다 좋은 얘깁니다." 스티브가 말했다. "그런데 그걸 안 지켰잖아요, 아닙니까? 방금 말씀하셨는데, 200년 전에 남부에도 교회는 많았어요. 거기서 뭐라고 지껄였냐 하면, 하나님이 어떤어떤 사람들은 노예로 살라고 정해 줬다는 설교를 했단 말입니다. 목사님이 얘기한 전혀 다른 이야기대로 산 사람들이 썩 많지는 않았던 것 같은데요. 다들 그냥 그 당시의 시류를 따라갔다고요."

존은 고개를 저었다. "애석하게도 스티브 씨 말이 맞습니다."

세라가 입을 열었다. "어쩌면, 하나님이 그들에게 매년 유월절을 기리도록 한 이유가 그걸지도 몰라요. 최소한 일 년에 하루는 하나님이 그들에게 뭘 해 주셨는지, 또 서로에게 무엇을 해 주어야 하는지 상기할 수 있게요."

"그렇겠죠." 스티브가 세라의 말을 막았다. "그런데 댁들 교인들은 매주 성찬식 때 그 비슷한 걸 하잖아요? 그런데도 내가 알기로는 그런 교인들이 사는 모습도 우리 비신도들과 별 차이가 없더이다." 그는 내던지듯 두 손을 들어 올렸다. "그러니 그게 무슨 소용이우? 아무도 귀담아듣지 않는 아름다운 이야기, 아니면 실제로 실천하는 건 불가능하다고 판가름 난 건가요? 난 십계명은 고사하고 내가 세운 원칙들도 지키기 힘듭디다!"

"또 냉소적인 스티브가 튀어나오고 있나 봐요." 세라가 말했다.

"알아요, 알아." 그는 존에게 말했다. "얼마 전에 목사님이 '모르는 게 약이다'라는 걸 언급한 적 있죠? 음, 나는 이 모임 자체를 아예 시작하지 말 걸 그랬다는 생각까지 들어요." 그는 씁쓸하게 웃었다. "그냥 다른 사람들을 비난할 때가 좋았던 것 같수다."

존은 가방에서 책 한 권을 꺼냈다. "스티브 씨에게 읽어 드릴 구절이 있습니다. 스티브 씨는 이 열 계명을 지키는 것이 불가능하다고 생각하는 냉소적인 사람은 아닌 것 같거든요." 존은 책장을 넘겨 읽어 내려갔다.

이처럼 나는, 무엇이 최선인지를 알아서 실천에 옮길 수 있는 사람이 못됩니다. 내게는 분명 하나님의 명령이 필요합니다.

사실, 내게는 명령 이상의 무언가가 필요합니다! 율법을 알면서도 지키지 못하고, 내 속에 있는 죄의 세력이 계속해서 나의 최선의 의도를 좌초시키고 있다면, 분명 내게는 다른 도움이 필요한 것입니다! 지금 내게는 있어야 할 것이 없습니다. 나는 뜻을 품을 수는 있으나, 그 뜻을 행동으로 옮길 수는 없습니다. 나는 선을 행하기로 결심하지만, 실제로는 선을 행하지 않습니다. 나는 악을 행하지 않기로 결심하지만, 결국에는 악을 저지르고 맙니다. 나는 결심하지만, 결심만 하지 행동으로 이어지지 않습니다. 내 내면 깊은 곳에서 무엇인가 잘못된 것입니다. 그래서 나는 매번 패배하고 맙니다.

이는 너무도 반복적으로 일어나는 일이어서 충분히 예측할 수 있습니다. 내가 선을 행하기로 결심하는 순간, 벌써 죄가 나를 넘어뜨리려고 와 있습니다. 내가 정말 하나님의 명령을 즐거워하지만, 내 안의 모든 것이 그 즐거움에 동참하는 것은 아니라는 사실 또한 분명합니다. 내 안의 다른 부분들이 은밀히 반란을 일으켜서, 가장 예상치 못했던 순간에 나를 장악해 버립니다.

내가 할 수 있는 일을 무엇이든 해 보았지만, 결국 아무 소용이 없습니다. 나는 벼랑 끝에 서 있습니다. 이런 나를 위해 무엇인가 해 줄 수 있는 이 누구 없습니까? 정말 던져야 할 질문은 바로 이런 것이 아닙니까?[7]

"이건 또 누구람?" 스티브가 물었다. "우리처럼 진흙에 발 담그고 있는 성경 속 성인 중 한 명이오? 무슨 말인지는 알겠지만, 난 문제가 죄 자체라고는 못할 것 같소. 내 문제는 바로 나지. 그나저나 지금 읽은 건 누가 한 말입니까?"

"사도 바울입니다. 그가 편지로 율법에 대해 쓴 많은 분량의 글이 신약 성경에 있지요. 그리고 방금 들으셨겠지만, 사도 바울 역시 율법을 사랑하지만 지킬 수 없다고 말했습니다."

"그러면 그 양반은 자기 질문에 대한 해답을 내놓습니까?" 스티브가 말했다. "보나마나 그러시겠지. 목사들은 그런 거 전문이니까."

"으윽!" 존은 가슴에 단검을 찌르는 시늉을 하며 장난으로 고통에 일그러지는 표정을 지었다. 그러더니 이내 진지한 표정으로 말했다. "그렇습니다. 사도 바울은 대답을 합니다. 헌데 그건 사도 바울만의 질문이 아니라, 제 질문이기도 하고 당신 질문이기도 해요, 스티브 씨." 그는 손을 들어 모임 전원을 아우르며 말했다. "제가 보기에는 우리 모두의 물음입니다. 간극, 괴리의 문제지요."

"괴리라고요?" 엘리가 물었다.

"내가 되고 싶은 사람과 실제 내 모습 사이의 괴리, 내가 하고 싶은 것들과 실제로 내가 하는 것 사이의 괴리, 나의 말과 나의 생활 사이의 괴리 말입니다."

"아, 그 괴리요."

"십계명은 양날의 검과 같습니다. 십계명은 우리가 어떻게 살아가야 하는지를 보여 주지요. 우리가 십계명이 제시하는 삶과 얼마나 동떨어진 삶을 살고 있는지 깨달을 때 첫 번째 자상을 입습니다. 그리고 정말 그 계명들을 잘 지켜 이상적인 삶을 살고자 애쓰지만 결국 그러지 못하는 자신을 발견할 때 두 번째로 베이게 되지요. 시내 산 아래 모인 노예들은 바로의 잔혹한 폭정과 노예살이에서 풀려나 있었죠. 그것이 애굽 대탈출 이야기입니다. 그런데 그들에겐 두 번째 대탈출이 필요했어요. 십계명을 어기게 만드는 죄악의 폭정에서, 이기심의 굴레에서 벗어나야 했습니다.

그래서 사도 바울은 본인이 던진 질문에 이렇게 답합니다." 그는 다시 성경을 펼쳤다. "꽤나 길게 대답했어요."

"그럴 만해요." 스티브가 말했다. "꽤 큰 질문이잖소."
"그렇지요." 존은 성경을 읽기 시작했다.

내가 할 수 있는 일을 무엇이든 해 보았지만, 결국 아무 소용이 없습니다. 나는 벼랑 끝에 서 있습니다. 이런 나를 위해 무엇인가 해 줄 수 있는 이 누구 없습니까? 정말 던져야 할 질문은 바로 이런 것이 아닙니까? 감사하게도, 답이 있습니다. 바로 예수 그리스도께서 그 같은 일을 하실 수 있고, 또 하신다는 것입니다! 마음과 생각으로는 하나님을 섬기고 싶어하지만, 죄의 세력에 끌려 전혀 엉뚱한 일을 행하는 우리의 모순 가득한 삶 속에 들어오셔서, 그분은 모든 것을 바로 세우는 일을 행하셨습니다.

메시아이신 예수께서 오심으로, 마침내 이 치명적 딜레마가 해결되었습니다. 우리를 위해 오신 그리스도의 임재 속에 들어가 사는 사람들은, 늘 먹구름이 드리운 것 같은 암울한 삶을 더 이상 살지 않아도 됩니다. 이제 새로운 힘이 움직이고 있습니다. 그리스도 안에 있는 생명의 성령이 세찬 바람처럼 불어와서 하늘의 구름을 모조리 걷어 주었습니다. 죄와 죽음이라는 잔혹한 폭군 밑에서 평생을 허덕거려야 했을 여러분을 해방시켜 주었습니다.

존은 여기까지 읽고는 의자를 더 바짝 당겨 앉았다.

하나님께서 자신의 아들을 보내셔서 문제의 급소를 찌르셨습니다. 그분은 우리의 문제를 자신과 동떨어진 문제로 취급하지 않으셨습니다. 그분은 아들이신 예수 안에서 친히 인간의 처지를 떠맡으시고, 진창 속에서 씨름하고 있는 인류 안으로 들어오셔서, 문제를 영단번에 바로잡아 주신 것입니다. 그동안 율법 조문은 이런 일을 해낼 수 없었는데, 균열된 인간 본성으로 인해 그것 역시 허약해졌기 때문입니다.

율법은 언제나 근본적 치유가 아니라, 죄에 대한 미봉책이었을 뿐입니다. 그러나 마침내, 그동안 응할 수 없었던 율법 조문의 요구에 우리가 응할 수 있게 되었습니다. 이는 우리가 한층 더 노력해서가 아니라, 오직 성령께서 우리 안에서 행하고 계신 일을 우리가 받아들임으로써 그렇게 된 것입니다.

자기 힘으로 할 수 있다고 여기는 사람들은 늘 자신의 도덕적 힘을 재보는 일에만 몰두할 뿐, 정작 실제 삶에서 그 힘을 발휘하여 일하지는 못합니다. 반면에, 자기 안에 일하고 계신 하나님의 활동을 신뢰하는 사람들은 자기 안에 하나님의 성령이—살아 숨 쉬고 계신 하나님이!—계시다는 사실을 발견하게 됩니다. 자기 자아에 사로잡힌 사람들은 결국 막다른 길에 이를 뿐입니다. 그러나 하나님께 주목하는 사람들은 탁 트이고 드넓은, 자유로운 삶 속으로 이끌려 갑니다. ······

하나님께서 친히 여러분의 삶 가운데 사시기로 하셨다면, 이제 여러분은 하나님보다 여러분 자신에 대해 더 많이 생각할 수 없습니다. ······ 그러나 그분을 모셔 들인 여러분, 그분이 안에 사시는 여러분은, 비록 지금도 죄로 인한 한계들을 경험하지만, 하나님의 생명으로 사는 삶을 경험하고 있습니다. 예수를 죽은 자들 가운데서 일으키신 살아 계신 하나님께서 여러분의 삶 속에 들어오신 것입니다. 그렇다면, 그분이 예수 안에서 행하셨던 것과 같은 일을 여러분 안에서도 행하셔서, 여러분을 그분을 향해 살아나게 만드시리라는 것은 너무도 분명하지 않습니까? 하나님께서 여러분 안에 살아 숨 쉬고 계시다면(이것도 예수 안에서처럼 여러분 안에서도 분명한 사실입니다). 여러분은 실로 죽은 삶으로부터 건짐받은 것입니다. 여러분 안에 사시는 그분의 성령으로 말미암아, 여러분의 몸도 그리스도의 몸처럼 살아나게 될 것입니다!

우리는 자기 힘을 믿고 사는 옛 삶에게는 한 푼도 덕을 본 것이 없습니다. 그런 삶은 우리에게 유익한 것이 전혀 없습니다. 우리가 해야 할 최선은, 그 삶을 땅에 묻고 새로운 삶을 시작하는 것입니다. 하나님의 영이 우리를 손짓해 부르고 계십니다. 해야 할 일들, 가야 할 곳들이 얼마나 많은지요!

하나님께 받은 이 부활 생명의 삶은 소심하거나 무거운 삶이 아닙니다. 이는 기대 넘치는 모험의 삶, 어린아이처럼 늘 하나님께 "다음은 또 뭐죠, 아빠?"라고 묻는 삶입니다.[8]

존의 낭독이 끝나자 침묵이 내려앉았다. 아무도 그 침묵을 깨려 하지 않는 것 같았다. 존은 성경을 탁자 위에 내려놓고 한 사람씩 가만히 바라본 뒤 말했다. "마지막 부분에서 말하는 바는 이것이죠. '너희는 다시 무서워하는 종의 영을 받지 아니하고 양자의 영을 받았으므로 우리가 아빠 아버지라고 부르짖느니라.'"[9] 그는 잔을 들어 커피를 한 모금 마셨다.

"하나님이 그 노예들을 애굽의 속박에서 풀어 주었을 때, 그들이 절대 지킬 수 없는 규칙을 한아름 안겨 주려 하신 것은 절대 아니라고 생각합니다. 그래서는 하나님에 대한 두려움밖에 생기지 않겠죠. 하나님을 바로와 같은 존재로 만들어 버릴 수 있습니다. 그게 아니라, 저는 이 십계명이 주어진 것은 두려움 없이 살 수 있는 공동체를 형성하기 위해서였다고 믿습니다. 벌을 받을까 두려워서 규칙을 지키는 것이 아니라, 하나님이 그들에게 베푸신 자유에 대한 감사에서 이 새로운 삶의 방식을 채택하는 것이지요."

제니가 말했다. "하지만 그들은 그 계명들을 지키지 않았어요! 어떻게 지킬 수 있었겠어요? 목사님이 방금 읽어 주셨듯이 사도 바울도 지킬 수 없다고 인정했고, 우리도 마찬가지로 못한다고 인정했어요. 그게 규칙이 아니라 해도, 그걸 지키면서 사는 것이 불가능하다면, 이게 다 무슨 의미죠?"

존은 다시 탁자에 바짝 다가앉았다. "제 생각에는 제가 방금 읽은 사도 바울의 말이 그 의미입니다. 십계명은 우리에게 어떻게 살아가야 하는지를 보여 주고, 그리고 우리가 그렇게 할 수 없다는 것 또한 보여 주지요! 그렇게 살고자 하는 사람들조차 그게 어렵다는 걸 알게 되니까요. 죄, 이기심, 혹은 뭐라고 부르든 관계없을 우리 안의 어떤 힘이 존재하여, 하나님이 세운 기준은커녕 우리가 스스로 세운 기준에도 맞추어 살지 못하게 합니다. 그렇지요? 그래서 우리는 공포, 불안, 의심, 고통을 느끼고, 무엇을 해도 충분하다고 느끼지 못합니다. 그것이 돈을 버는 것이든, 아니면 물건을 사들이는 것이든, 마약,

음주, 섹스에 탐닉하는 것이든, 또는 교회에 가는 것이든, 우리 삶의 실체를 감추려는 그 어떤 시도든 늘 부족하지요. 실상 우리는 우리가 원하는 삶을 살아 내기에 무력한 존재입니다. 그리고 결국, 우리가 아무리 발버둥친다 해도 심판의 날이 도래하면 우리는 죽겠지요. 그래서 모든 것을 가진 그 부유한 젊은이조차 자신이 가진 것이 충분하지 않다는 것을 알아챈 것입니다."

존은 손가락으로 머리를 빗어 넘겼다. "전에도 말씀드렸고, 듣기 지겨우실 거라는 것도 알지만, 그 노예들을 애굽에서 빼내는 것만으로는 부족했습니다. 하나님은 그들에게서 애굽을 빼내야 했습니다."

윌이 탁자 앞으로 다가앉았다. "말씀하셨던 두 번째 출애굽 말이군요. 첫 번째 출애굽은 애굽의 노예살이에서, 두 번째 출애굽은 죄와 죽음의 종살이에서 빠져 나오는 것이라는 말씀이죠. 목사님이 읽어 주신 성경 말씀에서 사도 바울이 설명한 것이 그것이군요." 그는 멤버들을 둘러보았다. "지난 10주간 우리가 토론했던 이야기는, 하나님이 한 떼의 노예들을 구해 하나님과의 관계 속에서 새로운 정체성을 부여하신 이야기입니다. 비슷한 줄거리가 수 세기에 걸쳐 계속 반복되는데, 매번 해당 세대가 그 정체성대로 살지 못하고 말았죠. 예수님이 오실 때까지 그랬습니다. 예수님은 그 반복되는 이야기 중 클라이맥스였지요. 하나님이 우리 같은 사람이 되시어, 십계명이 제시한 삶이 어떤 것인지 보여 주셨습니다. 다른 이야기에 속한 자들에게는 그런 삶의 방식이 위협적이었겠지요. 그들의 이야기, 즉 정치적, 경제적 혹은 종교적 힘의 이야기, 애굽이나 로마 제국의 이야기, 심지어 솔로몬 왕 때의 이스라엘 이야기 안에 있는 힘은 음모를 꾸며 예수님을 죽음으로 몰아넣었습니다. 왜냐하면 그런 다른 이야기들의 궁극적인 힘은 사람을 죽이는 힘이기 때문입니다." 윌은 잠시 말을 멈추었다. "하지만 하나님이 예수님을 죽음에서 다시 일어나게 하셨을 때, 죄와 죽음의 굴레가 결국 완전히 깨어졌습니다. 죽음이라는 독재자의 마지막 무기를 이긴 것이지요."

샘이 덧붙였다. "그리고, 성령이 도래하셨을 때 우리는 비로소 예수님 말씀대로 행할 힘을 얻었습니다. 하나님을 사랑하고 이웃을 사랑하는 삶이지요. 십계명을 지킬 수 있게 된 것입니다." 그는 어깨를 축 늘어뜨리며 말했다. "그런데 전 그게 왜 어렵지요?"

제니는 그의 어깨에 머리를 기댔다. "글쎄, 저는 그런지 잘 모르겠는데요, 샘. 제게 주신 사랑은 더할 나위 없었는걸요." 여전히 샘의 어깨에 기댄 채로 그녀는 모두를 둘러보았다. "여러분 모두 사랑을 주셨어요." 눈물 한 방울이 그녀의 뺨 위로 흘러내렸다. "만약에, 성경 공부 모임 같은 곳에서 알지도 못하는 여러 낯선 사람들에게 제 숨겨진 어두운 비밀을 털어놓게 될 거라는 말을 몇 달 전에 들었다면 분명 대놓고 비웃었을 거예요. 그런데 그런 일이 일어나고 말았네요. 그리고 긴 시간 동안 제 가슴을 짓누르던 묵직한 덩어리가 조금 가벼워졌어요. 정확히 왜인지는 모르겠지만, 여기는 이제 제게 안전한 곳이 됐어요. 여러분이 제게 안식처가 되어 주셨어요. 이건 제가 너무도 오랫동안 찾아 헤매던 거예요."

그녀는 곧이어 존을 향해 말했다. "목사님은 이 십계명이 우리를 자유롭게 해 주는 것이라고 끊임없이 강조하셨죠. 우리를 내적, 외적으로 속박하는 모든 것에서 자유로워지게 한다고요. 이 모임에서 저는 그 자유를 얻었어요. 항상 품고 다니던 수치심과 분노, 원한 같은 것들은 어떻게 됐냐고요? 수년간 느꼈던 그런 무게감은 이제 없어요." 그녀는 세라에게 손을 뻗었다. "세라, 제게 정말 친절하시고 큰 도움을 주셨어요. 여러분 모두 고맙습니다." 그녀는 고개를 바로 하고 다시 존에게 말했다. "그런데 전 아직도 예수님에 대해서는 잘 모르겠어요. 아까 읽어 주신 건 정말 좋았고 일리가 있다고 생각했어요. 그러니까, 대부분은 이해가 갔는데요, 저는 믿음이 생기진 않는 것 같아요. 그래서 질문을 드리고 싶어요. 예수님이 자유를 선사하시는 분이라면, 아마 이제는 여기 계시지 않을 텐데 어떻게 제가 그 자유를 느끼는 거죠?"

존은 턱수염을 어루만졌다. "아주 좋은 질문이에요, 제니." 그는 릭에게 물었다. "AA 모임에 있는 친구분들도 그 질문을 많이 했겠죠?"

"당연하죠. 아무 종교도 없지만 중독에서 벗어나 여러 해 동안 잘 지내는 친구들이 있어요. AA 모임이 그들의 신이죠."

제니가 말했다. "그러면 제 경우에는 여기 이 모임이 저에게 하나님이 되는 거네요?"

"그건 대답하기 어렵군요." 릭이 대답했다. "하지만 난 하나님은 우리가 알든 모르든 항상 나타나신다고 믿습니다."

"'하나님의 나라는 너희 안에 있느니라.'" 샘이 제니에게 말했다. "이게 내 생각이에요. 하나님이 스스로 노예들을 자유롭게 하시는 하나님이라고 밝히기로 하셨다면, 우리가 어떤 것에서든 놓여나 자유로워질 때마다 그곳에 어떤 식으로든 하나님의 손길이 닿은 것이라고 생각합니다. 하나님의 공이 인정받고 말고는 개의치 않으시죠. 하나님이 가장 바라시는 일은 우리가 언제나 자유를 누리며 살아가는 것이라고 생각합니다. 내적으로 그리고 외적으로 자유롭기를." 그는 자기 가슴과 창 밖을 차례로 가리키며 말했다. "그리고 내가 아는 건, 나 혼자서는 해낼 수 없다는 사실이에요. 나는 하나님이 필요해요.

그리고, 난 제니도 필요해요." 그는 제니의 손을 부드럽게 쓰다듬고 나서 멤버들을 향해 말했다. "내가 어떤 식으로 십계명을 어기는지 9주 동안 생각해 보고 나서, 나에게만 해당되는 얘기일지도 모르지만, 계명에 따라 살도록 도우시는 하나님의 존재에 대해 들었다는 사실이 이 늙은 침례교인에게는 희소식이라는 말을 꼭 하고 싶습니다."

그는 스티브에게 말했다. "난 결국 스티브 말이 맞다고 생각해요. 십계명을 돌판에 새겨서 법원에 걸어 놓는 게 무슨 의미가 있겠습니까. 내가 한번 우스개로 말했듯이 이마에 문신을 한다 해도 마찬가지겠죠. 십계명은 여기에, 가슴속에 새겨야 된다고 생각해요." 그는 다시 자기 가슴을 툭툭 쳤다. "하나님이 우리를 창조하실 때 의도한 대로 살고자 한다면, 우리 모두 함께 그래야 합니다."

윌은 성경을 들어 펼쳤다. "바로 선지자 예레미야의 말이군요, 샘."

그러나 그날 후에 내가 이스라엘 집과 맺을 언약은 이러하니 곧 내가 나의 법을 그들의 속에 두며 그들의 마음에 기록하여 나는 그들의 하

나님이 되고 그들은 내 백성이 될 것이라 여호와의 말씀이니라[10]

"아멘. 전적으로 동감합니다."

"아멘." 존은 시간을 확인했다. "이 모임을 끝내기는 정말 싫지만, 끝날 시간이 다 됐군요. 지난 10주 동안 말로 다 할 수 없을 만큼 감사했습니다. 제 설교 준비에도 물론 도움이 되었지만, 진짜 선물은 여러분을 알게 된 것이에요. 여러분의 이야기를 조금이나마 들을 수 있어서 감사했습니다." 그의 목소리가 갈라졌다. "아름다운 시간이었습니다. 여러분 모두 아름다운 분들입니다." 그는 재빨리 스티브를 한 팔로 끌어안고는 이마에 입을 맞추었다. "스티브 씨, 당신도 물론이에요."

"전적으로 동감이에요!" 세라가 큰 소리로 외쳐 모두들 기분 좋은 웃음을 터뜨렸다. 웃음소리가 잦아들 때쯤 엘리가 목소리를 높였다. "그럼 이게 끝이에요? 이제 마지막인 거예요? 전 그러기 싫단 말이에요."

"글쎄요, 엘리." 존이 말했다. "일단 이번 주일로 십계명 설교는 끝내는데요."

"하지만 목사님 설교만을 위해서 모인 건 아니잖아요? 라떼 마시려고 모인 것도 아니고요. 그러니까 이 모임은, 우리 이야기를 나누는 모임이 됐다구요. 함께해 온 '우리'가 끝나는 건 원치 않아요."

존은 좌중을 둘러보았다. "음, 저는 원래 월요일이면 거의 항상 여기 옵니다만, 혹시 다음 주에도 오고 싶은 분이 계시면……."

"저 올게요!" 엘리가 야스미나의 팔짱을 끼며 말했다. "저희 둘 다 올게요. 그치?"

"그럼. 엄마한테 계속 여기 데려와 달라고 하면 엄마도 오시겠다고 하겠지만. 그것도 괜찮을지도 모르지."

릭은 카를로스의 어깨에 팔을 두르며 말했다. "우리도 올 겁니다."

세라는 제니를 보며 말했다. "저도 와요."

"저도요." 제니도 동참했다.

"저는 남는 게 시간뿐이라서요." 샘이 말했다. "저도 옵니다."

"나도 와요." 윌도 말했다.

존은 스티브를 보며 빨리 대답하라는 눈짓을 했다. "참 내, 알면서 그럽니까." 스티브가 대답했다. "나는 항상 여기 온다구요. 나랑 내 신문도 옵니다!"

"아주 좋습니다." 존은 미소를 가득 띠고 말했다. "다음 주에도 다 같이 봅시다!"

카를로스가 나섰다. "저, 일어나기 전에, 기도 같은 거 하고 헤어지면 어때요? 그 자유 어쩌구 하는 것에 난 아직 갈 길이 먼 것 같아서요."

스티브의 눈치를 살피느라 존이 주저하고 있는데, 스티브가 카를로스의 손을 잡으며 말했다. "AA 모임 말미에 하는 기도 있지 않나?"

"네, 있어요." 모두 옆 사람과 손을 잡고 테이블 가까이 모여 앉았고, 카를로스는 고개를 숙이고 기도를 시작했다. "하늘에 계신 우리 아버지여, 이름이 거룩히 여김을 받으시오며……."

토론을 위한 질문들

1. 여러분의 삶에서 십계명이 수행한 역할이 있다면 무엇이며, 그 이유는 무엇입니까?
2. 종교에 대한 문제를 이야기하는 것이 까다로운 이유는 무엇일까요?
3. 여러분이 의미 있는 토론을 함께한 모임 중 가장 다양한 사람이 모인 그룹은 어느 그룹이었습니까? 어떻게 그 그룹에 참여하게 되었습니까?
4. 이 책에서 본인과 동일시하기 가장 쉬운 등장인물은 누구이며, 그 이유는 무엇입니까?
5. 이 책에서 본인과 가장 큰 거리감이 느껴진 등장인물은 누구이며, 그 이유는 무엇입니까?
6. 이 책의 몇 번째 장에 가장 큰 매력을 느꼈으며, 그 이유는 무엇입니까?

7. 몇 번째 장이 가장 읽기 힘들었으며, 그 이유는 무엇입니까?
8. 이 책의 모임과 같은 곳에서라면 십계명 중 어느 계명이 가장 토론하기 불편할까요? 그리고 그 이유는 무엇입니까?
9. 어느 한 계명을 지키기로 한다면, 어떤 계명이 우리 사회에 가장 큰 영향을 미칠 것이라 생각합니까? 그리고 그 이유는 무엇입니까?
10. 어느 한 계명을 지키라 했을 때 사람들이 가장 큰 저항감을 느낄 계명은 어느 것이라 생각합니까? 그리고 그 이유는 무엇입니까?
11. 이 책에 언급된 실천 방안 중에 가장 적용해 볼 만한 것은 무엇입니까? 그리고 그 이유는 무엇입니까?
12. 이 책에 언급된 실천 방안 중에 가장 실행하기 어려울 것 같은 것은 무엇입니까? 그리고 그 이유는 무엇입니까?
13. 이 책을 읽고 나서, 여러분이 십계명을 보는 관점이 변화했습니까? 만약 그렇다면, 어떻게 달라졌습니까?

미주

십계명 - 누가 신경이나 쓰나?

1. Bill Estep, "Ten Commandments Fight Is Costly for Kentucky Counties," Lexington Herald-Leader, May 19, 2011, www.mcclatchydc.com/2011/05/19/114428/ten-commandments-battle-is-costly.html#.UYgQGKLCaSo.
2. "Better Know a District," *Colbert Report*, June 14, 2006, www.colbertnation.com/the-colbert-report-videos/70809/june-14-2006/exclusive---georgia-s-8th.
3. Steve Turner, *"Wait," Up to Date* (London: Hodder & Stoughton, 1983), p. 119.
4. N. T. 라이트가 이런 분석을 내놓는 것을 들은 것 같다.
5. 요 1:17
6. 마 5:17-20 메시지 성경
7. 출 19:4-6 메시지 성경
8. 출 3:7-8 메시지 성경
9. Herbert McCabe, 다음에서 인용. Stanley M. Hauerwas and William H. Willimon, *The Truth About God* (Nashville: Abingdon Press,1999), p. 118. 《십계명》(복 있는 사람 역간)
10. 출 34:28
11. 막 12:28-31
12. 출 20:2 메시지 성경
13. J. John의 저서 *Ten: Living the Commandments in the 21st Century* (Eastbourne, UK: Kingsway, 2000)에서 이렇게 십계명을 역순으로 살펴보는 접

근 방식을 취했다. 《십계명》(홍성사 역간)

1 시기에서 만족으로

1 출 20:17 메시지 성경
2 *Alcoholics Anonymous*, 4th ed. (New York: Alcoholics Anonymous, 2001), p. 64.
3 J. Ellsworth Kalas, *The Ten Commandments from the Back Side* (Nashville: Abingdon Press, 1998), p. 105. 《거꾸로 본 십계명》(에스라서원 역간)
4 창 3:6. 신 5:21에서 욕망의 어원으로 쓰인 두 단어인 'delight'(ta'awa)와 'desire'(nehmad)가 성경의 다른 부분에 등장하는 것은 오직 '보암직도 하고(delight to see)'와 '탐스럽기도 한(desirable)'의 표현에 쓰인 이 구절뿐이다. (Patrick D. Miller, *The Ten Commandments* [Louisville, KY: John Knox Press, 2010], p. 400).
5 창 4:3-5
6 창 4:6-7
7 창 4:9
8 David Hazony, *The Ten Commandments* (New York: Scribner, 2010), p. 245.
9 C. S. Lewis, *Mere Christianity* (London: Fontana, 1955), p. 107. 《순전한 기독교》(홍성사 역간) 194쪽
10 Zygmunt Bauman, "The London Riots—On Consumerism Coming Home to Roost," *Social Europe Journal*, September 8, 2011, www.social-europe.eu/2011/08/the-london-riots-on-consumerism-coming-home-to-roost.
11 Kalas, *Ten Commandments*, p. 104. 《거꾸로 본 십계명》(에스라서원 역간)
12 *Alcoholics Anonymous*, p. 62.
13 Carrie Fisher의 표현.
14 Clive Hamilton, *Growth Fetish* (Crow's Nest, Australia: Allen & Unwin, 2003). 《성장 숭배》(바오 역간)
15 Miller, *Ten Commandments*, pp. 413-414를 풀어 썼다.
16 약 4:1-2

2 기만에서 진실됨으로

1 출 20:16 메시지 성경
2 *The Week*, February 25, 2011.
3 만약 농업 관련 산업에 대해 더 알아보고 싶다면, Robert Kenner의 2008년 다큐멘터리 "Food, Inc.(Magnolia Pictures)"가 좋은 시작점이 될 것이다.
4 Earl Wilson, 다음 책에서 인용. J. John, *Ten: Living the Ten Commandments in the 21st Century* (Eastbourne, UK: Kingsway, 2000), p. 65. 《십계명》(홍성사 역간)
5 이와 같이 가십을 정의하면 다음 사실을 설명하는 데 도움이 될 것이다. 왜 여전

히 미국인 25퍼센트 가량은 오바마 대통령이 순수한 미국 시민이 아니라고 생각하는지. 또, 방송 내용은 제대로 보지도 않고 팻 로버트슨이 한 남자에게 치매를 앓는 부인과 이혼하고 다른 여자와 결혼하라는 조언을 했다는 것을 서둘러 페이스북에 공유하는 사람이 왜 그리 많은지. 그 축약 버전으로 인해 그의 발언이 원래 시사한 바와 전혀 다른 의미로 변질되었다.

6 J. Ellsworth Kalas, *The Ten Commandments from the Back Side* (Nashville: Abingdon Press, 1998), p. 92. 《거꾸로 본 십계명》(에스라서원 역간)
7 David Hazony, *The Ten Commandments* (New York: Scribner, 2010), p.214.
8 같은 책, p. 216.
9 John, *Ten*, p. 65. 《십계명》(홍성사 역간)
10 Patrick D. Miller, *The Ten Commandments* (Louisville, KY: John Knox Press, 2010), p. 345.
11 New York Times/CBS News poll, *New York Times*, October 26, 2011.
12 창 3:1
13 계 12:9 공동번역 개정판
14 창 3:10
15 창 3:11
16 Joan Chittister, *The Ten Commandments: Laws of the Heart* (Maryknoll, NY: Orbis Books, 2006), p. 102.
17 Abraham Lincoln, 다음 책에서 인용. John, *Ten*, p. 64. 《십계명》(홍성사 역간)
18 요 1:1 개역개정, 요 1:14 메시지 성경
19 Chittister, *Ten Commandments*, p. 109.
20 *Alcoholics Anonymous*, 4th ed. (New York: Alcoholics Anonymous, 2001), p. 58. 번역문 출처는 http://www.medcity.com/jilbyung/sul.html
21 같은 책, p. 60.
22 Peter Rollins, *How (Not) to Speak of God* (Brewster, MA: Paraclete Press, 2006).
23 막 3:1-6

3 절도에서 관대함으로

1 출 20:15 메시지 성경
2 "CPG Sec. 510.500 Green Coffee Beans—Adulteration with Insects; Mold," U.S. Food and Drug Administration, www.fda.gov/ICECI/ComplianceManuals/CompliancePolicyGuidanceManual/ucm074432.htm
3 Rudyard Kipling, 다음 책에서 인용. Stanley Hauerwas and William Willimon, *The Truth About God* (Nashville: Abingdon Press, 1999), p. 109. 《십계명》(복 있는 사람 역간)
4 마 6:24; 눅 16:13
5 시 24:1

⁶ 신 14:22-29. 설교자는 Tony Campolo이다. 이 책에 실린 부분은 다음 책에서 찾을 수 있다. *The Kingdom of God Is a Party* (Dallas: Word, 1990), pp. 25-28. 《하나님 나라는 파티입니다》(이레서원 역간)
⁷ 대성(大聖) 바실리우스, 다음 책에서 인용. J. Ellsworth Kalas, *The Ten Commandments from the Back Side* (Nashville: Abingdon Press, 1998), p. 84. 《거꾸로 본 십계명》(에스라서원 역간)
⁸ 이 이야기는 저자가 사역했던 텍사스 휴스턴의 머시 스트리트 교회에서 있었던 일화에 바탕을 둔다.
⁹ 엡 4:28
¹⁰ 2013년 4월 24일에 방글라데시 다카의 한 의류 공장 붕괴로 1,100명 이상이 사망했다.
¹¹ 당신이 얼마나 많은 노예를 소유하고 있는지 알아보려면 Slavery Footprint 웹사이트를 방문해 보기 바란다.(slaveryfootprint.org)
¹² David Hazony, *The Ten Commandments* (New York: Scribner, 2010), p. 198.
¹³ "If a man is caught kidnapping any of his countrymen of the sons of Israel, and he deals with him violently or sells him, the that thief shall die"(NASB).
¹⁴ Patrick D. Miller, *The Ten Commandments* (Louisville: John Knox Press, 2010), p. 319.
¹⁵ 창 37:26-27 참고.
¹⁶ 출 22:1-15 참고.
¹⁷ 출 22:25-27; 신 24:10-25:4; 약 5:1-6를 참고하라.
¹⁸ "Health Care Fraud," http://www.veriskhealth.com/resources/blog/health-care-fraud-four-keys-addressing-400-billion-problem.

4 배신에서 신의로

¹ David Hazony, *The Ten Commandments* (New York: Scribner, 2010), p. 166.
² 왕상 11:3
³ 삼하 11장
⁴ Patrick D. Miller, *The Ten Commandments* (Louisville, KY: Westminster John Knox Press, 2009), p. 274.
⁵ 잠 7:17-19
⁶ 잠 30:20
⁷ 조너선 윌슨하트그로브는 다음 책에서 우리의 모바일 문화가 야기하는 도전들을 지적한다. Jonathan Wilson-Hartgrove, *The Wisdom of Stability* (Brewster, MA: Paraclete Press, 2010).《페이스북 영성이 우릴 구원할까?》(홍성사 역간)
⁸ Elaine Storkey, 다음 책에서 인용. J. John, *Ten: Living the Ten Commandments in the Twenty-First Century* (Eastbourne, UK: Kingsway, 2000), p. 108.《십계명》(홍성사 역간)

9 호세아서를 참고하라.
10 Joan Chittister, *The Ten Commandments: Laws of the Heart* (Maryknoll, NY: Orbis Books, 2006), p. 80.
11 J. Ellsworth Kalas, *The Ten Commandments from the Back Side* (Nashville: Abingdon Press, 1998), pp. 79-80.《거꾸로 본 십계명》(에스라서원 역간)
12 마 5:27-28
13 요 8:1-11
14 G. K. Chesterton의 표현.
15 Chittister, *Ten Commandments*, pp. 83-84.

5 폭력에서 평화로

1 2012년 7월 20일 금요일, 콜로라도 주 오로라 시, 한 영화관에서 영화 〈다크 나이트 라이즈〉 심야 상영 중에 제임스 홈즈라는 괴한의 총격으로 12명이 사망하고 58명이 부상을 당했다.
2 Joan Chittister, *The Ten Commandments* (Maryknoll, NY: Orbis Books, 2006) p. 70.
3 *Lexington Herald Leader*, July 23, 2012.
4 2012년 상반기 아프가니스탄 전사 장병 수는 120명인 반면, 자살 장병 수는 150명이 넘었다. (*The Week*, June 22, 2012).
5 William P. Mahedy, 다음 책에서 인용. Chris Hedges, *Losing Moses on the Freeway*(New York: Free Press, 2005), p. 110.
6 Hedges, *Losing Moses*, p. 108.
7 Patrick D. Miller, *The Ten Commandments* (Louisville, KY: Westminster John Knox Press, 2009), p. 261.
8 Stanley M. Hauerwas and William H. Willimon, *The Truth About God* (Nashville: Abingdon Press, 1999), p. 80.《십계명》(복 있는 사람 역간)
9 Miller, *Ten Commandments*, p. 227.
10 왕상 21장
11 마 5:21-22
12 Karl Barth, 다음 책에서 인용. Miller, *Ten Commandments*, p. 250.
13 레 19:17-18
14 창 9:6
15 창 6:13
16 사 65:25
17 Chittister, *Ten Commandments*, p. 68.
18 Miller, *Ten Commandments*, p. 265.
19 더 알고 싶다면 다음 책을 보라. Barry Estabrook, *Tomatoland: How Modern Industrial Agriculture Destroyed Our Most Alluring Fruit*(Kansas City:

Andrews McMeel, 2011).
[20] 요일 3:15-18
[21] 마 5:43-45
[22] 롬 12:20-21

6 순종에서 존중으로

[1] U2, "Sometimes You Can't Make It on Your Own," *How to Dismantle an Atomic Bomb*, 2004.
[2] *Lexington Herald Leader*, August 6, 2012.
[3] 출 20:12
[4] 엡 6:1
[5] 겔 22:7-8
[6] 막 7:1-13 참조.
[7] 눅 11:46
[8] 엡 6:2-4
[9] 출 21:15, 17 새번역
[10] 골 3:21
[11] 마 4:21-22
[12] 막 3:21
[13] 막 3:33-35
[14] 눅 14:26
[15] 요 19:26-27
[16] 말 4:6

7 분투에서 휴식으로

[1] 출 20:8-11
[2] J. John, *Ten: Living the Ten Commandments in the Twenty-First Century* (Eastbourne, UK: Kingsway, 2000), pp. 186-187.《십계명》(홍성사 역간)
[3] "Every Day Is 'Labor' Day," *Lexington Herald-Leader*, September 3, 2012.
[4] Matthew Sleeth, *24/6* (Carol Stream, IL: Tyndale House, 2012), p. 85.
[5] 신 5:15
[6] 출 31:13-16
[7] 민 15:32-36 참조.
[8] 신 5:14
[9] 출 23:10-11
[10] John C. Holbert, *The Great Texts: The Ten Commandments* (Nashville:

Abingdon Press, 2002), p. 55.
11 레위기 25장 참조. 더 알고 싶다면 Ched Myers, *The Biblical Vision of Sabbath Economics* (Washington, DC: Tell the Word Press, 2001)를 참고하라.
12 대하 36:21
13 느 10:31
14 눅 4:18-19
15 신 15:1
16 눅 7:48 등을 참조하라.
17 눅 13:10-17 참조.
18 막 2:27, 저자의 의역.
19 Ched Myers는 안식일 경제학의 주도적 지지자 중 하나다. 더 알고 싶다면 그의 웹사이트 chedmyers.org와 Sabbath Economics Collaborative 웹사이트 sabbatheconomics.org를 방문하라.

8 신성 모독에서 경외로

1 출 20:7
2 Dave Wilkie, *Coffee with Jesus* (Downers Grove, IL: InterVarsity Press, 2013).
3 Joan Chittister, *The Ten Commandments: Laws of the Heart* (Maryknoll, NY: Orbis Books, 2006), p. 34.
4 신 5:11
5 출 20:2
6 출 3:13-14
7 Rabbi Lynn Gottlieb, in "Open the Gates of Justice," www.justiceathyatt.org/openthegates/openthegatesofjustice.pdf.
8 Maltbie D. Babcock, "This Is My Father's World," 1901. 새찬송가 478장
9 시 103:12
10 이 재단사 이야기는 Chittister, *Ten Commandments*, p. 33에 나온다.
11 마 5:33-37; 약 5:12 참조.
12 마 21:31

9 우상 숭배에서 찬미로

1 출 20:3-6
2 출 20:2
3 출 24:3-4
4 출 24:7-8
5 출 32:1-4

⁶ 더 알고 싶다면 Jeffrey Reiman and Paul Leighton, *The Rich Get Richer and the Poor Get Prison*, 9th ed. (Boston: Allyn & Bacon, 2010)을 참고하라.
⁷ 출 32:6
⁸ 출 32:11-14
⁹ 출 32:24
¹⁰ John C. Holbert, *The Great Texts: The Ten Commandments* (Nashville: Abingdon Press, 2002), p. 30.
¹¹ *Alcoholics Anonymous*, 4th ed. (New York: Alcoholics Anonymous, 2001), p. 62.
¹² 같은 책.
¹³ 마 16:24-25
¹⁴ 출 20:23
¹⁵ 마 6:24
¹⁶ David Hazony, *Ten Commandments* (New York: Scribner, 2010), p. 58.
¹⁷ 미 4:1-4
¹⁸ Patrick D. Miller, *The Ten Commandments* (Louisville, KY: Westminster John Knox Press, 2010), p. 57.

10 하나님

¹ 저자가 10장을 쓰기 시작한 날인 2012년 12월 19일 지방지 *Lexington Herald Leader*에서 발췌.
² 빌 2:5-8
³ 히 4:15
⁴ 눅 18:18-30 참조.
⁵ 눅 8:2-3
⁶ 갈 2:20
⁷ 롬 7:16-24 메시지 성경
⁸ 롬 7:24-8:6, 9-15 메시지 성경
⁹ 롬 8:15
¹⁰ 렘 31:33

참고 문헌

Chittister, Joan. *The Ten Commandments: Laws of the Heart.* Maryknoll, NY: Orbis Books, 2006.

Hauerwas, Stanley, and Will Willimon. *The Truth About God: The Ten Commandments in Christian Life.* Nashville: Abingdon Press, 1999.

Hazony, David. *The Ten Commandments: How Our Most Ancient Moral Text Can Renew Modern Life.* New York: Scribner, 2010.

Hedges, Christopher. *Losing Moses on the Freeway: The 10 Commandments in America.* New York: Free Press, 2005.

Holbert, John C. *The Great Texts: The Ten Commandments.* Nashville: Abingdon Press, 2002.

John, J. *Ten: Living the Ten Commandments in the 21st Century.* Eastbourne, UK: Kingsway, 2000.

Kalas, J. Ellsworth. *The Ten Commandments from the Back Side.* Nashville: Abingdon Press, 1998.

Miller, Patrick D. *The Ten Commandments.* Interpretation. Louisville, KY: John Knox Press, 2010.

Robertson, Anne. *God's Top 10: Blowing the Lid off the Commandments.* Harrisburg, PA: Morehouse, 2006.

TEN

초판발행	2015년 6월 10일
초판 2쇄	2020년 10월 15일
지은이	숀 글래딩
옮긴이	임고은
발행인	김수억
발행처	죠이선교회(등록 1980. 3. 8. 제5-75호)
주 소	130-861 서울시 동대문구 왕산로19바길 33
전 화	(출판부) 925-0451
	(죠이선교회 본부, 학원사역부, 해외사역부) 929-3652
	(전문사역부) 921-0691
팩 스	(02)923-3016
인쇄소	영진문원
판권소유	ⓒ 죠이선교회
I S B N	978-89-421-0361-4 03230

책값은 뒤표지에 있습니다.
잘못된 도서는 교환하여 드립니다.
이 책의 내용을 허락 없이 옮겨 사용할 수 없습니다.

이 도서의 국립중앙도서관 출판예정도서목록(CIP)은 서지정보유통지원시스템 홈페이지(http://seoji.nl.go.kr)와 국가자료공동목록시스템(http://www.nl.go.kr/kolisnet)에서 이용하실 수 있습니다. (CIP 제어번호 : CIP2015014787)